ERRATA

Du premier Volume.

Page 15, *ligne* 3, le Suédois le Belt ; *lisez* la Baltique.
Page 37, *ligne* 20, en cachant sa nudité ; *lisez* sa nullité.
Page 236, *ligne* 26, Otto Louis ; *lisez* Othon Louis.

ERRATA

Du second Volume.

Page 31, *ligne* 17, un appas irrésistible ; *lisez* un appât irrésistible.
Page 37, *ligne* 20, Otto Louis ; *lisez* Othon Louis.
Page 62, *ligne* 10, un bonheur inintetrompu ; *lisez* non interrompu.
Page 148, *ligne* 18, Smaladois ; *lisez* Smalandois.
Page 172, *ligne* 22, on avoit eu de raison ; *lisez* de raisons.
Page 335, *ligne* 1re., la résistance paysans ; *lisez* des paysans.

GUERRE
DE
TRENTE ANS.

TOME SECOND.

HISTOIRE

DE LA

GUERRE DE TRENTE ANS,

PAR SCHILLER;

Traduite de l'Allemand, par M. Ch...:

TOME SECOND.

A PARIS,

Chez Lenormant, Imprimeur-Libraire, rue des Prêtres-Saint-Germain-l'Auxerrois, N°. 42.

An XII. — 1803.

GUERRE DE TRENTE ANS.

LIVRE TROISIEME.

La bataille glorieuse de Gustave-Adolphe, près de Leipzig, avoit opéré un grand changement dans toute la conduite de ce Monarque, ainsi que dans la façon de penser de ses amis et de ses ennemis. Il s'étoit alors mesuré avec le plus grand capitaine de son temps, il avoit essayé la force de sa tactique et la bravoure de ses Suédois contre l'élite des troupes impériales les mieux exercées de l'Europe, et il étoit sorti vainqueur de cette lutte. Dès ce moment il prit la plus ferme confiance en lui-même, et la confiance est la mère des grandes actions. Si l'ardeur d'Alexandre n'eût triomphé au Granique, jamais ce conquérant n'auroit renversé l'Empire de Perses. On remarque désormais dans toutes les opérations militaires du Roi de Suède une marche plus hardie et plus sûre, plus de résolution dans les momens critiques, un mépris plus absolu du danger, un langage plus fier avec ses ennemis; il montre à ses alliés une plus haute opinion de lui-même, et jusques dans sa douceur, on sent davantage la condescendance du maître. Sa bravoure naturelle étoit encore secondée par les mouvemens religieux de son imagination; convaincu qu'en servant sa cause, il combattoit pour le ciel, Gustave-Adolphe vit dans la défaite de Tilly un jugement décisif de l'Être suprême contre ses adversaires, et en lui-même un instrument de la vengeance divine. Laissant loin derrière lui le sol de sa patrie et sa couronne, il s'élançoit alors sur les ailes de la victoire vers l'intérieur de l'Allemagne qui, depuis des siècles, n'avoit vu dans son sein aucun conquérant étranger. L'esprit belliqueux de ses habitans, la vigilance de ses Princes nombreux, l'ensemble compliqué de ses états, la quantité de ses châteaux forts et de ses fleuves, avoient, depuis les temps les plus reculés, mis des bornes à l'ambition de ses voisins; et quelque fréquens qu'eussent été les orages sur les frontières de ce grand corps politique, son intérieur avoit toujours été garanti de toute invasion étrangère. Cet Empire eut dans tous les temps l'avantage équivoque d'être son propre ennemi et de demeurer invincible au dehors. En ce moment encore, on ne devoit qu'à la désunion de ses membres et à l'intolérance d'un zèle religieux, l'entrée du conquérant suédois dans l'intérieur de ses provinces. Depuis long-temps les Princes avoient rompu les liens et l'harmonie par qui seuls l'Empire pouvoit braver toute attaque, et Gustave-Adolphe emprunta de l'Allemagne même les forces qui lui soumirent l'Allemagne. Avec autant de sagesse que de courage, il sut mettre à profit les avantages du moment; et aussi habile dans le cabinet qu'à la tête de ses troupes, il se déroboit aux piéges d'une politique astucieuse, comme il renversoit de sa foudre les forteresses qui osoient lui résister. Ce Monarque poursuivit avec rapidité ses triomphes, d'une extrémité de l'Allemagne à l'autre, mais sans perdre le fil qui pouvoit le tirer en sûreté de ce labyrinthe; et sur les rives du Rhin comme à l'embouchure du Lech, il ne cessa jamais d'être près de ses domaines.

La consternation de l'Empereur et de la ligue catholique, après la défaite de Tilly, surpassa à peine l'étonnement et l'embarras des alliés de Gustave à la vue de son bonheur. Ce bonheur étoit au-dessus de tous les calculs, au-dessus même de ce qu'ils avoient desiré. Le Monarque venoit d'anéantir d'un seul coup l'armée formidable qui arrêtoit ses progrès, mettoit des bornes à son ambition, et le retenoit dans la dépendance de leur volonté. Seul, sans rival, sans adversaire digne de lui, il se présentoit alors avec toutes ses forces au centre de l'Allemagne; rien ne pouvoit retarder sa course, ne pouvoit borner ses prétentions, dans le cas où l'ivresse du bonheur le porteroit à en abuser. Si l'on avoit tremblé d'abord devant la prépondérance de l'Empereur, l'ardeur d'un conquérant étranger faisoit tout craindre en ce moment pour la constitution de l'Empire, le zèle religieux d'un Prince protestant tout appréhender pour l'Eglise catholique d'Allemagne. On vit bientôt se réveiller chez quelques-unes des puissances unies la jalousie et la méfiance que l'ambition de l'Autrichien avoit paralysées jusqu'alors; et à peine Gustave-Adolphe eut-il justifié leur confiance par sa bravoure et sa fortune, qu'elles prirent déjà des mesures éloignées pour renverser ses projets. Ce fut dans une lutte perpétuelle contre les artifices de l'ennemi et la méfiance de ses propres alliés, que Gustave dut obtenir tant de triomphes; mais sa résolution et son courage, sa pénétration et sa sagesse se frayèrent un chemin à travers tous ces obstacles. Tandis que le bonheur de ses armes allarmoit la France et la Saxe ses alliés les plus puissans, il relevoit le courage des états les plus foibles qui hasardèrent alors pour la première fois de prendre ouvertement son parti. Ne pouvant rivaliser de grandeur avec Gustave, ni souffrir de son ambition, ils s'abandonnèrent sans réserve à la générosité de cet ami puissant qui les enrichissoit des dépouilles de leurs ennemis et les défendoit contre l'oppression des grands Etats. Sa force cachoit leur impuissance, et insignifians par eux-mêmes, ils acquirent de l'importance par leur réunion avec le héros de la Suède. Ce furent eux qui conduisirent le Roi dans l'intérieur de l'Allemagne, qui assurèrent ses derrières, approvisionnèrent ses armées, reçurent ses troupes dans leurs forteresses, et répandirent leur sang pour lui dans ses batailles. Son ménagement politique envers la fierté allemande, ses manières affables, quelques actes de justice éclatans, son respect pour les loix furent autant de chaînes avec lesquelles il retint l'esprit inquiet des Protestans d'Allemagne. Et les cruautés révoltantes des Impériaux, des Espagnols et des Lorrains contribuèrent encore à faire paroître la modération de ses troupes dans le jour le plus favorable.

Si Gustave-Adolphe dut à son génie la plus grande partie de ses succès, on ne peut cependant disconvenir qu'il ne fût favorisé en même-temps par la fortune et les circonstances. Il avoit de son côté deux grands avantages qui lui valurent une prépondérance décisive sur l'ennemi. En portant le théâtre de la guerre dans les pays de la Ligue, en attirant à lui toute la jeunesse de ces différens Etats, en s'enrichissant de leurs dépouilles, en usant des revenus des Princes fugitifs comme de sa propriété, il enlevoit à l'ennemi tous les moyens de lui opposer une vigoureuse résistance, tandis qu'il trouvoit lui-même la possibilité de soutenir à peu de frais une guerre aussi coûteuse. De plus, si ses adversaires les Princes de la Ligue, divisés entre eux, conduits par des intérêts différens, quelquefois opposés, agissoient sans accord, et par cette raison sans vigueur; si un pouvoir absolu manquoit à leurs généraux, la subordination à leurs troupes, l'ensemble à leurs armées éparses; si le Général étoit séparé du Législateur et de l'homme d'Etat, l'un et l'autre au contraire se trouvoient réunis dans Gustave : il étoit la source unique d'où découloit toute autorité, le seul but sur lequel le guerrier en action fixât ses regards; lui seul étoit l'ame de tout son parti, il créoit ses plans et les exécutoit. La cause des Protestans obtint donc par lui une unité, une harmonie qui manquoient absolument au parti opposé. A la faveur de tels avantages, à la tête d'une pareille armée, doué d'un pareil génie pour tirer parti de ses moyens, il n'est pas étonnant que Gustave-Adolphe fût invincible.

L'épée d'une main, le pardon de l'autre, on le voit alors traverser l'Allemagne comme conquérant, législateur et juge ; on la lui voit parcourir avec la rapidité qu'un autre auroit pu mettre dans un voyage fait pour son plaisir. Comme s'il étoit le Souverain né du pays, on vient au devant de lui avec les clefs des forteresses et des villes ; aucun château n'est inaccessible, aucun fleuve n'arrête sa course victorieuse, souvent il triomphe par le seul effroi de son nom. Les étendards de la Suède sont arborés sur toute la rive du Mein, le Bas-Palatinat est libre, les Espagnols et les Lorrains ont fui au-delà du Rhin et de la Moselle. Les soldats du Nord et les Hessois se sont répandus comme un torrent débordé sur le territoire de Mayence, de Würzbourg et de Bamberg, et trois Evêques fugitifs subissent, loin de leur résidence, la peine de leur malheureux dévouement pour l'Empereur. Enfin, le plus coupable de tous, le Chef de la Ligue, Maximilien a aussi son tour, et éprouve dans ses propres états la misère qu'il avoit destinée à tant d'autres. Ni le sort effrayant de ses alliés, ni les offres amicales de Gustave qui ne cessoit de présenter la paix au milieu du cours de ses conquêtes, n'avoient pu vaincre l'opiniâtreté de ce Prince. En vain le corps inanimé de Tilly se présente à l'entrée des pays bavarois, comme une puissance tutélaire veillant à leur sûreté, la guerre étend ses fureurs sur ces contrées heureuses, et de même que les rives du Rhin, celles du Danube et du Lech sont couvertes des soldats de Gustave. Caché dans ses châteaux forts, l'Electeur battu abandonne à l'ennemi son pays sans défense : ces contrées fertiles, qu'aucune guerre n'a encore désolées, invitent au pillage, la fureur fanatique du cultivateur bavarois attire sur lui les mêmes violences qu'il exerce. Munich enfin ouvre ses portes au Monarque invincible, et le Prince fugitif, l'Electeur palatin Frédéric, se console quelques instans dans sa résidence de la perte de ses états. Tandis que Gustave-Adolphe étend ses conquêtes vers les limites méridionales de l'Empire et renverse tout ce qui se présente devant lui, ses alliés et ses généraux obtiennent de semblables triomphes dans les autres provinces. La Basse-Saxe se dérobe au joug de l'Empereur, l'ennemi abandonne le Meklenbourg, toutes les garnisons autrichiennes s'éloignent des rives de l'Elbe et du Véser. En Westphalie et sur le Bas-Rhin le Landgrave Guillaume de Hesse, en Thuringe le Duc de Veimar, dans le pays de Trèves les François deviennent chaque jour plus redoutables. Vers l'Orient le royaume de Bohême est soumis presqu'en entier par les Saxons. Déjà les Turcs se disposent à une attaque sur la Hongrie, et l'insurrection est prête à éclater au centre des pays autrichiens.

Ferdinand jette ses regards désolés sur toutes les cours de l'Europe pour s'étayer de secours étrangers contre des ennemis aussi nombreux. En vain il appelle les armes Espagnoles occupées de l'autre côté du Rhin par la bravoure des Brabançons, en vain il voudroit sommer la cour de Rome et toute l'Eglise catholique de venir à son secours; le Pape offensé se joue de l'embarras de Ferdinand; au lieu de l'argent qu'il desire, on lui montre les plaines ravagées de Mantoue.

Alors le fier despote s'apperçoit qu'il est homme, et la désertion de ses amis, la ruine de ses alliés, le danger toujours croissant le convainquent du néant de ses projets orgueilleux. De toutes les extrémités de son immense monarchie les ennemis l'environnent; avec les états de la Ligue envahis par eux, se sont écroulés tous les boulevards derrière lesquels la puissance Autrichienne se vit si long-temps en sûreté; et le feu de la guerre jette déjà des flammes vers ses frontières sans défense. ses alliés les plus ardens sont désarmés, Maximilien de Bavière son plus ferme soutien est à peine en état de se défendre lui-même; ses armées fondues par la désertion et des défaites réitérées, découragées par de longs revers ont perdu sous des généraux toujours battus cette ardeur guerrière qui, née de la victoire, assure d'avance le triomphe. Le danger est à son comble, un moyen extraordinaire peut seul tirer la puissance Autrichienne de son profond affaissement. Le besoin le plus pressant est celui d'un Général, et les cabales de la jalousie ont enlevé aux armées le seul par lequel on puisse avoir l'espérance de recouvrer son ancienne gloire. Le redoutable Empereur est alors tellement abattu qu'il se voit contraint de traiter bassement avec un sujet, un serviteur offensé : après s'être couvert de honte en dépouillant le fier Friedland de son autorité, il faut aujourd'hui qu'il insiste encore plus honteusement pour la lui faire reprendre. Alors un nouvel esprit commence à ranimer le corps presqu'éteint de la puissance Autrichienne, et le changement rapide des choses décèle le bras vigoureux qui les dirige. Friedland oppose sa toute puissance au pouvoir absolu de Gustave, et, dès ce moment, toutes les forces se choquent de nouveau dans un combat incertain. Le Roi voit s'éloigner le prix qu'il étoit sur le point d'atteindre : vainqueur, il doit fournir une nouvelle carrière. Menacé par un ennemi qui le cherche à la tête d'une armée formidable, il attend cet ennemi de pied ferme, et les deux rivaux arrivent en présence. Bientôt Nuremberg se croit réservé à donner, comme Leipzig, son nom à une bataille qui sera peut-être encore plus décisive. Mais tout-à-coup les armées se séparent; la Franconie long-temps livrée à tous les tourmens de la crainte, respire après tant d'alarmes, et les plaines de Saxe deviennent le théâtre de la catastrophe sanglante qui menaçoit Nuremberg. Non loin de Lutzen, au moment où le succès du combat paroît s'éloigner de ses armes, Gustave-Adolphe périt, et le corps inanimé du héros ramène de nouveau la victoire parmi ses braves soldats. Le bonheur qui n'avoit jamais abandonné le Roi pendant toute sa carrière, lui accorda aussi en mourant la faveur si rare de périr dans la plénitude de sa gloire, et dans toute la pureté de son nom. Par une mort prématurée, son ange tutélaire le garantit du sort inévitable de l'humanité : l'oubli de la modestie au faîte du bonheur, celui de la justice au faîte de la puissance. Il nous est permis de douter si, dans une plus longue vie, il eût mérité les pleurs que l'Allemagne répandit sur sa tombe, s'il eût mérité le tribut d'admiration dont la postérité s'acquitte envers le premier et le seul conquérant qui se soit montré juste. On devoit craindre que la chûte prématurée de ce grand homme n'entrainât la ruine de tout son parti. Mais la perte d'un individu n'est jamais irréparable pour la puissance qui gouverne le monde. Deux grands hommes d'état, Axel Oxenstiern en Allemagne, en France Richelieu, prennent le timon des affaires échappé à la main mourante de Gustave. Le sort insensible poursuit sa course après la mort du héros, et pendant seize années entières, le feu de la guerre élève encore ses flammes sur les cendres du Monarque depuis long-tems oublié.

Qu'il me soit permis de suivre dans un court apperçu la marche triomphante de Gustave Adolphe, de parcourir d'un coup-d'œil rapide tout le théâtre où il est le seul héros en action, et lorsque l'Autrichien réduit à la dernière extrémité par le bonheur des armes Suédoises, affaissé sous ses malheurs, descend du haut de son orgueil à des ressources humiliantes et désespérées, je ramenerai à l'Empereur la suite de l'histoire.

A peine le Roi de Suède et l'Electeur de Saxe eurent-ils arrêté à Halle le plan d'opérations qui destinoit à ce dernier l'attaque de la Bohême, et à Gustave Adolphe l'invasion des pays de la Ligue; à peine les alliances furent-elles conclues avec les Princes de Veimar et d'Anhalt, et les dispositions faites pour la reprise de l'évêché de Magdebourg, que le Roi s'avança vers l'intérieur de l'Empire. L'ennemi, contre lequel il marchoit alors, n'étoit rien moins que méprisable; l'Empereur, encore puissant en Allemagne, avoit des garnisons répandues dans toute la Franconie, la Souabe, le Palatinat; et chaque poste de quelqu'importance devoit leur être enlevé l'épée à la main. Sur le Rhin, le Roi étoit attendu par les Espagnols, qui avoient envahi tous les états du malheureux Frédéric; par-tout ils occupoient les places fortes, et lui disputoient le passage du fleuve. Sur ses derrières, Tilly rassembloit déjà de nouvelles forces, et une armée auxiliaire de Lorrains alloit se joindre à lui. Tous les Catholiques opposoient à Gustave Adolphe leur acharnement et leur haine religieuse; et cependant les liaisons du Roi avec la France ne lui laissoient envers eux qu'une partie de sa liberté. Gustave Adolphe vit tous ces obstacles, mais il vit en même-tems les moyens d'en triompher. Les forces militaires de l'Empereur étoient dispersées dans les différentes garnisons, et il avoit l'avantage de les attaquer avec une force réunie. Si le fanatisme religieux des Catholiques romains, et la crainte que Ferdinand inspiroit aux petits états de l'Empire, s'opposoient à ses projets, il pouvoit espérer un appui vigoureux de l'amitié des protestans, et de leur haine contre l'Autrichien qui les opprimoit. Les désordres des troupes impériales et espagnoles avoient fortement travaillé pour lui dans ces contrées; le cultivateur et le bourgeois, également maltraités, soupiroient depuis long-tems après un libérateur, et plusieurs se croyoient déjà soulagés s'ils changeoient de joug. Des agens avoient été envoyés d'avance pour disposer en faveur de la Suède les villes impériales les plus importantes, surtout Nuremberg et Francfort. Erfurt étoit la première place dont la possession intéressât le Roi, et, en la laissant sur ses derrières, il ne vouloit pas l'abandonner au pouvoir de l'ennemi. Un accommodement à l'amiable avec la bourgeoisie dévouée au parti protestant, lui ouvrit, sans coup férir, les portes de la ville et de la citadelle. Là, comme dans toutes les places importantes qui tombèrent depuis en son pouvoir, il se fit prêter, par les habitans, le serment de fidélité, et s'assura du poste au moyen d'une garnison suffisante. Il donna à son allié, le Duc Guillaume de Veimar, le commandement d'une armée qui devoit se lever dans la Thuringe. Il voulut aussi confier son épouse à la ville d'Erfurt, et promit à cette ville d'augmenter ses privilèges. L'armée Suédoise, se dirigeant alors par Gotha et Arnstadt, traversa sur deux colonnes les forêts de la Thuringe, elle enleva, chemin faisant, le comté de

Henneberg aux Impériaux, et se réunit le troisième jour devant Kœnigshofen, sur les frontières de la Franconie.

François, Evêque de Wurzbourg, l'ennemi le plus acharné des Protestans, et le membre le plus zélé de l'Eglise catholique, fut aussi le premier sur qui s'appesantit le bras de Gustave Adolphe. Quelques paroles menaçantes suffirent pour mettre au pouvoir des Suédois la place frontière de Kœnigshofen, et avec elle la clef de toute la province. La nouvelle d'une conquête aussi rapide jetta tous les états catholiques dans la consternation. Déjà les Evêques de Wurzbourg et de Bamberg, tremblant dans leurs palais, voyoient leurs siéges chancelans, leurs églises profanées, leur religion foulée aux pieds. La méchanceté des ennemis du Roi avoient peint l'esprit de persécution et la conduite militaire de ce Monarque et de ses troupes sous des couleurs que les assurances réitérées de Gustave, les exemples les plus éclatans d'humanité et de tolérance ne purent jamais entièrement effacer. On craignoit d'éprouver, de la part d'un autre, les traitemens que l'on se sentoit capable d'exercer soi-même. Beaucoup des plus riches Catholiques se hâtèrent de mettre leurs biens, leur conscience et leurs personnes en sûreté contre le fanatisme sanguinaire des Suédois. L'Evêque lui-même en donna l'exemple à ses sujets. Au milieu de l'incendie que son zèle ardent avoit allumé, il déserta son pays, et se sauva en France pour y soulever, s'il étoit possible, le ministère contre l'ennemi commun de la Religion.

Cependant les progrès que Gustave Adolphe faisoient dans l'évêché, répondoient à ses premiers succès. Abandonné par la garnison Impériale, Schveinfurt se rendit, et bientôt après Wurzbourg ; il fallut emporter d'assaut le Marienberg. On avoit accumulé, dans cette place regardée comme imprenable, une quantité immense de vivres et de munitions qui tomba entre les mains de l'ennemi. Une prise très-précieuse pour le Roi, fut la Bibliothèque des Jésuites qu'il fit transporter à Upsal ; et la cave richement fournie du Prélat, fut pour les soldats une découverte encore plus agréable. L'Evêque avoit sauvé à tems ses trésors. Le pays en entier suivit bientôt l'exemple de la capitale ; tout se soumit aux Suédois. Le Roi se fit prêter, par tous les sujets de l'évêque, serment de fidélité, et vu l'absence du souverain légitime, il créa une régence, dont la moitié des membres fut composée de Protestans. Dans toutes les places catholiques prises par Gustave Adolphe, il ouvrit les Eglises à la religion protestante, mais sans rendre aux ennemis de sa croyance l'oppression sous laquelle ils avoient tenu ses frères pendant si long-tems. Le droit terrible de la guerre ne fut exercé que sur ceux qui lui résistèrent, l'épée à la main; on ne peut faire retomber sur le Général, ami de l'humanité, les horreurs particulières que se permet une soldatesque effrénée dans l'aveugle fureur de la première attaque. L'homme tranquille et sans défense éprouva un traitement favorable. Epargner le sang des ennemis comme celui des siens fut toujours la loi la plus sacrée de Gustave-Adolphe.

Dès la première nouvelle de l'invasion, l'Evêque de Wurzbourg, au mépris des négociations entamées par lui avec Gustave pour gagner du tems, avoit engagé instamment le Général de la Ligue à secourir ses états. Ce Général venoit de rassembler, près du Veser, les débris de son armée, il s'étoit renforcé des garnisons impériales de la Basse-Saxe, et avoit fait, dans le pays de Hesse, sa jonction avec les généraux Altringer et Fugger. A la tête de ces forces respectables, le Comte de Tilly brûloit d'effacer, par une victoire éclatante la honte de sa première défaite. Il s'étoit avancé jusqu'à Fulde, et attendoit impatiemment que le Duc de Bavière lui permit de combattre Gustave-Adolphe; mais, après l'armée de Tilly, la Ligue n'en avoit plus à perdre, et Maximilien étoit trop circonspect pour exposer l'existence entière de son

Tome II. B

parti au hasard d'une nouvelle bataille. Tilly reçut, les larmes aux yeux, l'ordre de son maître, qui le forçoit à l'inaction. La marche de ce général vers la Franconie, éprouva donc un retard considérable, et Gustave Adolphe en profita pour envahir tout l'Evêché. En vain le général de la Ligue, qui se porta depuis à Aschaffenbourg, et s'y renforça de douze mille Lorrains, accourut vers Wurzbourg, avec des forces supérieures; la ville et la citadelle étoient déjà au pouvoir des Suédois, et Maximilien de Bavière fut accusé, peut-être avec quelque justice, d'avoir accéléré, par ses difficultés, la perte du pays.

Forcé d'éviter la bataille, Tilly se contenta d'arrêter l'ennemi dans ses progrès; mais il ne put soustraire qu'un très-petit nombre de places à l'impétuosité des Suédois. Après avoir tenté inutilement de jetter des renforts dans la ville de Hanau, où les Impériaux n'avoient qu'une foible garnison, et dont la prise donnoit au Roi un trop grand avantage, il passa le Mein près de Seligenstadt, et dirigea sa marche vers la Bergstrass pour défendre les pays Palatins menacés par le vainqueur.

Le Comte de Tilly ne fut pas le seul adversaire que Gustave Adolphe trouva sur son passage, et qu'il chassa devant lui. Le Duc Charles de Lorraine, connu dans les annales du tems par l'inconstance de son caractère, ses vains projets et sa mauvaise fortune, avoit aussi levé son foible bras contre le héros de la Suède, pour mériter de l'Empereur Ferdinand second la *couronne électorale*. Sourd aux maximes d'une sage politique, il s'abandonna sans réserve aux mouvemens de sa fougueuse ambition; en prenant le parti de l'Empereur, il irrita la France, ce voisin redoutable, et pour courir dans des pays lointains après le fantôme brillant qui s'obstinoit à le fuir, il découvrit ses états héréditaires qu'une armée française inonda avec la rapidité d'un torrent. La cour de Vienne lui accorda volontiers, ainsi qu'aux autres Princes de la Ligue, l'honneur de se perdre pour le bien de l'auguste maison. Enivré par de vaines espérances, ce Prince rassembla une armée de dix-sept mille hommes *qu'il voulut mener en personne contre les Suédois. Si ces troupes manquoient de courage et de discipline, elles éblouissoient par leur tenue brillante; et si elles cachoient leur bravoure en présence de l'ennemi, elles en étoient d'autant* plus prodigues envers le bourgeois et le cultivateur sans défense, au secours de qui elles avoient été appelées. Cette élégante armée ne pouvoit tenir long-tems contre l'intrépidité et la discipline terrible des Suédois. Une terreur panique s'empara de ces Lorrains au premier mouvement de la cavalerie ennemie, et ils furent chassés sur-le-champ des quartiers qu'ils avoient pris dans le pays de Wurzbourg. Le malheur d'un petit nombre de régimens occasionna une déroute générale, et les foibles restes de cette armée allèrent dans quelques places au-delà du Rhin se cacher devant les soldats du Nord. Leur chef, couvert de honte, et la risée des Allemands, se hâta de prendre le chemin de Strasbourg pour retourner chez lui; trop heureux d'appaiser, par d'humbles excuses, la colère d'un vainqueur qui commença par le battre, et lui demanda ensuite raison de ses hostilités. Un paysan d'un village près du Rhin s'avisa, dit-on, de donner un coup au cheval du Duc qui passoit près de lui dans sa déroute; « Allons, monsieur, lui cria le paysan, vous devez courir plus vîte lorsque vous fuyez devant le grand Roi de Suède. »

L'exemple malheureux de son voisin avoit suggéré à l'Evêque de Bamberg des mesures plus prudentes. Afin de prévenir le pillage de son pays, il alla au-devant de Gustave avec des propositions de paix, mais uniquement pour retarder le cours rapide de ses armes jusqu'à l'arrivée des secours. Gustave Adolphe, trop loyal pour soupçonner de la mauvaise foi chez ses ennemis, accepta avec empressement les offres de l'Evêque, et s'expliqua sur les conditions auxquelles il vouloit garantir son pays. Le Roi s'y montra d'autant plus disposé, que son intention n'étoit pas de prodiguer un tems précieux à la conquête de Bamberg, et que ses projets l'appeloient vers les bords du Rhin. La promptitude avec laquelle il poursuivit l'exécution de son plan, lui fit perdre les sommes considérables que dans un plus long séjour en Franconie, il auroit pu arracher aisément à cet évêque dépourvu de secours. Le Prélat laissa tomber les négociations aussitôt que l'orage s'éloigna de ses frontières. A peine Gustave Adolphe lui eût-il tourné le dos, qu'il se jetta dans les bras de Tilly, et reçut les troupes impériales dans les mêmes villes et forteresses qu'il venoit d'offrir au Roi avec tant d'empressement. Mais, par cet artifice, il n'avoit différé que de quelques instans la ruine de son Evêché. Un Général Suédois, laissé en Franconie par Gustave Adolphe, se chargea de punir le Prélat de cette déloyauté, et son pays devint le théâtre malheureux d'une guerre où il fut ravagé par les amis et les ennemis.

L'humanité du Roi, et la fuite des Impériaux, dont la présence avoit inquiété jusqu'alors les états de Franconie, encouragèrent la noblesse aussi bien que la bourgeoisie de ce cercle à se montrer en faveur des Suédois. Nuremberg se mit solemnellement sous la protection de Gustave; il gagna la noblesse du pays par des manifestes flatteurs, où il descendoit jusqu'à s'excuser de sa brusque apparition. L'opulence de la Franconie, et la délicatesse scrupuleuse que le guerrier Suédois observoit avec l'habitant, amenèrent l'abondance dans le camp du Roi. Le crédit que Gustave-Adolphe avoit su obtenir auprès de toute la noblesse, l'admiration et le respect que ses brillans exploits commandoient même à l'ennemi, le riche butin que l'on se promettoit au service d'un Monarque constamment vainqueur, tous ces avantages favorisèrent beaucoup les nouvelles levées que le nombre des garnisons prises sur la grande armée avoit rendues indispensables. A peine le tambour se faisoit-il entendre que l'on arrivoit par bandes de toutes les extrémités de la Franconie.

Le Roi n'avoit guères employé plus de tems à la conquête de ce cercle qu'il ne lui en avoit fallu en tout pour le parcourir. La soumission entière du pays, et le soin de conserver les conquêtes déjà faites, furent confiés à Gustave Horn, un de ses plus habiles Généraux, qu'il laissa en arrière avec dix-huit mille hommes. Lui-même, à la tête de la grande armée, renforcé de ses nouvelles levées en Franconie, s'avança vers le Rhin pour s'assurer de cette limite de l'Empire contre les Espagnols, désarmer les Electeurs Catholiques, et ouvrir dans ces pays opulens de nouvelles sources pour la continuation de la guerre. Seligenstadt, Aschaffenbourg, Steinheim, tout le pays sur les bords du Mein furent soumis dans cette expédition ; les garnisons impériales attendirent rarement son arrivée, elles ne se maintinrent nulle part.

Quelque tems auparavant, un de ses Généraux avoit déjà réussi à enlever aux troupes impériales la ville et la citadelle de Hanau, à la conservation de laquelle Tilly attachoit tant d'importance. Content d'être délivré de la tyrannie insupportable de cette soldatesque, le Comte, souverain du pays, se soumit avec empressement au joug plus doux du Monarque Suédois.

La ville de Francfort fixa alors l'attention de Gustave Adolphe, lui qui avoit pour maxime, sur le territoire Germanique, d'assurer ses derrières en occupant les places importantes, et en gagnant leur amitié. Francfort étoit une des premières villes impériales que, depuis le Nord de l'Allemagne, il eût déjà fait disposer en sa faveur; maintenant qu'il avoit pénétré jusqu'à elle, il lui envoya, d'Offenbach, de nouveaux députés pour la sommer de lui accorder passage et de recevoir garnison. Les habitans n'auroient rien tant desiré que de se soustraire

à ce choix embarrassant entre le Roi de Suède et l'Empereur. Car, quelque parti qu'ils préférassent, ils avoient à craindre pour leurs privilèges et leur commerce. La colère de l'Empereur pouvoit retomber sur cette ville opulente, si elle se soumettoit précipitamment au Roi de Suède, et que celui-ci n'eût pas assez de forces pour mettre ses partisans à couvert du despotisme impérial. Mais elle devoit encore redouter davantage le ressentiment d'un vainqueur qui étoit, pour ainsi dire, à ses portes avec une armée formidable, et qui pouvoit la punir de sa résistance par la ruine de tout son commerce et de sa prospérité. En vain ses députés exposèrent, pour sa justification, les dangers qui menaçoient ses privilèges, ses foires, et peut-être sa liberté constitutionnelle, si en prenant le parti des Suédois, elle attiroit sur elle le courroux de l'Empereur. Gustave Adolphe eut l'air étonné de ce que, dans une affaire aussi majeure que l'étoient la liberté de l'Allemagne toute entière et le sort de l'église protestante, la ville de Francfort parlât de son commerce, et préférât des avantages temporels aux grands intérêts de la patrie et de la conscience. « Il avoit trouvé, ajouta-t-il,
» la clef qui, depuis l'isle de Rugen, l'avoit
» amené jusques aux villes et forteresses du
» Mein ; il sauroit aussi trouver celle de Francfort. Le bien de l'Allemagne, et la liberté de

» l'église protestante, étoient le seul but de son
» apparition à main armée, et, pénétré de la
» justice de sa cause, il n'étoit disposé à se lais-
» ser arrêter dans sa course par aucun obs-
» tacle. Les habitans de Francfort ne vouloient,
» d'après toute apparence, *lui tendre que les*
» *doigts, mais il lui falloit la main entière*
» *pour pouvoir s'y tenir.* » Il suivit de près,
avec toute son armée les députés de la ville qui
rapportèrent cette réponse, et attendit en ordre
de bataille, devant Sachsenhausen, la dernière
déclaration du sénat.

Si la ville de Francfort avoit fait difficulté
de se soumettre aux Suédois, la crainte seule
de l'Empereur en avoit été cause; le penchant
naturel des bourgeois ne leur permit pas d'hésiter un instant entre l'oppresseur de la liberté
germanique, et celui qui en prenoit la défense.
Les préparatifs menaçans de Gustave-Adolphe
à l'instant où il exigeoit une dernière déclaration, pouvoient diminuer, aux yeux de l'Empereur, l'odieux de leur défection, et donner
l'apparence de la contrainte à une démarche
qu'ils faisoient de plein gré. On ouvrit donc
les portes au Roi de Suède, qui traversa cette
ville impériale à la tête de son armée dans
une pompe et un ordre admirables. Six cents
hommes furent laissés pour garnison à Sachsenhausen. Dès le même soir le Roi marcha

en personne avec le reste de l'armée contre la ville mayençaise de Hœcst, qui fut prise avant la nuit.

Tandis que Gustave-Adolphe étendoit ses conquêtes sur le Mein, le bonheur couronnoit les entreprises de ses généraux dans le nord de l'Allemagne. Rostock, Vismar et Dœmiz, les seules places fortes du Duché de Meklenbourg qui restassent encore sous le joug des Impériaux, furent conquises par le Souverain légitime, le Duc Jean Albert, sous la conduite du Général suédois Achatius Tott. En vain un Général de l'Empereur, Wolf, comte de Mansfeld, tenta d'enlever aux troupes du Roi l'évêché d'Halberstadt dont elles avoient pris possession aussitôt après la victoire de Leipzig; bientôt il fut forcé de laisser aussi entre leurs mains celui de Magdebourg. Banner, Général suédois qui étoit resté sur l'Elbe avec huit mille hommes, tenoit la ville de Magdebourg étroitement cernée, et avoit déjà culbuté plusieurs régimens impériaux envoyés au secours de la place. Le Comte de Mansfeld, il est vrai, la défendoit en personne avec beaucoup de valeur, mais, trop foible en hommes pour opposer une longue résistance à l'armée nombreuse des assiégeans, il songeoit déjà à capituler, lorsque le général Pappenheim arriva à son secours et occupa ailleurs les armes suédoises. Cependant Magdebourg, ou plutôt les masures qui se montroient tristement au milieu des ruines de cette grande ville, fut évacué dans la suite par les Impériaux, et les Suédois en prirent aussitôt possession.

A la vue de ces brillans succès, les états de Basse-Saxe, abattus par le coup terrible que Wallenstein et Tilly leur avoient porté dans la guerre malheureuse du Dannemarck, hasardèrent aussi de lever la tête. Ils tinrent à Hambourg une conférence où il fut convenu de former trois régimens, avec le secours desquels ils espéroient pouvoir se soustraire à la tyrannie des garnisons impériales. L'évêque de Brême, parent du Roi de Suède, ne s'en tint pas là. Il rassembla des troupes pour son compte, et avec elles il inquiéta des prêtres et des moines sans défense; mais il eut le malheur d'être bientôt désarmé par le Comte de Gronsfeld, Général de l'Empereur. George, Duc de Lunébourg, ci-devant Général au service de Ferdinand, prit aussi le parti de Gustave, et leva pour ce Monarque quelques régimens qui occupèrent les troupes impériales en Basse-Saxe, au grand avantage du Roi. Gustave fut encore servi d'une manière bien plus importante par le Landgrave Guillaume de Hesse-Cassel, dont les armes victorieuses firent trembler une grande partie de la Westphalie et de la Basse-Saxe, l'Evêché de

Fulde et l'Electorat de Cologne même. On se rappelle qu'immédiatement après l'alliance conclue par le Landgrave avec le Roi dans le camp de Verben, deux Généraux de l'Empereur, Fugger et Altringer furent envoyés en Hesse par le Comte de Tilly, pour punir le Landgrave de sa défection. Mais ce Prince intrépide repoussa les armes des Impériaux, de même que ses états résistèrent aux manifestes séditieux du Comte de Tilly, et bientôt la bataille de Leipzig le délivra de ces bandes dévastatrices. Il profita de leur éloignement avec autant de courage que de résolution ; il prit en peu de temps Vach, Münden, Hœrter, et le bonheur de ses armes fit trembler les Évéchés de Fulde, de Paderborn et tous ceux qui confinent à la Hesse. Ces états effrayés se hatèrent de mettre, par une prompte soumission, des bornes à ses progrès ; et les sommes considérables qu'ils payèrent volontairement les garantirent du pillage. Après cette heureuse expédition, le Landgrave réunit son armée victorieuse à la grande armée de Gustave Adolphe, et il se trouva lui même à Francfort auprès de ce monarque pour délibérer avec lui sur le plan des opérations ultérieures.

Plusieurs Princes et Ambassadeurs étrangers avoient aussi paru avec lui dans cette ville pour rendre hommage à la grandeur de Gustave Adolphe, briguer sa faveur, ou appaiser son courroux. Parmi eux on distinguoit surtout Frédéric V, Electeur Palatin, et Roi fugitif de Bohême, qui étoit venu de Hollande se jetter dans les bras de son vengeur. Gustave Adolphe lui rendit l'honneur stérile de le saluer comme tête couronnée, et tâcha d'adoucir ses malheurs par la noblesse qu'il mit à les partager. Mais quelque avantage que Frédéric se promît de la puissance et de la fortune de son protecteur, quelque confiance qu'il eût dans sa générosité et sa justice, l'espérance de voir ce malheureux Prince rétabli dans ses états n'en étoit pas moins éloignée. L'inaction et la politique absurde de la cour d'Angleterre avoient refroidi le zèle de Gustave Adolphe; et un ressentiment dont il n'étoit pas tout-à-fait maître, lui fit perdre de vue son rôle glorieux, celui de protecteur des opprimés, tel qu'il s'étoit si hautement annoncé à son apparition dans l'Empire. Le Landgrave George de Hesse-Darmstadt, tremblant devant les armées victorieuses du Roi et redoutant sa vengeance, crut aussi devoir paroître et se déterminer à une prompte soumission. Les liaisons que ce personnage équivoque entretenoit avec l'Empereur, la froideur de son zèle pour la cause des protestans n'étoient pas inconnues au Roi. Mais la haine d'un ennemi aussi impuissant ne lui inspiroit que de la pitié; il ne pouvoit que rire de l'importance que se donnoit ce Prince imbécille. Comme le Landgrave se connoissoit assez peu lui-même, ainsi que la situation politique de l'Allemagne, pour s'ériger avec autant de sottise que d'assurance en médiateur entre les deux parties, Gustave Adolphe ne l'appeloit ironiquement que le pacificateur. Jouant avec le Landgrave, on lui entendit dire souvent, lorsqu'il le gagnoit ; « Que » cet argent lui faisoit un double plaisir, parce » que c'étoit de la monnoie impériale. » Si Gustave se contenta, à l'égard du Landgrave George, de sa forteresse de Russelsheim et de la promesse d'observer, pendant cette guerre, la plus exacte neutralité, celui-ci le dut uniquement à sa parenté avec l'Electeur de Saxe, que le Roi étoit forcé de ménager. Les Comtes de Vestervald et de Vétéravie avoient aussi paru à Francfort auprès du Roi pour contracter une alliance avec lui, et offrir à ce Monarque, contre les Espagnols, un secours qui lui fut dans la suite fort utile. La ville de Francfort même ne put que se louer de la présence de Gustave, qui prit son commerce sous sa protection, et rétablit, par des mesures vigoureuses la sûreté des foires, que la guerre avoit sensiblement interrompues.

L'armée suédoise étoit alors renforcée de dix mille Hessois fournis et amenés par le Landgrave Guillaume de Cassel. Gustave

Adolphe avoit déjà fait attaquer Kœnigstein ; Kostheim et Fliersheim se rendirent après quelques jours de siége ; le cours entier du Mein étoit sous sa domination ; à Hœchst on construisoit des bateaux en toute hâte pour porter les troupes de l'autre côté du Rhin. Ces préparatifs firent trembler l'Electeur de Mayence, Anselm Casimir, et il ne douta plus un instant qu'il ne fût le premier menacé de l'orage. Comme partisan de l'Empereur et comme un des membres les plus actifs de la Ligue catholique, il n'avait d'autre sort à attendre que celui de ses confrères les Evêques de Bamberg et de Vürzbourg ; la situation de ses états sur le Rhin forçoit l'ennemi de s'en assurer, et de plus ces pays opulents étoient pour l'armée un appas irrésistible. Mais connaissant trop peu ses moyens et l'adversaire qu'il avoit devant lui, l'Electeur se flatta de repousser la force par la force, et de lasser la bravoure suédoise avec la solidité de ses remparts. Il fit réparer en toute hâte les fortifications de sa capitale, la pourvut de toutes les choses nécessaires pour un siége de longue durée, et admit dans ses murs deux mille Espagnols, commandés par un Général de la même nation, Don Philippe de Sylva. Pour rendre l'approche impraticable aux bateaux des Suédois, il fit barrér avec des pieux l'embouchure du Mein, y fit jeter des masses énormes de pierre, et couler à fond les bateaux les plus grands. Accompagné de l'Evêque de Worms, il se sauva lui-même à Cologne avec ses trésors, et abandonna sa ville et son pays à la tyrannie et à l'avidité d'une garnison. Toutes ces dispositions, qui dénotoient moins le vrai courage qu'une opiniâtreté impuissante, n'empêchèrent pas les Suédois de marcher contre Mayence, et de faire les préparatifs les plus sérieux pour l'attaque de la ville. Tandis qu'une partie des troupes s'étendoit dans le Rhingau, culbutoit tout ce qui s'y trouvoit d'Espagnols, et levoit des contributions exhorbitantes; tandis qu'une autre mettoit aussi à contribution les cantons catholiques du Vestervald et de la Vétéravie; la grande armée étoit déjà campée près de Cassel, vis-à-vis Mayence, et le Duc Pernard de Veimar avoit même pris au-delà du Rhin, la tour des Souris et le château d'Ehrenfels. Gustave-Adolphe songeoit sérieusement à passer le fleuve, et à cerner la ville du côté de la terre, lorsque ce Monarque, appelé par les progrès du Comte de Tilly en Franconie, abandonna le siége précipitamment, et laissa à l'Electorat un repos qui ne fut pas de longue durée.

Tandis que Gustave-Adolphe étoit occupé sur

sur le Rhin, le Comte de Tilly s'approcha pour assiéger la ville de Nuremberg, et il la menaça, en cas de résistance, du sort affreux de Magdebourg. Afin de ne pas encourir une seconde fois aux yeux de toute l'Allemagne le reproche et la honte d'avoir abandonné une ville alliée à la discrétion de l'ennemi, le Roi de Suède s'avança à marches forcées pour délivrer cette place importante; mais à peine arrivé à Francfort, on lui annonça la vigoureuse résistance des habitans de Nuremberg, et la retraite de Tilly. Alors Gustave ne tarda pas un instant à poursuivre ses projets sur Mayence. N'ayant pu réussir auprès de Cassel à passer le Rhin sous le canon des assiégés, il se porta vers la Bergstrass pour approcher la ville d'un autre côté, s'empara chemin faisant de toutes les places importantes, et parut pour la seconde fois au bord du Rhin près de Stockstadt entre Gernsheim et Oppenheim. Les Espagnols avoient abandonné toute la Bergstrass, mais comme ils cherchoient encore à faire une défense opiniâtre sur l'autre rive, ils avoient brûlé ou coulé bas tous les bateaux des environs, et se montroient au-delà du fleuve disposés à recevoir l'attaque la plus vigoureuse, si le Roi hasardoit le passage sur ce point. Le courage de Gustave-Adolphe l'exposa très-sérieusement dans cette occasion à tomber entre les mains de l'ennemi. Pour reconnoître l'autre rive du Rhin il hasarda de passer le fleuve dans une nacelle, mais à peine avoit-il abordé qu'une troupe de cavaliers espagnols l'assaillit à l'improviste, et il ne leur échappa que par la fuite la plus précipitée. Enfin avec le secours de quelques mariniers des environs, il réussit à s'emparer d'un petit nombre de bateaux sur deux desquels il fit passer le comte de Brahé avec trois cents Suédois. Celui-ci étoit à peine retranché sur l'autre rive qu'il fut attaqué par quatorze compagnies de dragons et cuirassiers espagnols. Quelque grande que fût la supériorité de l'ennemi, le Comte de Brahé ne s'en défendit que plus courageusement avec sa petite troupe, et sa résistance héroïque donna au Roi le temps de venir en personne le soutenir avec des troupes fraîches. Alors les Espagnols prirent la fuite en laissant six cents hommes sur la place; quelques-uns se hâtèrent de gagner la ville forte d'Oppenheim, d'autres celle de Mayence. Un lion de marbre élevé sur une haute colonne, une épée dans la griffe droite, un casque sur la tête, montroit encore au voyageur, soixante-dix ans après, la place où le Monarque immortel passa le principal fleuve de la Germanie.

Cette action n'eut pas plutôt réussi, que Gustave-Adolphe porta au-delà du Rhin son artillerie ainsi que la plus grande partie de ses troupes, et assiégea Oppenheim. Cette place, après une résistance désespérée, fut emportée d'assaut, le 8 décembre 1631. Cinq cents Espagnols qui l'avoient défendue avec tant d'intrépidité, furent tous victimes de la fureur des Suédois. La nouvelle du passage du Rhin par Gustave-Adolphe répandit la consternation parmi tous les Espagnols et les Lorrains qui avoient occupé l'autre rive, et s'étoient crus derrière ce fleuve assurés contre la vengeance des soldats du nord. Ils cherchèrent en ce moment leur salut dans la fuite. Toute place où l'on ne pouvoit pas tenir sans danger fut abandonnée à la hâte. Après une longue suite de barbaries commises contre le bourgeois sans défense, les Lorrains évacuèrent la ville de Worms, sur laquelle ils se plurent encore à exercer leur cruauté avant d'en sortir. Les Espagnols allèrent s'enfermer dans Franckenthal, espérant pouvoir y braver les armes victorieuses de Gustave-Adolphe.

Le Roi ne perdit pas un instant alors pour mettre le siége devant Mayence où s'étoit jetée l'élite des troupes Espagnoles. Tandis qu'au-delà du Rhin il marchoit contre cette ville, le Landgrave de Hesse-Cassel s'en étoit approché sur l'autre rive, et avoit pris, chemin faisant, plusieurs places importantes. Les Espagnols, quoiqu'investis des deux côtés, se montrèrent d'abord, par leur bravoure et leur résolution, disposés à tout attendre. Un feu soutenu avec vivacité, pendant plusieurs jours jeta dans le camp du Roi une pluie de bombes qui lui tua nombre de braves gens. Mais, malgré cette vigoureuse résistance, les Suédois gagnoient toujours du terrain, et s'étoient tellement approchés des fossés de la place, qu'ils se disposoient sérieusement à l'assaut. Alors le courage manqua aux habitans. Ils tremblèrent avec raison devant l'ardeur farouche du soldat Suédois, dont le Marienberg, près de Wurzbourg fournissoit un exemple terrible. La ville de Mayence se voyoit menacée d'un traitement affreux si ses remparts étoient escaladés, et l'ennemi pouvoit être tenté de venger le sort de Magdebourg sur cette riche et magnifique résidence d'un Prince catholique. Les Espagnols capitulèrent donc le quatrième jour, plutôt par prudence pour la ville que par crainte pour eux-mêmes, et obtinrent de la générosité du Roi un sauf-conduit jusqu'à Luxembourg. La plus grande partie de cette garnison se rangea cependant sous les drapeaux de Gustave, ainsi que plusieurs autres avoient déjà fait jusqu'alors.

Le 13 décembre 1631, le Roi de Suède fit son entrée dans la ville conquise, et établit son quartier au palais électoral. Quatre-vingt pièces de canons tombèrent entre ses mains, et la bourgeoisie fut contrainte de payer quatre-vingt mille florins pour se racheter du pillage. On ne comprit pas dans cette contribution les Juifs et le Clergé qui fournirent encore séparément des sommes considérables. Le Roi s'adjugea en propriété la bibliothèque de l'Electeur, et en fit présent à Oxenstiern son Chancelier, qui la céda au Gymnase de Westerœhs; mais le vaisseau qui la portoit en Suède eut le malheur d'échouer, et la Baltique engloutit ce trésor dont la perte étoit irréparable.

Depuis la prise de Mayence, le malheur ne cessa pas un instant de poursuivre les Espagnols sur le Rhin. Peu de tems avant la conquête de cette ville, le Landgrave de Hesse-Cassel avoit pris Falkenstein et Reifenberg; la forteresse de Kœnigstein se rendit aux Hessois. Un des Généraux du Roi, le Rhingrave Otto Louis, eut le bonheur de battre neuf escadrons espagnols qui marchoient vers Frankenthal, et de s'emparer des postes les plus importans depuis Poppart jusqu'à Baccharach. Après la prise de Braunfels par les Suédois, les Espagnols perdirent successivement toutes leurs places en Vétéravie, et, à l'exception de la ville de Frankenthal, ils ne purent en sauver dans le Palatinat qu'un très petit nombre d'autres. Landau et Krouveissenbourg se déclarèrent ouvertement pour les Suédois. Spire offrit de lever des troupes au service de de Gustave Adolphe ; l'ennemi perdit Manheim par la présence d'esprit du jeune Duc Bernard de Weimar, et par la négligence du commandant qui fut cité à Heidelberg devant le tribunal militaire et décapité.

Le Roi avoit prolongé la campagne jusques dans la saison la plus rigoureuse, et ce fut vraisemblablement une des causes qui donnèrent au soldat Suédois la supériorité sur l'ennemi. Mais les troupes épuisées ayant le plus grand besoin des quartiers d'hiver, Gustave Adolphe les leur accorda peu après la prise de Mayence. Lui-même profita du relâche que la saison mettoit à ses opérations militaires, pour expédier avec Oxenstiern les affaires du cabinet, suivre les négociations au sujet de la neutralité, et terminer avec une puissance alliée quelques querelles politiques auxquelles sa conduite avoit donné lieu. Il fixa son quartier à Mayence, qui devint le centre de toutes les affaires d'état, et ce Monarque laissa entrevoir pour cette ville un goût qui ne s'accordoit guères avec les intérêts des Princes Allemands, et la brièveté de la visite qu'il avoit voulu rendre à l'Empire. Non content d'avoir fortifié Mayence autant que possible, il fit encore construire vis-à-vis de cette place, dans l'angle que le Rhin forme avec le

Mein, une nouvelle citadelle que, d'après son fondateur, l'on appela *Gustavsbourg*, mais qui fut plus connue dans la suite sous le nom de *Pfaffenraub, Pfaffenzwang*.

Tandis que Gustave Adolphe se rendoit maître du Rhin, et menaçoit de ses armes victorieuses les trois Electorats limitrophes, ses ennemis faisoient jouer tous les ressorts de la politique à Paris et à Saint-Germain, pour lui enlever les secours de la France, et l'engager, s'il étoit possible, dans une guerre avec cette couronne. En tournant tout-à-coup ses armes vers le Rhin par un mouvement aussi équivoque qu'inattendu, il avoit donné lui-même de l'ombrage à ses amis, et fourni à ses adversaires les moyens de faire naître sur ses intentions une méfiance dangereuse. Après avoir soumis l'Evêché de Wurzbourg et la plus grande partie de la Franconie, il étoit libre de pénétrer en Bavière et en Autriche par l'Evêché de Bamberg et le Haut-Palatinat. On étoit donc généralement dans la persuasion bien naturelle qu'il n'hésiteroit pas à attaquer l'Empereur et le Duc de Bavière au centre de leurs états, pour terminer la guerre d'autant plus promptement, par la soumission de ces deux grands ennemis. Mais à l'étonnement des deux parties, Gustave Adolphe abandonna la route que lui traçoit l'opinion générale, et au lieu de diriger ses armes vers la gauche, il les porta du côté opposé pour faire sentir sa puissance aux Princes les moins coupables et les moins à craindre. Une conduite aussi surprenante ne pouvoit être expliquée que par l'intention de chasser les Espagnols, afin, avant toutes choses, de remettre le malheureux Electeur Palatin Frédéric V, en possession de ses états; et cette idée fit même taire dans le principe, les soupçons de ses amis et les calomnies de ses adversaires. Mais le Bas Palatinat étoit presque totalement libre, et Gustave Adolphe persistoit à former de nouveaux plans de conquêtes sur le Rhin; il continuoit de retenir le Palatinat conquis malgré l'existence du possesseur légitime. En vain l'Ambassadeur du Roi d'Angleterre rappela au conquérant ce qu'il devoit à la justice, et les engagemens d'honneur que lui imposoit sa promesse solemnelle. Gustave Adolphe répondit par des plaintes amères sur l'inaction de la cour de Londres, et se disposa avec vigueur à aller déployer en Alsace, et même en Lorraine, ses drapeaux victorieux.

Alors la méfiance s'expliqua hautement contre le Monarque suédois, et la haine de ses adversaires se montra sur-tout occupée à répandre les bruits les plus désavantageux sur ses intentions. Le Ministre de Louis XIII, Richelieu, avoit déjà vu avec inquiétude l'approche du Roi vers les frontières de France, et l'esprit méfiant de son maître ne s'ouvrit que trop aisément à toutes les conjectures de la méchanceté. La France se trouvoit à cette époque engagée dans une guerre civile avec les Protestans de l'intérieur, et on avoit en effet quelques raisons de craindre que l'approche d'un Roi du même parti et toujours triomphant ne ranimât leur courage et ne les portât à la plus vigoureuse résistance. Ces craintes pouvoient se réaliser, quelqu'éloigné que fût Gustave-Adolphe de donner la moindre espérance aux huguenots, et de commettre une infidélité réelle envers le Roi son allié. Mais l'esprit vindicatif de l'Evêque de Würzbourg qui tâchoit de se consoler à la cour de France de la perte de ses états, l'éloquence empoisonnée des Jésuites, le zèle officieux du ministre de Bavière présentèrent comme évidente cette intelligence dangereuse entre les Huguenots et le Roi de Suéde, et surent remplir des inquiétudes les plus affreuses l'esprit craintif de Louis. Non-seulement des politiques extravagans, mais des Catholiques raisonnables crurent sérieusement qu'à la première campagne, le Roi de Suède pénétreroit dans l'intérieur de la France, feroit cause commune avec les Protestans et renverseroit la religion catholique dans le royaume. Des zélateurs fanatiques le voyoient déjà gravir les

Alpes avec son armée, et détrôner en Italie le Souverain Pontife. Quoique de pareilles rêveries se refutassent d'elles-mêmes, quoique la tolérance du Roi et son attachement à son honneur fissent tomber sur-le-champ des accusations aussi ridicules, on ne pouvoit cependant nier que, par ses opérations militaires sur le Rhin, il n'eût donné une prise dangereuse aux soupçons de ses adversaires. Le Roi justifioit en quelque sorte cette opinion : que son principal but avoit moins été de diriger ses armes contre l'Empereur et le Duc de Bavière, que contre la religion romaine.

Le cri universel que les cours catholiques excitées par les Jésuites, élevèrent contre les liaisons de la France avec l'ennemi de l'Eglise, détermina enfin le Cardinal de Richelieu à faire un pas décisif pour la sûreté de sa religion. Il voulut convaincre le monde catholique du zèle religieux de la France en même-temps que de la politique intéressée des Princes ecclésiastiques de l'Empire. Persuadé que les vues du Roi de Suède tendoient uniquement, comme les siennes, à l'abaissement de la maison d'Autriche, il ne craignit pas de promettre aux Princes de la Ligue une exacte neutralité du côté de la Suède, dès l'instant où ils renonceroient à leur alliance avec l'Empereur et retireroient leurs troupes. Quelque résolution que prissent les Princes, Richelieu avoit atteint son but Par leur séparation du parti autrichien, Ferdinand se trouvoit exposé sans défense aux armes réunies de la France et de la Suède, et Gustave-Adolphe, délivré de tous ses autres ennemis en Allemagne, pouvoit tourner l'ensemble de ses forces contre les pays héréditaires de l'Empereur. Alors la chûte de la maison d'Autriche étoit inévitable, et cette grande entreprise, le seul but de tous les efforts de Richelieu, se trouvoit exécutée sans nuire aux intérêts de l'Eglise. Les suites, à la vérité, étoient beaucoup plus dangereuses, si les Princes de la Ligue persistoient dans leur refus et demeuroient fidèles à leur alliance avec l'Autrichien. Mais dans ce cas la France avoit fait preuve de zèle pour l'Eglise romaine, et satisfait à ses devoirs comme membre de cette Eglise. Les Princes de la Ligue restoient alors seuls auteurs de tous les maux que la continuation de la guerre devoient nécessairement attirer sur l'Allemagne catholique; c'étoient eux seuls qui, par leur attachement opiniâtre pour l'Autrichien, rendoient infructueuses les mesures de leur protecteur, et jetoient l'Eglise dans le plus grand danger, en même-temps qu'ils se perdoient eux-mêmes.

Richelieu suivit ce plan avec d'autant plus de chaleur qu'il étoit pressé plus vivement par l'Electeur de Bavière, qui ne cessoit de solliciter auprès de lui les secours de la France. On se rappelle que, dès le temps où Maximilien avoit cru devoir se méfier des intentions de l'Empereur, il étoit entré avec la France dans une alliance secrète, au moyen de laquelle il espéroit s'assurer de la dignité électorale palatine, quelque changement qui pût arriver dans les dispositions de l'Empereur à son égard. L'origine de ce traité donnoit assez clairement à connoître contre quel ennemi il étoit dirigé. Maximilien, cependant, ne craignit pas de demander contre Gustave-Adolphe, l'allié de la couronne de France, les mêmes secours qu'on lui avoit promis uniquement contre l'Autrichien. Par cette alliance contradictoire, Richelieu, compromis entre deux puissances opposées, ne vit d'autre ressource que de terminer sur le champ les hostilités entr'elles. Aussi peu disposé à abandonner la Bavière, que hors d'état de la soutenir en raison de son traité avec la Suède, il travailla de toutes ses forces à la neutralité, comme seul moyen de satisfaire à ses doubles obligations. Un Plénipotentiaire particulier, le Marquis de Brézé, fut envoyé à Mayence près du Roi de Suède, pour sonder ses dispositions et obtenir des conditions avantageuses en faveur des Princes alliés. Mais, si des raisons importantes engageoient Louis XIII à opérer cette neutralité, Gustave-Adolphe avoit les plus puissants motifs pour desirer le contraire. Persuadé par des preuves nombreuses que l'horreur des Princes de la Ligue pour la religion protestante étoit insurmontable, leur attachement pour l'Autrichien indestructible, leur haine contre la puissance suédoise implacable, il craignoit moins leurs hostilités ouvertes qu'une neutralité aussi opposée à leurs sentimens. Forcé de plus par sa position sur le territoire germanique à faire la guerre aux dépens de l'ennemi, il éprouvoit une perte évidente dès l'instant qu'il diminuoit le nombre de ses adversaires sans augmenter celui de ses alliés. Rien d'étonnant donc si Gustave-Adolphe se montra peu disposé à sacrifier les avantages dont il se trouvoit en possession, pour obtenir des Princes catholiques, une neutralité aussi inutile.

Les conditions auxquelles il accordoit la neutralité à l'Electeur de Bavière, étoient oppressives et conformes à cette manière de voir. Il exigeoit de la Ligue catholique qu'elle restât dans une entière inaction, qu'elle retirât ses troupes de l'armée impériale, des places conquises et de tous les pays protestans. Il vouloit de plus que l'on diminuât ses forces militaires. Tous les pays de la Ligue devoient être fermés aux troupes impériales, et ils ne devoient fournir à la maison d'Autriche ni hommes, ni vivres, ni munitions. Quelque dure que fût la loi imposée par le vainqueur au vaincu, le négociateur françois se flatta de la faire accepter à l'Electeur de Bavière. Pour faciliter l'exécution de ce projet, Gustave-Adolphe avoit consenti à une trève de quinze jours avec Maximilien. Mais tandis que l'agent françois promettoit au Monarque l'heureux succès de cette négociation, une lettre de l'Electeur au Général de Pappenheim, interceptée à la même époque, découvrit la perfidie de ce Prince qui, dans toute cette affaire, n'avoit cherché qu'à gagner du temps pour se mettre en défense. Bien loin de vouloir se laisser entraver dans ses opérations militaires par un traité avec la Suède, le Prince artificieux pressa ses préparatifs avec la dernière activité, et profita du loisir que lui laissoit l'ennemi, pour se disposer à une résistance d'autant plus vigoureuse. Toutes ces négociations se rompirent donc sans avoir rien produit, et ne servirent qu'à renouveller avec plus d'acharnement les hostilités entre la Bavière et la Suède.

Tilly avoit augmenté ses forces, et le cercle de Franconie menacé d'une invasion par ce Général, exigeoit instamment la présence du Roi; mais il falloit auparavant éloigner du

Rhin les troupes espagnoles et empêcher qu'elles ne pussent, des Pays-Bas, attaquer les provinces germaniques. Dans cette intention, Gustave-Adolphe avoit déjà offert la neutralité à l'Electeur de Trèves Philippe de Zeltern, à condition qu'il lui céderoit sa forteresse d'Hermannstein, et qu'il accorderoit aux troupes suédoises la liberté du passage par Coblentz. Mais si l'Electeur voyoit avec peine ses états entre les mains des Espagnols, il ne lui en coûtoit pas moins de s'abandonner à la protection suspecte d'un hérétique, et de rendre le conquérant suédois maître de son sort. Hors d'état néanmoins de soutenir son indépendance contre deux rivaux aussi formidables, il chercha un réfuge sous les ailes de la France. Richelieu, avec sa politique accoutumée, avoit profité de l'embarras de ce Prince pour étendre la puissance du royaume et lui procurer un allié important sur les frontières d'Allemagne. Une armée françoise devoit couvrir le pays de Trèves et occuper la forteresse d'Ehrenbreistein. Mais les vues qui avoient engagé l'Electeur à cette démarche hasardeuse ne furent pas entièrement remplies ; car Gustave-Adolphe, irrité d'une pareille conduite, n'appaisa son ressentiment qu'après avoir aussi obtenu pour ses troupes le passage sur les états de l'Electeur.

Tandis que cette affaire se traitoit entre Trèves et la France, les Généraux du Roi avoient purgé tout l'électorat de Mayence du reste des garnisons espagnoles; et Gustave-Adolphe même venoit d'achever la conquête du pays par la prise de Kreuznach. Pour pouvoir s'y maintenir, il fallut laisser le chancelier Oxenstiern avec une partie des troupes sur le Rhin, et l'armée se mit en marche sous les ordres du Roi pour aller en Franconie chercher les Impériaux.

Le Général suédois de Horn que Gustave-Adolphe y avoit laissé à la tête de dix-huit mille hommes, et le Comte de Tilly s'étoient disputé le terrein avec plus ou moins de bonheur; l'évêché de Bamberg sur-tout fut en même-temps le théâtre et la victime de leurs désolations. Appelé vers le Rhin par ses autres projets, le Roi avoit remis à son général la punition de l'Evêque, et l'activité du Général justifia le choix du Monarque. Il soumit en peu de temps une grande partie de l'évêché aux armes suédoises, et un assaut le rendit maître de la capitale même abandonnée par la garnison impériale. L'Evêque fugitif réclama alors avec la dernière instance les secours de l'Electeur de Bavière, qui mit enfin un terme à l'inaction de Tilly. Autorisé par les ordres de son maître à rétablir l'Evêque dans ses possessions,

sions, ce Général rassembla ses troupes qui se trouvoient dispersées alors dans le Haut-Palatinat, et s'approcha de Bamberg avec une armée de vingt mille hommes. Gustave Horn, fermement résolu de défendre sa conquête malgré la supériorité de l'ennemi, attendit les Impériaux derrière les remparts de Bamberg ; mais il se vit enlever par la seule avant-garde de Tilly ce qu'il avoit cru pouvoir disputer à l'armée entière. Une confusion à laquelle toute la présence d'esprit du Général ne put remédier, se mit parmi les soldats, et ce désordre, en ouvrant la ville à l'ennemi, laissa à peine le temps de sauver les troupes, l'artillerie et les bagages. La reprise de Bamberg fut le fruit de cette victoire ; mais le Général suédois se retira en bon ordre derrière le Mein, et le Comte de Tilly, malgré toute sa célérité, ne put réussir à le joindre. L'apparition du Roi, à qui Gustave Horn amena le reste de ses troupes près de Kitzingen, mit bientôt un terme aux conquêtes de Tilly et le força de songer lui-même à la retraite.

Le Roi avoit fait une revue générale de ses troupes à Aschaffenbourg, et leur nombre, après sa jonction avec Gustave Horn, Banner et le Duc Guillaume de Veimar, se montoit à près de quarante mille hommes. Rien n'arrêtoit sa marche par la Franconie ; le Comte de Tilly, beaucoup trop foible pour résister à un ennemi aussi supérieur, s'étoit retiré précipitamment vers le Danube. Le Roi se trouvoit alors également près de la Bohême et de la Bavière, et Maximilien ne sachant de quel côté ce conquérant dirigeroit sa course, ne pouvoit se résoudre à prendre un parti. La route que l'on alloit tracer à Tilly devoit déterminer le choix de Gustave-Adolphe et le sort des deux provinces. A l'approche d'un ennemi aussi formidable, il étoit dangereux de laisser la Bavière sans défense pour couvrir les frontières de l'Autriche; il étoit encore plus dangereux d'ouvrir à Tilly l'entrée de la Bavière pour y attirer l'ennemi, et rendre ce pays le théâtre d'une lutte dont il alloit être la victime. Les inquiétudes paternelles du Prince triomphèrent enfin des difficultés de l'homme d'État, et Tilly reçut l'ordre, quelque chose qui pût en arriver, d'employer toutes ses forces à défendre l'entrée de la Bavière.

 La ville impériale de Nuremberg reçut avec une joie triomphante le défenseur des Protestans et de la liberté germanique, et l'enthousiasme des habitans se manifesta par les témoignages les plus touchans d'allégresse et d'admiration. Gustave même ne put se défendre de son étonnement en se voyant au centre de l'Allemagne, dans une ville où il n'eût jamais espéré porter ses drapeaux. Les grâces et la noblesse de son maintien augmentoient encore l'impression qu'avoient faite d'avance ses glorieux exploits, et la bonté même avec laquelle il rendoit les saluts de tous les habitans lui eût en un instant gagné tous les cœurs. Il confirma alors en personne l'alliance que, des bords de la Baltique, il avoit déjà conclue avec elle, et exhorta tous les citoyens à un zèle ardent et à une union fraternelle contre l'ennemi commun. Après un séjour de peu de durée dans les murs de Nuremberg, il suivit son armée vers le Danube et parut devant la place frontière de Donauverth avant qu'on y soupçonnât l'approche d'un ennemi. Cette place étoit défendue par une forte garnison bavaroise, et le commandant Rodolphe Maximilien, Duc de Saxe Lauenbourg, montra dans le principe la plus ferme résolution de tenir jusqu'à l'arrivée de Tilly. Mais la vigueur avec laquelle Gustave-Adolphe fit l'ouverture du siége, le força bientôt de songer à une retraite plus sûre, et il l'effectua heureusement au milieu du feu terrible de l'artillerie suédoise.

La prise de Donauverth livroit au Roi l'autre rive du Danube, et il ne restoit alors de séparation que la petite rivière du Lech entre la Bavière et lui. L'approche du danger réveilla toute l'activité de Maximilien. Autant il avoit donné de facilité à l'ennemi pour arriver à l'entrée de ses états, autant il se montra déterminé à vouloir éloigner le dernier coup. De l'autre côté du Lech, près de la petite ville de Rain, Tilly occupa un camp retranché qui, par sa position entre trois rivières, sembloit défier toute attaque. Tous les ponts sur le Lech avoient été rompus, et de fortes garnisons défendoient le cours entier de la rivière jusqu'à Augsbourg. Depuis long-temps cette ville impériale, séduite par l'exemple de Francfort et de Nuremberg, laissoit entrevoir son impatience ; on s'assura de la place au moyen d'une garnison bavaroise et du désarmement des bourgeois. L'Electeur lui-même se renferma dans le camp de Tilly avec toutes les troupes qu'il put appeler autour de sa personne ; il sembloit que ce seul point réunît toutes ses espérances, et que le bonheur des Suédois dût échouer contre cette dernière muraille.

Gustave-Adolphe ne tarda pas à paroître vis-à-vis les retranchemens des Bavarois. Il avoit déjà soumis en deçà du Lech tout le territoire d'Augsbourg, et assuré dans le pays des approvisionnemens pour ses troupes. On étoit au mois de mars, époque où ce torrent enflé par les pluies continuelles et les neiges des montagnes, s'élève à une hauteur extraordinaire et roule entre deux rives escarpées. Il falloit forcer cette barrière, et les difficultés paroissoient insurmontables. Si, malgré la fureur du torrent, malgré le feu des troupes qui défendoient le passage, on venoit à bout d'aborder sur l'autre rive, un ennemi frais et plein d'ardeur attendoit dans un camp inexpugnable son adversaire accablé de fatigue ; au moment où les troupes soupiroient après le repos, elles trouvoient une bataille. Il falloit avec des forces épuisées escalader des retranchemens qui sembloient défier toute attaque. Une défaite essuyée sur cette rive les perdoit sans ressource, car le même torrent qui retardoit leurs pas sur le chemin de la victoire, leur fermoit toute retraite si la fortune les abandonnoit.

Le Conseil de guerre assemblé par Gustave-Adolphe fit valoir toute l'importance de ces motifs, pour empêcher l'exécution d'une entreprise aussi périlleuse. Les plus braves même désespéroient, et on vit une troupe respectable de guerriers blanchis dans les camps, ne pas rougir d'avouer ses craintes. Mais la résolution du Roi étoit prise.

« Comment, dit-il à Gustave Horn, qui portoit la parole au nom des autres, « nous
» aurions traversé la Baltique, les plus grands
» fleuves d'Allemagne, et devant un ruisseau,
» devant ce Lech, nous renoncerions à notre

d 3

» entreprise ? » Dans une reconnoissance qu'il fit en exposant plus d'une fois ses jours, il avoit découvert que la rive en deçà du torrent dominoit sensiblement l'autre, et favorisoit l'effet de l'artillerie Suédoise. Il profita sur-le-champ de cette remarque. Trois batteries furent élevées à l'endroit où la rive gauche du Lech formoit un avancement vers la rive opposée, et soixante-douze pièces de campagne entretinrent un feu croisé contre l'ennemi. Tandis que cette canonnade terrible éloignoit les Bavarois de l'autre rive, il fit jeter en toute hâte un pont sur le Lech. Une fumée épaisse, produite par un feu de bois et de paille mouillée, déroba pendant longtemps les progrès de l'ouvrage aux yeux des ennemis, et le feu presque continuel de l'artillerie, empêcha que le bruit des haches ne parvînt jusqu'à eux. Le Roi lui-même, pour animer les troupes par son exemple, mit le feu à plus de soixante canons. Les Bavarois répondirent pendant deux heures à cette canonnade avec autant de vivacité, mais moins de succès : les batteries suédoises commandant l'autre rive, et l'élévation du terrain leur servant de parapet contre l'artillerie des Bavarois. En vain ceux-ci s'avancèrent jusques sur le rivage pour chercher à détruire les ouvrages de l'ennemi ; ils furent constamment repoussés par l'artillerie supérieure du Roi de Suède, et le pont s'acheva presque sous leurs yeux. Tilly fit les derniers efforts dans cette journée affreuse pour enflammer le courage des siens, et aucun danger ne put l'éloigner du rivage. Enfin il trouva la mort qu'il sembloit chercher. Une balle de fauconneau lui fracassa la jambe, et bientôt après, Altringer, son brave compagnon d'armes, fut blessé dangereusement à la tête. Privés de la présence de ces deux Généraux, les Bavarois s'ébranlèrent, et Maximilien lui-même fut entraîné, contre son sentiment, à la résolution la plus timide. Vaincu par les représentations de Tilly, dont les dernières souffrances avoient dompté la fermeté ordinaire, il abandonna précipitamment ce poste inexpugnable, et un guet découvert par les Suédois, où la cavalerie sembla vouloir hasarder le passage, accéléra encore sa retraite. Dans la nuit même il leva son camp, avant qu'aucun soldat ennemi eût passé le Lech, et, sans donner au Roi le temps de l'inquiéter pendant sa marche, il se retira dans le meilleur ordre sur Neubourg et Ingolstadt. Ce fut avec la plus grande surprise que Gustave-Adolphe, qui exécuta son passage le jour suivant, trouva le camp des ennemis évacué. La fuite de l'Electeur excita encore davantage son étonnement, lorsqu'il vit la force du camp abandonné par lui. « Si j'eusse été le Bavarois, s'écria-t-il, » un boulet eût-il dû m'emporter la barbe et » le menton, jamais je n'aurois abandonné » un pareil poste, et livré mes états à l'en- » nemi. »

La Bavière étoit alors ouverte au vainqueur, et l'ennemi qui n'avoit encore menacé que ses frontières, alloit se répandre pour la première fois sur ses plaines heureuses et long-temps épargnées. Mais, avant de hasarder la conquête de cette province dont l'opinion lui étoit si contraire, le Roi délivra la ville d'Augsbourg du joug des Bavarois, se fit prêter serment par les citoyens, et s'assura de leur fidélité en y laissant garnison. Il s'avança ensuite à marches forcées vers Ingolstadt, afin de consolider ses conquêtes en Bavière, et de s'établir sur le Danube par la prise de cette forteresse importante, que l'Electeur couvroit avec une grande partie de son armée.

Peu de temps après l'arrivée du Roi devant Ingolstadt, Tilly termina dans les murs de cette ville une carrière sur laquelle la fortune inconstante avoit épuisé tous ses caprices. Ce général, écrasé par la supériorité de Gustave-Adolphe, vit, sur le déclin de ses jours, se flétrir tous les lauriers de ses premiers triomphes. L'armée de l'Empereur et de la Ligue perdit en lui un chef qu'elle ne pouvoit remplacer, la religion catholique le plus zélé de ses défenseurs, et Maximilien de Bavière un serviteur qui mit par sa mort le sceau à sa fidélité, et remplit même en mourant les devoirs du Général. Sa dernière pensée, le dernier legs, pour ainsi dire, qu'il fit à son maître, fut le conseil d'occuper la ville de Ratisbonne pour commander le cours du Danube et entretenir la communication avec la Bohême.

Gustave-Adolphe, plein de la confiance qu'inspirent toujours les triomphes, entreprit le siége d'Ingolstadt, espérant emporter la place par l'impétuosité des premières attaques. Mais la force de ses ouvrages et la bravoure de la garnison lui opposèrent des obstacles qu'il n'avoit pas eus à combattre depuis la bataille de Breitenfeld, et peu s'en fallut que les remparts de cette forteresse ne devinssent le terme de sa course victorieuse. Dans une reconnoissance qu'il voulut faire en personne, un boulet de vingt-quatre étendit son cheval sur la place, et un instant après, le jeune Margrave de Bade son favori fut emporté à ses côtés. Le Roi se releva avec sang froid et tranquillisa sa troupe, en montant sur-le-champ un autre cheval pour continuer sa reconnoissance. En vain son génie sembla l'avertir en cette occasion; la mort qui le menaça sous les murs d'Ingolstadt, devoit le frapper plus sûrement dans les plaines de Saxe.

Les Bavarois s'étoient mis en possession de la ville impériale de Ratisbonne que l'Electeur, fidèle au conseil de Tilly, surprit par ruse, et qu'il tint dans ses fers au moyen d'une nombreuse garnison. Cet événement changea tout à coup le plan que devoit suivre Gustave-Adolphe. Il s'étoit flatté de voir tomber en son pouvoir cette ville impériale attachée au protestantisme, et d'y trouver le même dévouement qu'à Nuremberg, Augsbourg et Francfort. Le premier de ses desirs étoit de s'emparer du Danube, afin de couper à son adversaire toute communication avec la Bohême; mais les Bavarois, en occupant Ratisbonne, éloignèrent pour long-temps cette époque. Il abandonna précipitamment les remparts d'Ingolstadt, devant lesquels il prodiguoit inutilement son temps et ses troupes, et pénétra dans l'intérieur de la Bavière pour y attirer l'Electeur et découvrir ainsi les bords du Danube.

Tout le pays jusqu'à Munich se trouvoit ouvert au vainqueur. Mosbourg, Landshut, tout l'évêché de Freisingen se soumirent. Si le Roi ne rencontra d'abord aucunes troupes réglées sur son passage, il trouva dans le cœur de chaque Bavarois un ennemi d'autant plus implacable, le fanatisme religieux. Des soldats qui ne croyoient pas au Pape étoient sur ce territoire une apparition nouvelle, inouïe. Le zèle aveugle des Prêtres les avoient peints aux habitans des campagnes comme des monstres, des enfans de l'enfer, et leur chef comme l'Ante-Christ. Rien d'étonnant donc si l'on oublia tous les devoirs de la nature et de l'humanité envers *cette race de Satan*, et si l'on se crut autorisé contr'eux aux violences les plus effroyables. Malheur au soldat Suédois qui, surpris par une troupe de ces sauvages, tomboit entre leurs mains ! Toutes les tortures que la fureur la plus ingénieuse peut imaginer étoient exercées sur ces malheureuses victimes, et la vue de leurs corps mutilés porta l'armée Suédoise à des représailles horribles. Gustave-Adolphe seul ne souilla par aucun acte de vengeance son caractère héroïque ; et malgré l'opinion des Bavarois sur ses principes religieux, au lieu de renoncer aux devoirs de l'humanité envers ce malheureux peuple, il se fit une loi sacrée d'honorer sa croyance par une modération d'autant plus sévère.

L'approche du Roi répandit l'effroi dans la capitale, qui, dénuée de défenseurs, abandonnée des principaux habitans, n'eut plus de recours qu'en la générosité du vainqueur.

Espérant appaiser son ressentiment par une soumission volontaire et absolue, elle lui envoya des députés jusqu'à Freysinguen pour mettre à ses pieds les clefs de la ville. L'inhumanité des Bavarois, la haine de leur maître envers Gustave-Adolphe auroient dû porter ce Monarque à faire un usage cruel de son droit de conquête; des Allemands même le sollicitoient de venger sur cette capitale le sac de Magdebourg; mais une aussi basse vengeance repugna à son grand cœur, et un ennemi sans défense désarma sa colère. Satisfait du triomphe plus généreux d'introduire l'Electeur Palatin, Frédéric V, dans la résidence de son plus cruel ennemi, de l'usurpateur de ses Etats, il releva la pompe de cette entrée triomphante par l'éclat encore plus beau de la modération et de la douceur.

Le Roi ne trouva à Munich qu'un palais abandonné; on avoit sauvé à Verfen les trésors de l'Electeur. La magnificence du château électoral le surprit, et il demanda le nom de l'Architecte à l'Inspecteur qui lui montroit les appartemens: « il n'y en pas d'autre, répon- » dit celui-ci, que l'Electeur lui-même. » Je » voudrois l'avoir cet Architecte, répliqua le » Roi, pour l'envoyer à Stockolm. » C'est de » quoi il saura se garder, répartit l'Inspecteur. Lorsqu'on visita l'arsenal, il ne s'y trouva que des affuts sans canons. Ceux-ci avoient été enterrés si artistement, qu'on n'en appercevoit aucunes traces, et sans la trahison d'un ouvrier, on n'eût jamais découvert l'artifice. « Ressuscitez des morts, s'écria le Roi, et paroissez au jugement ! » On fouilla aussitôt, et l'on trouva environ cent-quarante pièces d'artillerie. Plusieurs étoient d'une grosseur extraordinaire, et la plûpart avoient été prises dans le Palatinat et en Bohême. Une somme de trente mille ducats en or, cachée dans une des plus grosses, mit le comble au plaisir qu'éprouva le Roi de cette découverte précieuse. Mais il eût été encore plus agréable pour lui de voir paroître l'armée Bavaroise qu'il avoit cherché à tirer de ses retranchemens en pénétrant au sein de la Bavière. Le Roi fut trompé dans cette attente. Aucun ennemi ne parut, aucune sollicitation si pressante de ses sujets ne put déterminer l'Electeur à exposer le reste de ses forces aux hasards d'une bataille. Enfermé à Ratisbonne, il y attendoit les secours que le Duc de Friedland devoit lui amener de Bohême ; et, en proposant encore une fois la neutralité, il chercha, par les négociations, à suspendre jusqu'à l'arrivée des secours l'activité de son ennemi. Mais le Monarque, trop souvent abusé, sut déjouer un pareil projet, et le retard prémédité de Wallenstein, laissa sur ces entrefaites l'armée Suédoise maîtresse de la Bavière.

C'est ainsi que Gustave-Adolphe s'étoit avancé de triomphes en triomphes, de conquêtes en conquêtes sans trouver sur ses pas d'ennemi capable de lui résister. Une partie de la Bavière et de la Souabe, les Evêchés de Franconie, le Bas-Palatinat, l'Electorat de Mayence étoient soumis à sa domination ; un bonheur ininterrompu l'avoit accompagné jusqu'aux portes de la monarchie Autrichienne, et le plus brillant succès venoit de justifier le plan qu'il s'étoit tracé après la bataille de Breitenfeld. S'il n'avoit pas réussi, comme il le desiroit, à opérer la réunion des Etats protestans de l'Empire, il avait cependant désarmé ou affoibli les membres de la Ligue catholique, fait la plus grande partie de la guerre à leurs dépens, diminué les ressources de l'Empereur, relevé le courage des petits Etats, et trouvé le chemin de l'Autriche à travers les pays mêmes des alliés de l'Empereur, tous mis à contribution par l'armée Suédoise. Lorsqu'il ne pouvoit obtenir la soumission à la tête de ses troupes, l'amitié des villes impériales qu'il avoit su enchaîner par le double lien de la religion et de la politique lui rendoit alors les services les plus importans ; et si ses armes conservoient la supériorité, il pouvoit être assuré de leur zèle. Par ses conquêtes sur le Mein, les Espagnols se trouvoient sans communication avec le Bas-Palatinat, en supposant encore que la guerre des Pays-Bas leur laissât assez de forces pour prendre part à celle d'Allemagne. Le Duc de Lorraine, après sa malheureuse campagne, avoit aussi préféré le parti de la neutralité. Le grand nombre des garnisons laissées par le Roi dans les places conquises, n'avoit nullement affoibli son armée; et, aussi frais qu'au commencement de son expédition, il se trouvoit en ce moment au centre de la Bavière, prêt et déterminé à porter la guerre dans l'intérieur de l'Autriche.

Tandis que Gustave-Adolphe faisoit la guerre dans l'Empire avec une aussi grande supériorité, la fortune n'avoit pas moins favorisé sur un autre théâtre son allié l'Électeur de Saxe. On se rappelle qu'à la conférence tenue à Halle par ces deux Princes, après la bataille de Leipzig, la conquête de la Bohême fut destinée à l'Électeur de Saxe, et que le Roi voulut marcher en personne contre les pays de la Ligue. Le premier fruit que l'Électeur recueillit de la victoire de Breitenfeld, fut la reprise de Leipzig, et bientôt après le pays se vit délivré en entier de toutes les troupes impériales. Renforcé par ceux de la garnison ennemie qui passèrent de son côté, le Général Saxon, d'Arnheim, dirigea sa marche vers la Lusace, qu'un Général de l'Empereur, Adolphe de Tiefenbach, avoit envahie pour punir l'Electeur de sa défection. Déjà les Impériaux avoient commencé dans cette province mal-défendue, les ravages accoutumés; ils avoient pris plusieurs villes et porté l'effroi jusqu'à Dresde. Mais l'Empereur, en envoyant l'ordre exprès et réitéré de respecter le territoire Saxon, arrêta tout-à-coup la rapidité de leurs progrès.

Ferdinand reconnut trop tard la fausseté de la politique qu'il avoit suivie en poussant à bout l'Electeur de Saxe, et en amenant, pour ainsi dire, malgré lui, cet allié important à Gustave-Adolphe. Après avoir fait une fausse démarche par une présomption déplacée, il voulut la réparer par une modération aussi mal entendue, et commit une seconde faute pour remédier à la première. Dans l'intention d'enlever à son ennemi cet allié puissant, il eut recours à la médiation de l'Espagne, et pour faciliter le succès de cette tentative, il donna à Tiefenbach l'ordre d'évacuer aussitôt tout le territoire Saxon. Mais, bien loin de produire l'effet attendu, cet abaissement de l'Empereur ne servit qu'à convaincre l'Electeur de Saxe de l'embarras de son ennemi et de sa propre importance; il n'en fut donc que
plus

plus ardent à poursuivre les avantages qu'il avoit déjà obtenus. Aussi, comment auroit-il pu, sans se couvrir de mépris par l'ingratitude la plus odieuse, abandonner un allié qu'il avoit assuré solemnellement de sa fidélité, et à qui il devoit le salut de ses états.

L'armée Saxone, libre de renoncer alors à son expédition dans la Lusace, prit le chemin de la Bohême, où le concours heureux des circonstances sembloit lui assurer la victoire. Le feu de la discorde agissoit encore dans ce royaume, premier théâtre de cette guerre désastreuse, et le poids insupportable de la tyrannie alimentoit chaque jour le mécontentement de la nation. De quelque côté que l'on jettât les yeux, ce malheureux pays offroit les traces du changement le plus triste. Des cantons entiers avoient changé de maîtres et languissoient sous le joug détesté de Seigneurs catholiques, que la faveur de l'Empereur ou des Jésuites avoit revêtus des dépouilles des Protestans. D'autres avoient profité de la misère publique pour acheter au-dessous de leur valeur les biens confisqués des proscrits. Le sang des premiers défenseurs de la liberté avoit coulé sur les échafauds, et ceux dont une fuite précipitée sauva les jours, erroient dans la misère loin de la patrie qu'ils avoient perdue. L'intolérance pesoit sans distinction

Tome II.

sur tout le parti protestant du royaume. Aucun des dangers dont on étoit menacé au dehors, aucune résistance si sérieuse de la nation, aucune expérience si terrible n'avoient pu mettre un terme à la fureur de conversion qui animoit les Jésuites. Partout où les voies de la douceur étoient infructueuses, on avoit recours à la soldatesque pour ramener à force de persécutions ceux qui tenoient à leur croyance. Ces horreurs furent particulièrement exercées sur les habitans de la vallée de Joachim, dans les montagnes frontières de la Bohême et de la Misnie. Deux Commissaires impériaux, soutenus d'un nombre égal de Jésuites, et de quinze fantassins, parurent dans cette vallée paisible pour y prêcher l'Evangile aux hérétiques. Si l'éloquence des Jésuites ne suffisoit pas, logemens militaires, menaces de bannissement, amendes pécuniaires, rien n'étoit oublié pour parvenir au but que l'on se proposoit. Mais, cette fois enfin, la bonne cause triompha, et la résistance courageuse de ce petit peuple força l'Empereur à retirer honteusement son mandat de conversion. L'exemple de la cour traçoit aux Catholiques du royaume la règle de leur conduite, et justifioit tous les genres d'oppression que leur arrogance étoit tenté d'exercer contre les Protestans. Le parti persécuté ne pouvoit donc que favoriser un changement, et ses regards se portoient avec impatience au-devant du libérateur qui se montroient alors aux frontières.

Déjà l'armée Saxone marchoit sur Prague. Toutes les places devant lesquelles elle se présenta, avoient été abandonnées par les garnisons impériales. Schlœckenau, Tetschen, Aussig, Leutmeritz tombèrent successivement au pouvoir de l'ennemi. Toutes les habitations qui appartenoient aux Catholiques furent livrées au pillage. L'effroi s'empara de leur parti dans tout le Royaume. Ils se rappelèrent alors leurs cruautés envers les Evangéliques, et ne voulurent pas attendre l'arrivée d'une armée protestante. Tout ce qui étoit de la religion romaine et avoit quelque chose à perdre se sauva de la campagne dans la capitale, pour abandonner aussi promptement la capitale même. Prague étoit sans préparatifs de défense, et trop dépourvu de monde pour soutenir un siége de longue durée. La cour impériale avoit pris trop tard la résolution d'appeler le Feld-maréchal de Tiefenbach au secours de cette ville importante. Avant que l'ordre de l'Empereur fût parvenu aux quartiers de ce Général, en Silésie, les Saxons étoient déjà près de Prague. La bourgeoisie à moitié protestante promettoit peu de bonne volonté, et la foiblesse de la garnison ne permettoit pas d'espérer une longue résistance. Dans cette détresse affreuse, les habitans catholiques attendoient leur salut de Wallenstein, qui vivoit à Prague, retiré dans son palais. Mais loin d'employer son expérience militaire et le poids de sa considération à sauver la capitale, il saisit le moment, si longtemps attendu par lui, de satisfaire sa vengeance. Si ce ne fut pas Wallenstein lui-même qui attira les Saxons devant Prague, au moins est-il certain que sa conduite leur facilita beaucoup la prise de cette ville. Quoiqu'elle fût peu en état de faire une longue résistance, elle ne manquoit cependant pas de moyens pour se maintenir jusqu'à l'arrivée des secours; et un colonel impérial, le Comte de Maradas, montra effectivement le desir d'en entreprendre la défense. Mais sans commandement, appelé par son zèle à cette action hardie, il n'osa l'exécuter à ses propres périls sans le suffrage d'un Officier qui eût un grade supérieur au sien. Maradas demanda donc conseil au Duc de Friedland dont l'approbation suppléoit au défaut de pleins pouvoirs, et à qui la généralité de Bohême avoit été adressée dans cette extrémité par un ordre exprès de la cour. Mais Wallenstein allégua adroitement qu'il se trouvoit sans emploi, qu'il avoit absolument renoncé aux affaires politiques, et triompha de la résolution vigoureuse du subalterne par les obstacles qu'il laissa froidement entrevoir. Pour achever de mettre le découragement, il alla jusqu'à adandonner la capitale avec toute sa cour, malgré la certitude où il étoit, qu'il n'avoit rien à craindre de l'ennemi après la prise de la place; et elle fut perdue en effet, parce qu'en la quittant, il eut l'air de désespérer de son salut. Toute la noblesse catholique, la généralité avec les troupes, le clergé, tous les officiers de la couronne suivirent son exemple. La nuit entière fut employée à sauver ses personnes et ses biens. Toutes les routes jusqu'à Vienne étoient couvertes de fuyards qui ne revinrent de leur effroi que dans cette capitale. Maradas lui-même, désespérant du salut de Prague, suivit la foule et conduisit sa petite troupe jusqu'à Tabor pour y attendre l'événement.

Le plus profond silence régnoit dans la ville de Prague lorsque les Saxons parurent le lendemain devant ses murs. Pas un seul coup de canon ne fut tiré des remparts; aucuns préparatifs de défense n'annonçoient l'intention de résister. Les Saxons au contraire se virent entourés d'une foule de spectateurs que la curiosité avoit attirés hors des portes; et la familiarité, avec laquelle on s'approchoit d'eux, ressembloit plutôt à un salut amical qu'à la réception d'un ennemi. Par le rapport unanime de ces gens, on apprit que la ville étoit sans troupes et que le gouvernement avoit fui à Budveiss. Ce défaut de résistance inattendu et inexplicable excita la méfiance d'Arnheim. L'approche des secours de Silésie n'étoit pas un secret pour ce général, et l'armée Saxone se trouvoit trop mal pourvue d'instruments de siège, et beaucoup trop foible pour tenter l'assaut d'une aussi grande ville. La crainte d'une embuscade le fit donc doubler de vigilance, et il demeura dans cette incertitude jusqu'à ce que le maître d'hôtel du duc de Friedland, qu'il découvrit au milieu de la foule, lui confirma cette nouvelle incroyable. « La ville est » à nous sans coup férir »! s'écria-t-il dans sa première surprise, et il la fit sommer sur-le-champ par un trompette.

La bourgeoisie de Prague, honteusement abandonnée de ses défenseurs, avoit pris depuis long-tems sa résolution, et il ne s'agissoit plus que d'assurer la liberté et les propriétés au moyen d'une capitulation avantageuse. Aussitôt qu'elle eut été signée par le général Saxon au nom de son maître, on lui ouvrit les portes sans résistance, et le 11 novembre 1631, l'armée fit son entrée triomphante dans cette capitale. Bientôt parut l'Électeur pour recevoir en personne le serment du nouveau peuple qui venoit de se mettre sous sa protection. Ce ne fut qu'à ce titre que se rendirent les trois villes de Prague, voulant par cette mesure entretenir leur liaison avec la monarchie autrichienne. Si les Catholiques, menacés par les Saxons, avoient eu une frayeur outrée des représailles, ils ne furent alors que plus agréablement surpris de la modération de l'Électeur et de la bonne discipline de ses troupes. Le maréchal d'Arnheim afficha sur-tout dans cette occasion son dévouement envers le duc de Friedland. Non content d'avoir ménagé toutes les terres du duc pendant sa marche, il mit des gardes à son palais pour en conserver les richesses. Les Catholiques de la ville se félicitèrent de l'entière liberté de conscience dont on les laissa jouir ; et de toutes les églises que ceux-ci s'étoient appropriées, quatre seulement furent rendues aux protestants. Les Jésuites, que la voix publique accusoit de toutes les persécutions précédentes, furent seuls exclus de cette tolérance et contraints de quitter le royaume.

Jean George, triomphant, fut bien loin de renoncer à la soumission du subalterne et au respect que lui inspiroit le nom d'Empereur. Ce que, sans le moindre doute, un général tel que Tilly ou Wallenstein se seroit permis envers lui dans sa capitale, il se le défendit à Prague à l'égard de Ferdinand. Distinguant avec soin l'ennemi auquel il faisoit la guerre du chef suprême de l'Empire à qui il devoit le respect, il craignit de toucher aux meubles de l'Empereur, tandis qu'il estimoit de bonne prise les canons de son ennemi et les faisoit transporter à Dresde. Il ne prit pas son quartier au palais impérial, mais dans l'hôtel de Lichtenstein, trop discret pour occuper les appartements de celui à qui il enlevoit une couronne. Si ce trait regardoit un grand homme ou un héros, il forceroit avec justice notre admiration. Le caractère du prince dont il est ici question, autorise à douter si, dans cette retenue, l'on doit honorer le triomphe de la modestie, ou plaindre la petitesse de l'esprit foible qui, jusque dans le bonheur reste sans courage, et dont les fers habituels résistent à la liberté même.

La prise de Prague qui fut bientôt suivie de la soumission presque générale des autres villes de Bohême, opéra un changement subit dans tout le royaume. Beaucoup de Gentilshommes protestants qui avoient erré jusqu'alors dans la misère, se retrouvèrent au sein de leur patrie ; et le comte de Thurn, le fameux auteur de la révolte de Bohême, survécut à la gloire de reparoître en vainqueur sur le théâtre de son crime et de sa condamnation. Il fit alors son entrée triomphante par le pont où les têtes de ses partisans offroient à ses yeux l'image terrible du sort qui l'attendoit lui-même, et son premier soin fut d'éloigner ces objets sinistres. Les proscrits se remirent aussitôt en possession de leurs biens, que la fuite des derniers propriétaires laissoit abandonnés. Sans s'inquiéter de rembourser à ceux-ci les dépenses qu'ils y avoient faites, ils reprirent tout ce qui leur avoit appartenu, eussent-ils déjà touché eux-mêmes le prix de la vente ; et tel d'entr'eux se trouva dans le cas de louer la bonne économie du régisseur précédent. Pendant leur absence les champs et les troupeaux avoient parfaitement profité dans la seconde main. Les meubles les plus précieux décoroient les appartements, les caves qu'ils avoient laissées vides se trouvoient richement fournies, les écuries meublées, les magasins remplis. Mais se défiant d'un bonheur qui tomboit sur eux aussi inopinément, ils se hâtèrent de revendre ces propriétés incertaines, et de changer leurs biens immeubles, en richesses portatives.

La présence des Saxons releva le courage de tous les Bohémiens attachés au protestantisme et, à la campagne, comme dans la capitale, on les voyoit accourir en foule aux églises évangéliques nouvellement ouvertes. Beaucoup de ces malheureux, que la crainte seule avoit tenus soumis à la Papauté, se tournèrent alors vers la nouvelle doctrine, et nombre de Catholiques, nouveaux convertis, abjurèrent avec joie une confession forcée, pour retourner à leur première croyance. La tolérance du Gouvernement ne put empêcher l'explosion du juste mécontentement que ce peuple maltraité témoigna aux oppresseurs de sa liberté la plus sainte. Il fit un usage terrible des droits qu'il venoit de recouvrer, et en plusieurs endroits, il n'éteignit sa haine contre une religion propagée par la force, que dans le sang de ses apôtres.

Cependant les secours, que les généraux Gœz et Tiefenbach amenoient de Silésie, étoient arrivés en Bohême, où ils furent joints par quelques régimens du comte de Tilly qui vinrent du haut Palatinat. Arnheim, ne voulant pas donner à l'ennemi le tems d'accroître ses forces, marcha à sa rencontre et attaqua aussitôt ses retranchemens près de Limbourg sur l'Elbe. Après une affaire sérieuse où il essuia lui-même une perte considérable, ce général réussit enfin à le chasser de son camp, et le força par une canonnade vigoureuse à repasser l'Elbe, ainsi qu'à rompre le pont qui l'avoit amené sur l'autre rive. Il ne put cependant empêcher les Impériaux de lui tuer du monde dans plusieurs petits combats, et les Croates étendirent même leurs courses jusques aux portes de Prague. Quelque brillante qu'eût été en Bohême l'ouverture de la campagne par les Saxons, quelqu'heureux succès que l'on dût s'en promettre, les suites furent bien loin de répondre à l'attente de Gustave-Adolphe. Au lieu de poursuivre leurs avantages avec une activité toujours soutenue, au lieu de faire, par la Bohême, leur jonction avec l'armée suédoise et de pénétrer alors au centre de la monarchie autrichienne, les Saxons s'affoiblirent en entretenant avec l'ennemi une petite guerre qui ne fut pas toujours heureuse, et prodiguèrent ainsi le tems destiné à une expédition plus importante. Mais la conduite de Jean-George découvrit bientôt les motifs qui l'avoient empêché de poursuivre ses succès contre l'Empereur, et de favoriser les projets du Roi de Suède par des opérations mieux concertées.

La plus grande partie de la Bohême étoit alors perdue pour Ferdinand, et les Saxons pouvoient marcher sur l'Autriche, tandis que le Monarque Suédois se frayoit par la Franconie, la Souabe et la Bavière un chemin vers les Etats héréditaires de l'Empereur. Une guerre interminable avoit consumé les forces de la monarchie autrichienne, épuisé les provinces, diminué les armées. La gloire de leurs triomphes, la confiance en elles-mêmes, la subordination, la discipline qui assuroit au général suédois une supériorité si décisive en campagne, tout étoit perdu. La plupart des alliés de l'Empereur étoient désarmés, l'approche du danger avoit ébranlé la fidélité des autres. Maximilien de Bavière luimême, le plus ferme appui de l'Autrichien, sembloit pencher vers la neutralité; l'alliance suspecte de ce Prince avec la France causait depuis longtems à l'Empereur les plus vives inquiétudes. Les Evêques de Vurzbourg et de Bamberg, l'Electeur de Mayence, le Duc de Lorraine étoient chassés de leurs états, ou dangereusement menacés; Trèves songeoit à se mettre sous la protection de la France. Tandis que Gustave-Adolphe éloignoit du Rhin les armes Espagnoles, la bravoure des Hollandois les occupoit d'un autre côté dans les Pays-Bas; la trève avec le Roi de Suède enchaînoit encore la Pologne. Les frontières de la Hongrie étoient menacées par Ragotzy, Prince de Transilvanie, successeur de Gabor et héritier de son esprit turbulent. La Porte même se disposoit par des préparatifs inquiétans à profiter du moment favorable. La plupart des Etats protestans de l'Empire s'étoient déclarés ouvertement contre l'Empereur. Toutes les ressources que l'arrogance d'un Tilly ou d'un Wallenstein avoient ouvertes dans ces différens états par les violences et les exactions, étoient épuisées; tous ces dépôts d'hommes, ces magasins, ces asyles étoient perdus pour Ferdinand, et la guerre ne pouvoit plus se faire comme autrefois aux dépens du plus foible. Pour achever sa détresse, une révolte dangereuse s'allume sur les bords de l'Ens ; le zèle inconsidéré du gouvernement qui se livre à la fureur des conversions, arme le cultivateur protestant, et le fanatisme agite ses torches, tandis que l'ennemi assiége déjà les portes du royaume. Après un bonheur aussi soutenu, après une suite de triomphes aussi éclatans, après d'aussi brillantes conquêtes, après tant de sang inutilement répandu, le Monarque autrichien se voit pour la seconde fois au bord du même abîme où il fut sur le point de s'ensevelir dès le commencement de son règne. Si le Bavarois embrassoit la neutralité, si l'Electeur de Saxe résistoit à la séduction, si la France prenoit le parti d'attaquer à-la-fois la puissance espagnole dans les Pays-Bas, en Catalogne et en Italie, l'édifice pompeux de la grandeur autrichienne s'écrouloit, les couronnes alliées se partageoient ses dépouilles, et le corps politique de l'Allemagne se voyoit menacé d'une révolution totale.

Cet enchaînement de malheurs commença avec la bataille de Breitenfeld. La perte de cette bataille importante mit à découvert la décadence depuis long-temps décidée de la puissance autrichienne, que l'éclat illusoire d'un grand nom avoit dérobée jusqu'alors aux yeux de l'Europe. Si l'on remontoit aux causes qui assuroient à l'armée suédoise une supériorité aussi redoutable, on les trouvoit surtout dans le pouvoir illimité de son chef. Gustave-Adolphe réunissoit sur un seul point toutes les forces de son parti; comme il n'étoit entravé dans ses opérations par aucune autorité supérieure, comme il pouvoit disposer à son gré de chaque moment favorable, il maîtrisoit tous les moyens de parvenir à son but et ne recevoit de loix que de lui-même. Mais depuis le renvoi de Wallenstein et la défaite de Tilly, le parti de l'Empereur et de la Ligue offroit le contraire absolu de tous ces avantages. Les Généraux manquoient d'autorité auprès des troupes et de liberté dans leurs mouvemens, les soldats de subordination et de discipline, les Etats de bonne volonté, les chefs d'harmonie entr'eux, de promptitude dans les résolutions et de vigueur pour les exécuter. Ce ne fut pas leur puissance, mais un meilleur usage de leurs forces, qui donna aux ennemis de l'Empereur une prépondérance aussi décisive. Ce n'étoient pas les moyens qui manquoient à la Ligue et à l'empereur, mais un génie qui possédât le talent et le pouvoir de les employer. Le besoin le plus pressant étoit donc celui d'un Général qui eût assez d'expérience pour former une armée, pour la conduire, et qui consacrât ses services à la maison d'Autriche avec un dévouement aveugle.

C'étoit le choix de ce Général qui occupoit alors le conseil secret de l'Empereur et mettoit la division parmi ses membres. Pour opposer un Roi à un autre Roi et enflammer le courage des troupes par la présence de leur maître, Ferdinand, dans le premier feu de l'enthousiasme, s'offrit lui-même. Mais il ne fut pas difficile de détruire une résolution inspirée par le désespoir, et bientôt dissipée par la réflexion. Cependant, ce que sa dignité et le fardeau des affaires pouvoient défendre à l'Empereur, les circonstances le permettoient à son fils, jeune homme capable et brave, l'espoir des Autrichiens. Appellé par sa naissance à la défense d'une monarchie dont il portoit déjà deux couronnes, Ferdinand III, Roi de Bohême et de Hongrie, unissoit à la dignité de successeur au trône l'estime des armées et l'amour des peuples dont le secours lui étoit si indispensable à cette époque. Ce Prince chéri pouvoit seul hasarder d'imposer de nouvelles charges à des sujets déjà accablés sous le poids des impôts; il ne sembloit réservé qu'à sa présence auprès des troupes d'étouffer la jalousie pernicieuse des chefs, et de ramener par le pouvoir de son nom la discipline à sa première vigueur. Si le jeune homme manquoit encore de cette sagesse, de cette expérience qui ne s'acquièrent qu'avec l'âge, on pouvoit y suppléer par le choix heureux de ses conseils, et les revêtir à la faveur de son nom de l'autorité la plus étendue.

Quelque spécieux que fussent les raisonnemens dont une partie des ministres appuya cette proposition, elle ne trouva pas moins d'obstacles dans la méfiance, peut-être même la jalousie de l'Empereur, et dans l'état désespéré des affaires. Quel danger de confier le sort entier de la monarchie à un jeune homme qui ne pouvoit se passer lui-même de guides ! Quelle imprudence d'opposer au plus grand général de son siècle un guerrier novice qui ne s'étoit encore montré par aucun exploit digne d'occuper un pareil poste, et dont le nom inconnu jusqu'alors à la renommée, étoit incapable d'inspirer la confiance à des troupes découragées. Quelle nouvelle charge en même-temps, pour le sujet, d'entretenir l'état somptueux d'un Prince royal commandant les armées : état que le préjugé du siècle rendoit inséparable de sa présence. Quel danger enfin pour le prince lui-même d'ouvrir sa carrière politique dans un poste
qui

qui le rendoit le fléau de son peuple, et l'oppresseur des pays sur lesquels il devoit régner un jour.

Mais il ne suffisait pas de découvrir un général pour l'armée, il falloit trouver une armée pour le général. Depuis l'éloignement forcé de Wallenstein, l'Empereur avoit plutôt combattu avec les troupes de la Ligue et du Bavarois, qu'avec les siennes, et c'étoit à la dépendance de ces amis équivoques qu'on cherchoit à le soustraire par la nomination d'un général. Mais quelle possibilité sans la vertu toute puissante de l'or, sans la magie d'un nom toujours uni à celui de la victoire, de faire sortir une armée du néant : et une armée qui pût le disputer pour la discipline, l'esprit belliqueux et la célérité des évolutions aux bandes exercées du conquérant du Nord? Dans toute l'Europe il existoit un seul homme qui eût opéré un pareil prodige, et cet homme, on l'avoit mortellement offensé.

Enfin étoit arrivée l'époque qui alloit offrir à l'orgueil du Duc de Friedland une satisfaction sans égale. Le sort même s'était déclaré son vengeur, et une suite non interrompue de désastres qui, depuis le jour de sa retraite, fondit sur l'Autrichien, força l'Empereur lui-même d'avouer qu'avec ce général il avoit perdu son bras droit. Chaque défaite de ses troupes rouvroit cette blessure, chaque perte nouvelle reprochoit au monarque sa foiblesse et son ingratitude. Heureux encore s'il n'eut éprouvé que le malheur d'avoir à regretter le chef de ses troupes, le défenseur de ses Etats; mais il trouva dans le général offensé le plus dangereux de ses ennemis, parce qu'il étoit moins en défense contre la trahison de ce sujet rébelle.

Eloigné du théâtre de la guerre et condamné au supplice de l'inaction, tandis que ses rivaux cueilloient les lauriers au champ d'honneur, le fier Duc avoit vu les révolutions de la fortune sous les dehors de la tranquillité; au milieu du faste éblouissant d'un héros de théâtre, il avoit caché les sombres projets d'un esprit toujours en travail. Tourmenté par une passion dévorante, tandis que son extérieur annonçoit la sérénité et le loisir, il murissoit dans le silence les projets terribles de sa vengeance et de son ambition. Tout ce qu'il devoit à l'Empereur étoit effacé de son souvenir, ce qu'il avoit fait pour l'Empereur étoit écrit en traits de feu dans sa mémoire. Insatiable de grandeur et de puissance, il s'applaudit d'une ingratitude qui sembloit annuler son obligation, et le dégager de tous ses devoirs envers l'auteur de sa fortune. Le prétexte d'une vengeance légitime justifia alors à ses yeux les projets de son ambition. Son cercle d'activité s'étoit rétréci au dehors, et le monde de ses espérances ne s'en étoit que plus aggrandi. Son imagination exaltée se perdit dans une foule de projets que le délire seul eût pu enfanter chez tout autre que lui. Son mérite l'avoit porté aussi haut que l'homme puisse s'élever par ses propres forces; la fortune ne lui avoit rien refusé de tout ce qu'un particulier et un citoyen peut obtenir sans sortir de ses devoirs. Jusqu'au moment de son renvoi, ses prétentions n'avoient rencontré aucune résistance, son ambition n'avoit trouvé aucunes bornes; le coup qui le terrassa à la diète de l'Empire lui montra la différence de la puissance *primitive* à un pouvoir *transmis*, et la distance du sujet au Souverain. Tiré tout à coup de l'ivresse de sa grandeur par cette chûte éclatante, il compara la puissance qu'il avoit eue avec celle qui venoit de la lui ravir, et son ambition remarqua le degré qu'il avoit encore à monter sur l'échelle de la fortune. Son maître l'avoit dépouillé de ses honneurs, il voulut le dépouiller de sa puissance, et ce ne fut qu'après avoir senti par une épreuve douloureuse le poids du pouvoir suprême, que ses regards avides se portèrent jusqu'à lui.

Gustave-Adolphe parcouroit en vainqueur le nord de l'Allemagne; toutes les places tomboient successivement en son pouvoir, et l'élite des troupes impériales venoit d'être anéantie près de Leipzig. Le bruit de ces nombreux succès parvint bientôt aux oreilles de Wallenstein, qui, perdu à Prague dans l'obscurité de la vie privée, éloigné du théâtre de la guerre, en examinoit tranquillement les fureurs. Ce qui agitoit les Catholiques des plus vives inquiétudes, lui annonçoit la grandeur et la fortune : pour lui seul travailloit Gustave-Adolphe. A peine ce Monarque eut-il commencé à fixer l'attention en Allemagne, que le Duc de Friedland se hâta de rechercher son amitié, et de faire cause commune avec cet ennemi heureux de l'Autrichien. Le Comte de Thurn qui avoit dévoué depuis long-tems ses services au Roi de Suède, se chargea de lui porter les félicitations de Wallenstein, et de l'engager à une alliance plus étroite avec le Duc. Wallenstein demandoit quinze mille hommes au Roi ; avec cette armée et les troupes qu'il s'engageoit à lever lui-même, il vouloit conquérir la Bohême, la Moravie, surprendre Vienne, et chasser jusqu'en Italie l'Empereur son maître. Quelque méfiance que cette proposition inattendue, ces promesses exagérées causassent à Gustave-Adolphe, il se connoissoit trop bien en mérite pour rejeter froidement un ami tel que Wallenstein. Mais le Duc encouragé par le succès de cette première tentative, renouvela sa proposition après la bataille de Breitenfeld, et insista sur une déclaration positive. Alors le Monarque, trop prudent pour hasarder sa réputation en suivant les projets chimériques de cette tête audacieuse, craignit de confier des forces aussi considérables à la loyauté d'un homme qui s'annonçoit comme un traître. Il s'excusa sur la foiblesse de son armée, sur l'état où la réduiroit une pareille diminution, et Gustave perdit peut-être par une prudence excessive l'occasion de terminer la guerre avec le plus de célérité. Dans la suite il essaya, mais trop tard, de renouer les négociations; le moment favorable étoit passé, et l'orgueil blessé de Wallenstein ne lui pardonna jamais.

Ce refus du Roi ne fit vraisemblablement que hâter une rupture inévitable entre deux caractères de cette trempe. Tous deux nés pour dicter la loi, aucun pour la recevoir, ils ne pouvoient jamais rester unis dans une entreprise qui exigeoit plus que toute autre de la déférence et des sacrifices réciproques. Wallenstein n'étoit rien où il n'étoit pas tout, il devoit ou ne pas agir, ou avoir la liberté la plus absolue. Gustave-Adolphe ne détestoit pas moins sincèrement toute idée de dépendance, et peu s'en étoit fallu qu'il n'eût rompu son union avantageuse avec la cour de France, parce que les prétentions de cette cour enchaînoient l'activité de son génie. Si, au moment d'agir, les prétentions de son allié pesoient déjà au Duc de Friedland, elles devoient nécessairement lui devenir insupportables lorsqu'il faudroit partager les dépouilles. Le fier Monarque pouvoit descendre jusqu'à accepter contre l'Empereur l'appui d'un sujet rébelle, et récompenser en Roi ce service important ; mais il ne pouvoit jamais perdre de vue sa majesté et celle de tous les Rois, jusqu'à assurer au Duc le prix que son ambition démesurée osoit y mettre, jamais payer d'une couronne une trahison qui se trouvoit utile. L'Europe entière eût-elle donc gardé le silence, on devoit attendre de Gustave-Adolphe une opposition terrible, aussitôt que Wallenstein voudroit saisir le sceptre de Bohême ; et Gustave étoit aussi, de toute l'Europe, l'homme qui pouvoit donner le plus de force à un pareil *veto*. Devenu dictateur de l'Allemagne par le bras même de Wallenstein, rien ne l'empêchoit de tourner ses armes contre le Duc et de renoncer envers un traître à tous les devoirs de la reconnoissance. Wallenstein ne pouvoit donc trouver place auprès d'un pareil allié ; et c'étoit vraisemblablement à cette idée qu'il faisoit allusion, plutôt qu'à ses vues supposées sur le trône impérial, lorsqu'après la mort du Roi, il s'écria : « Heureusement » pour moi et pour lui il n'est plus ; l'Empire

» ne pouvoit employer deux têtes pareilles »!

Ce premier essai de vengeance contre la maison d'Autriche avoit échoué; mais la résolution n'en demeura pas moins ferme, et le changement ne porta que sur le choix des moyens. Ils s'adressa alors à l'Electeur de Saxe, espérant réussir auprès de lui avec moins de difficultés et plus d'avantages. Aussi sûr de diriger ce Prince à son gré, qu'il en désespéroit auprès de Gustave-Adolphe, il travailla d'intelligence avec Arnheim, son ancien ami, à former avec Jean-George une alliance qui devoit le rendre également redoutable à l'Empereur et au Roi de Suède. Si son plan étoit couronné du succès, il enlevoit au Monarque Suédois toute son influence en Allemagne; et Wallenstein devoit se flatter de trouver l'Electeur d'autant plus disposé à seconder ses vues, que la jalousie de ce Prince s'irritoit de la puissance de Gustave-Adolphe, et que son attachement, déjà très-foible pour lui, étoit encore refroidi par le ton impérieux du Monarque. S'il pouvoit séparer de la Suède l'Electeur de Saxe, et former avec celui-ci un troisième parti en Allemagne, le coup décisif reposoit alors dans ses mains. Par cette seule opération, il avoit satisfait sa vengeance contre l'Empereur, puni le Roi de Suède de son dédain, et jeté sur les ruines de leur grandeur les fondemens de la sienne.

Mais de quelque manière qu'il cherchât à atteindre son but, il ne pouvoit y parvenir sans l'appui d'une armée qui fût entièrement dévouée à sa personne. Cette armée ne pouvoit se lever si secrètement que l'on ne conçût quelques soupçons à la cour impériale, et que le projet ne fût déjoué dès sa naissance. Cette armée ne devoit pas, avant le temps, être instruite de sa destination criminelle, car il étoit difficile qu'elle voulût obéir à la voix d'un traître et servir contre son souverain légitime. Wallenstein devoit donc faire ses levées ouvertement et sous l'autorité impériale; il devoit recevoir de l'Empereur même un pouvoir illimité sur les troupes. Mais comment y réussir sans être revêtu une seconde fois du généralat, et entièrement chargé de la conduite de la guerre? Cependant, ni sa fierté, ni son intérêt ne lui permettoient d'aller lui-même au-devant de ce poste important; l'un et l'autre lui défendoient de recourir comme suppliant, à la clémence de l'Empereur, pour obtenir des pouvoirs limités, tandis qu'en profitant de ses craintes, il devoit se promettre une puissance absolue. Pour dicter les conditions auxquelles il accepteroit le commandement, il falloit attendre que son maître le sollicitât de s'en charger. Ce fut le conseil qu'Arnheim lui donna, et tel fut aussi le but que sa politique profonde, et son activité infatigable s'efforcèrent d'atteindre.

Convaincu qu'il falloit réduire l'Empereur à la dernière extrémité pour triompher de son irrésolution, et rendre nuls les efforts de la Bavière et de l'Espagne, ses deux adversaires les plus ardens, il ne s'occupa plus désormais que de favoriser les progrès de l'ennemi, et de mettre le comble à la détresse de son maître. Ce fut vraisemblablement lui qui détermina les Saxons, déjà sur le chemin de la Lusace et de la Silésie, à tourner tout-à-coup vers la Bohême et à envahir ce Royaume sans défense. Leurs conquêtes rapides dans le pays ne furent pas moins son ouvrage. En affectant le découragement, il fit disparoître toute idée de résistance, et sa retraite précipitée livra la capitale au vainqueur. Dans une conférence avec le Général Saxon, à Kaunitz, conférence qu'il couvrit du prétexte de négociations pour la paix, ils mirent vraisemblablement le sceau à la conjuration, et la conquête de la Bohême fut le premier résultat de cette entrevue. Tandis qu'il contribuoit de tout son pouvoir à accumuler les malheurs sur l'Autrichien, tandis que les progrès de Gustave-Adolphe sur le Rhin le secondoient si efficacement dans ses vues, ses partisans, ou les personnes qu'il avait apostées, faisoient entendre à

Vienne les plaintes les plus amères sur les malheurs publics, et représentoient le renvoi de l'ancien Général comme la seule cause de tous les revers. « Wallenstein n'eût jamais laissé » les choses en venir là, s'il fût resté à la » tête des affaires ! » crioit-on de toutes parts ; et cette opinion trouva des défenseurs ardens jusques dans le conseil secret de l'Empereur.

Le Monarque, pressé par les circonstances, n'avoit pas besoin de ces clameurs pour ouvrir les yeux sur le mérite de son Général, et sur la faute que sa propre précipitation avoit commise. La dépendance où il se trouvoit de la Bavière et de la Ligue, lui devint assez tôt insupportable ; mais cette dépendance même lui défendoit de témoigner sa méfiance, et d'irriter l'Electeur par le rappel du Duc de Friedland. Cependant le péril ne cessoit d'augmenter, et l'appui du Bavarois devenoit tous les jours plus foible. Dans une position aussi critique, il n'hésita plus à écouter les amis du Duc, et à peser les moyens qu'ils proposoient pour le rappel de ce Général. Les richesses immenses que possédoit Wallenstein, la considération universelle dont il jouissoit, la célérité avec laquelle on l'avoit vu lever une armée de quarante mille combattans, le peu de frais occasionnés pour l'entretien de cette armée nombreuse, les exploits opérés par lui à la tête de ces troupes, le zèle enfin et la fidélité qu'il avoit témoignés pour l'honneur du trône impérial, tout vivoit encore dans le souvenir du Monarque; tout lui représentoit le Duc comme l'instrument le plus propre à rétablir l'équilibre des armes entre les puissances belligérantes, à sauver la maison d'Autriche et à maintenir la religion catholique. Il étoit humiliant pour la fierté impériale de s'abaisser jusqu'à un aveu aussi peu équivoque de son ancienne imprudence et de l'extrémité du moment. Mais quelque pénible qu'il dût être pour Ferdinand de descendre du haut de sa grandeur jusqu'à la prière, quelque suspecte que fut la fidélité d'un homme aussi inexorable et aussi amèrement offensé, avec quelque publicité et quelque force que le mécontentement de l'Electeur de Bavière et des Ministres espagnols s'expliquât sur cette démarche, la nécessité triompha de toute autre considération, et les amis du Duc furent chargés de lui faire entrevoir la possibilité de son rappel.

Instruit de tout ce qui se traitoit en sa faveur dans le cabinet de Ferdinand, il obtint assez d'empire sur lui-même pour dissimuler la joie de son triomphe et affecter les dehors de l'indifférence. L'époque de la vengeance étoit arrivée, et son cœur orgueilleux goûtoit d'avance le plaisir de rendre avec usure à l'Em-

pereur l'humiliation qu'il en avoit reçue. Il s'étendoit avec une éloquence astucieuse sur le calme heureux de la vie privée qui faisoit le bonheur de ses jours depuis son éloignement du théâtre politique. « Il avoit goûté trop long-
» temps, disoit-il, les charmes de l'indépen-
» dance et du loisir, pour les sacrifier au vain
» fantôme de la gloire et à la faveur incer-
» taine des Princes. Tous ces desirs de gran-
» deur et de puissance étoient éteints, et la
» tranquillité faisoit, plus que jamais, l'unique
» objet de ses vœux ». Afin de ne pas laisser entrevoir la moindre impatience, il refusa même l'invitation de se rendre à la cour impériale; mais il s'avança cependant jusqu'à Znaïm en Moravie, pour faciliter les négociations avec elle.

On chercha dans le principe à restreindre par la présence d'un surveillant le pouvoir immense qui alloit lui être confié, et à réduire par cet expédient l'Electeur de Bavière au silence. Les envoyés de l'Empereur, Questenberg et Verdenberg, choisis en qualité d'anciens amis du Duc pour cette négociation épineuse, eurent ordre de faire mention du Roi de Hongrie, qui devoit rester auprès de l'armée pour apprendre l'art de la guerre, sous la conduite de Wallenstein. Mais ce nom seul menaça de rompre toutes les négociations.

« Jamais, dit le Duc, jamais il ne souffriroit
» un second dans son poste, fût-ce Dieu lui-
» même avec qui il dût partager le comman-
» dement ». Mais après que l'on se fut départi
de ce point si odieux, le favori et ministre
de l'Empereur, le Prince d'Eggenberg, ami
constant de Wallenstein et envoyé en personne
auprès de lui, fut encore long-temps à épuiser
en vain toute son éloquence pour vaincre la
répugnance affectée du Duc. « Le Monarque,
» dit ce ministre, avoit perdu avec Wallenstein
» la pierre la plus précieuse de sa couronne,
» mais ce n'étoit que par force et à contre-
» cœur qu'il avoit fait cette démarche, expiée
» par un assez long repentir; son estime pour
» lui demeuroit toujours la même; jamais il
» ne lui avoit enlevé sa faveur. Il devoit en être
» convaincu par la confiance exclusive que
» l'Empereur mettoit dans sa fidélité et ses ta-
» lens, certain qu'il répareroit les fautes de
» ses prédécesseurs, et changeroit entièrement
» la face des choses. Ce seroit agir avec no-
» blesse que de sacrifier son juste ressentiment
» au bien de la patrie; il seroit grand et digne
» de lui de repousser les calomnies de ses ad-
» versaires en doublant de zèle et d'activité.
» Ce triomphe sur lui-même », dit le Prince
en finissant, « couronneroit un mérite auquel
» personne ne pouvoit atteindre, et feroit de

» lui le plus grand homme de son siècle ».

Des éloges aussi marqués, des assurances aussi flatteuses parurent enfin désarmer le courroux du Duc. Mais il ne prêta l'oreille aux offres séduisantes du ministre qu'après avoir exhalé contre son maître tout le ressentiment qui pesoit sur son cœur, après avoir étalé pompeusement toute l'étendue de son mérite, après s'être plû à abaisser le Monarque qui avoit en ce moment besoin de son appui. Comme s'il eût cédé uniquement à la force des raisons qu'il venoit d'entendre, il consentit, avec une générosité insultante, à ce qui faisoit l'objet de ses vœux les plus ardens, et donna à l'Ambassadeur un rayon d'espérance. Mais loin de terminer les embarras de Ferdinand par un consentement absolu, il n'accorda qu'une moitié de ses demandes, pour mettre un plus haut prix à l'autre moitié. Il accepta le commandement, mais seulement pour trois mois; seulement pour former une armée, et non pour la conduire. Il vouloit faire connoître par cette création sa capacité et sa puissance, et montrer à l'Empereur l'immensité des ressources qui reposoient dans les mains de Vallenstein. Convaincu qu'une armée tirée du néant par son nom seul retourneroit dans le néant aussitôt que son créateur viendroit à lui manquer, il voyoit en elle l'appas le plus sûr pour obtenir de son maître des avantages encore plus importans ; et Ferdinand se félicita néanmoins de ce qu'on avoit autant gagné.

Vallenstein ne tarda pas à remplir une promesse dont toute l'Allemagne regarda l'accomplissement comme une chimère, et qui parut outrée à Gustave-Adolphe même. Mais les fondemens de cette entreprise étoient jettés depuis long-tems, et il ne fit que mettre en jeu les machines préparées dans cette intention plusieurs années d'avance. A peine se répandit la nouvelle de son armement, que des bandes de guerriers accoururent de toutes les extrémités de la monarchie autrichienne pour tenter la fortune sous ce général expérimenté. Beaucoup de militaires qui avoient combattu autrefois sous ses drapeaux, qui avoient éprouvé sa générosité et admiré sa grandeur, sortirent de l'obscurité pour partager une seconde fois avec lui la gloire et le butin. L'énormité de la solde promise en attiroit par milliers, et le riche entretien fourni aux soldats par le cultivateur, entraînoit sous ses drapeaux l'habitant des campagnes, qui aimoit mieux embrasser cet état que de succomber sous son oppression. On contraignit toutes les provinces autrichiennes de contribuer pour cet armement coûteux ; aucun Etat ne fut exempt de taxes, aucune dignité, aucun privilège ne dispensa de la capitation. La cour d'Espagne, ainsi que le roi de Hongrie, accordèrent une somme considérable, les ministres firent des dons magnifiques, et Vallenstein lui-même fournit deux cents mille écus de ses fonds pour hâter les préparatifs. Il soutint de sa cassette les pauvres officiers, et par son exemple, par des avancemens brillans et des promesses plus brillantes encore, il engagea les officiers riches à lever des troupes à leurs frais. Celui qui formoit un corps de ses propres deniers en obtenoit le commandement. La religion ne faisoit aucune différence dans la distribution des emplois ; la croyance étoit moins considérée que les richesses, l'expérience et la bravoure. Par cette égalité de justice envers les différentes sectes, et plus encore par l'assurance que l'armement actuel ne regardoit en rien la religion, le sujet Protestant se trouva tranquillisé et porté à partager également les charges publiques. Le Duc ne négligea pas non plus de négocier en son propre nom auprès des Puissances étrangères pour en obtenir des hommes et de l'argent. Il décida le Duc de Lorraine à marcher une seconde fois pour l'Empereur ; il fallut que la Pologne lui fournît des Cosaques, l'Italie des munitions. Avant que le troisième mois fût écoulé, l'armée rassemblée en Moravie ne se montait pas à moins de quarante mille hommes, la plupart tirés de la Moravie, de la Silésie et des provinces germaniques de la Maison

son d'Autriche. Ce qui avoit paru jusqu'alors impossible, Wallenstein, à l'étonnement de l'Europe entière, l'exécuta en un moment; on eût à peine espéré avant lui de pouvoir réunir quelques centaines d'hommes : des milliers coururent aux armes, entraînés par le charme de son nom, de son or et de son génie. Fournie jusqu'à la profusion de toutes les choses nécessaires, commandée par des officiers expérimentés, enflammée d'un enthousiasme garant de la victoire, cette armée n'attendoit qu'un signe de son chef pour se montrer digne de lui par ses exploits.

Le Duc avoit rempli sa promesse, et l'armée étoit prête à entrer en campagne. Il se retira alors, laissant à l'Empereur le soin de lui donner un chef. Mais il n'eût pas été plus difficile de lever une seconde armée que de trouver pour celle-là un autre général que Vallenstein. Cette armée qui promettoit de si grandes choses, cette dernière espérance de l'Empereur n'étoit plus qu'une illusion, aussitôt que le charme qui lui avoit donné l'être disparoissoit. Elle existoit par Wallenstein, sans lui, telle qu'un œuvre magique, elle rentroit dans le néant. Les officiers lui étoient redevables comme débiteurs, ou se trouvoient étroitement attachés à ses intérêts et à la durée de sa puissance comme créanciers. Il avoit donné les régimens à ses parens, ses créatures, ses favoris. Aucun autre que lui ne pouvoit tenir aux troupes les promesses extravagantes avec lesquelles il les avoit attirées à son service. Sa parole faisoit l'unique sûreté de tous. Une confiance aveugle en sa toute puissance rapprochoit cette multitude animée par tant de motifs différens, et lui inspiroit le même esprit, la même activité. Chacun en particulier perdoit sa fortune, aussitôt que celui qui en étoit le garant venoit à se retirer.

Le refus du Duc n'étoit rien moins que sérieux, mais il se servit avec succès de ce moyen effrayant pour arracher à l'Empereur son consentement aux propositions qu'il osoit lui faire. Les progrès de l'ennemi rendoient chaque jour le danger plus pressant, et il dépendoit d'un seul homme de mettre fin à la calamité universelle. Pour la troisième et dernière fois le prince d'Eggenberg reçut donc ordre d'engager son ami, à se charger du commandement, quelque pût être pour la cour impériale la dureté du sacrifice.

Il le trouva à Znaïm en Moravie, pompeusement entouré des troupes qu'il laissoit desirer à l'Empereur. Le fier sujet reçut comme un suppliant l'envoyé de son maître. « Jamais », répondit-il, « il ne se fieroit à une démarche » qu'il devoit à la détresse, et non à la justice » de Ferdinand; on se rappeloit de lui, main-

» tenant que les affaires étoient désespérées
» et qu'il n'y avoit de salut à attendre que
» de son bras, mais le service rendu laisseroit
» bientôt son auteur dans l'oubli, et l'ancienne
» sécurité ramèneroit l'ancienne ingratitude.
» Toute sa gloire étoit exposée s'il trompoit
» l'espérance que l'on avoit conçue de ses ser-
» vices, son bonheur et son repos ne l'étoient
» pas moins s'il réussissoit à la combler. Bien-
» tôt se réveilleroit l'ancienne jalousie, et le
» Monarque esclave ne craindroit pas de sa-
» crifier une seconde fois aux convenances un
» serviteur dont il ne pouvoit se passer. Il va-
» loit beaucoup mieux pour lui qu'il abandon-
» nât, dès à présent et de plein gré, un poste
» dont, tôt ou tard, les cabales de ses ad-
» versaires finiroient par l'éloigner. Il n'atten-
» doit le repos et le bonheur que dans le sein
» de la vie privée, et le desir d'être utile à
» l'Empereur venoit de lui coûter assez cher
» en le tirant momentanément de cette heu-
» reuse tranquillité ».

Le Ministre, las de cette longue comédie,
prit alors un ton plus sérieux, et menaça le
sujet indocile de toute la colère du Monarque,
s'il persistoit dans sa résistance. « La majesté
» de l'Empereur, dit-il, s'étoit assez profon-
» dément abaissée devant lui; et, au lieu de
» toucher sa générosité par une pareille con-

» descendance, elle ne faisoit que flatter son
» orgueil et augmenter son obstination. S'il fal-
» loit qu'elle eût fait inutilement ce grand sa-
» crifice, il ne répondoit pas que le suppliant
» ne se changeât en maître, et que le Monarque
» ne vengeât sur le sujet rébelle l'outrage fait
» à sa dignité. Quelque faute que *Ferdinand*
» eût commise, *l'Empereur* pouvoit toujours
» exiger la soumission; l'homme pouvoit se
» tromper, mais le Souverain ne pouvoit ja-
» mais reconnoître son erreur. Si le Duc de
» Friedland avoit souffert par un jugement
» injuste, toutes ses pertes alloient être répa-
» rées. Exigeoit-il sûreté pour ses dignités et
» sa personne, la justice de l'Empereur ne
» se refuseroit à aucune demande raisonnable.
» Mais la majesté du Souverain une fois mé-
» prisée, ne connoissoit plus de réparation,
» et la désobéissance à ses ordres faisoit dis-
» paroître le mérite le plus éclatant. L'Empe-
» reur avoit besoin de ses services, et comme
» Empereur il les exigeoit. Quelque prix qu'il
» voulût y mettre, le Souverain donneroit son
» consentement. Mais le Souverain commandoit
» l'obéissance, ou le poids de son courroux
» alloit écraser le serviteur indocile ».

Wallenstein, dont les grandes possessions situées dans la monarchie autrichienne se trouvoient continuellement exposées à un coup d'autorité, sentit vivement que cette menace n'étoit rien moins que vaine; mais ce ne fut pas la crainte qui triompha de son obstination affectée. Le ton impérieux du ministre ne lui découvrit que trop clairement la foiblesse et le désespoir qui l'avoient produit; l'empressement de l'Empereur à accorder toutes ses demandes ne lui laissa plus aucun doute : il vit qu'il étoit enfin au terme de ses souhaits. Wallenstein s'avoua donc vaincu par l'éloquence d'Eggenberg, et le quitta pour aller rédiger ses conditions.

Le ministre n'attendoit pas sans inquiétude un écrit où le plus fier des serviteurs avoit la hardiesse de dicter la loi au plus fier des Princes. Mais quelque peu de confiance qu'il eût dans la modération de son ami, l'extravagance de cet écrit surpassa encore toutes ses craintes. Wallenstein demandoit une suprématie absolue sur toutes les armées allemandes de la maison d'Autriche et d'Espagne, et la liberté entière de récompenser ou de punir. Il ne devoit être permis ni au Roi de Hongrie ni à l'Empereur même de paroître à l'armée, et encore moins d'y exercer aucun acte d'autorité. L'Empereur ne devoit y disposer d'aucune place, y accorder aucune récompense; aucune de ses lettres de grace ne devoit être valable sans la sanction de Wallenstein. Le Duc de Friedland seul, à l'exclusion des tribunaux de l'Empereur et de l'Empire, devoit disposer à volonté de tout ce qui seroit confisqué ou conquis en Allemagne. Il exigeoit, comme récompense due, un des états héréditaires de l'Empereur, et comme don extraordinaire, un des pays conquis. Chaque province autrichienne devoit lui être ouverte pour asyle aussitôt qu'il en auroit besoin. Il demandoit outre cela l'assurance du duché de Meklenbourg à la prochaine paix, et un congé formel et signifié d'avance, dans le cas où on jugeroit à propos de lui retirer une seconde fois le généralat.

En vain le ministre s'efforça de modérer des prétentions qui dépouilloient l'Empereur de tous ses droits de souveraineté sur les troupes, et l'abaissoient jusqu'à faire de lui la créature de son général. On avoit trop montré à Wallenstein la nécessité absolue de ses services pour rester maître du prix qui devoit les payer. Si la force seule des circonstances contraignoit l'Empereur d'accepter de pareilles propositions, ce n'étoit pas un simple mouvement de vengeance et d'orgueil qui engageoit le Duc à les faire. Le plan de révolte étoit formé, et il falloit pour son exécution obtenir tous les avantages dont Wallenstein cherchoit à s'emparer dans son traité avec la cour. Ce plan exigeoit que toute autorité en Allemagne fût enlevée à l'Empereur, et passât entre les mains de son Général : ce but étoit atteint aussitôt que Ferdinand signoit les conditions offertes. L'usage que Wallenstein comptoit faire de son armée, usage infiniment éloigné du dessein dans lequel on la lui avoit confiée, ne permettoit aucune division de puissance, et encore moins aucune autorité sur les troupes qui fût supérieure à la sienne. Pour être seul maître de leur volonté, il devoit paroître à leurs yeux seul maître de leur sort. Pour se substituer insensiblement à la place de son maître, et faire passer sur sa personne les droits de souveraineté qu'il empruntoit de la puissance suprême, il devoit mettre tous ses soins à éloigner celle-ci des yeux de l'armée. De là son refus opiniâtre de souffrir auprès des troupes aucun Prince autrichien. La liberté de disposer à son gré de tous les biens confisqués ou conquis dans l'Empire, lui procuroit la faculté effrayante d'acheter des partisans, d'en faire les instrumens de ses volontés, et de jouer le Dictateur en Allemagne plus qu'aucun Empereur ne se l'étoit jamais permis en temps de paix. Par le droit de se réfugier dans les pays héréditaires, il acquéroit les moyens d'épuiser leur substance, de tenir l'Empereur comme prisonnier dans ses propres états et avec ses propres troupes, et de miner les fondemens de la puissance autrichienne. De quelque manière que le sort le traitât, il se trouvoit, par les conditions dictées à son maitre, avoir également pourvu à ses intérêts. Si les événemens se montroient favorables à ses desseins, ce traité avec l'Empereur lui en facilitoit l'exécution, si les conjonctures lui étoient contraires, ce même traité le dédommageoit de la manière la plus éclatante. Mais pouvoit-il regarder comme valable un traité qu'il arrachoit à son Souverain, et qui étoit fondé sur un crime? Pouvoit-il espérer de lier l'Empereur par des conditions qui condamnoient à mort le sujet assez osé pour les dicter? Cependant ce criminel, digne de mort, étoit l'homme de la monarchie le plus indispensablement nécessaire, et Ferdinand, exercé à la dissimulation, lui accorda tout ce qu'il desiroit.

Enfin les forces impériales avoient un chef digne de ce nom. Tout autre pouvoir dans l'armée, celui de l'Empereur même, cessa dès l'instant que Wallenstein prit le bâton de commandement, et tout ce qui n'émanoit pas de son autorité étoit de nulle valeur. Depuis les bords du Danube jusqu'à ceux de l'Oder on sentit les rayons vivifiants de l'astre qui venoit de paroître. Un nouvel esprit anime les soldats de l'Empereur, la guerre va commencer une nouvelle époque, les Catholiques conçoivent de nouvelles espérances, et le monde protestant regarde avec inquiétude ce changement dans le cours des choses.

Plus le prix qu'il avoit fallu mettre au nouveau général étoit important, plus la cour de Vienne se crut autorisée à avoir d'espérances. Mais le Duc ne se hâta nullement de remplir cette attente. Près des frontières de la Bohême, à la tête d'une armée formidable, il lui suffisoit de se montrer pour vaincre les Saxons, et commencer avec éclat sa nouvelle carrière par la conquête de ce royaume. Mais en se bornant à des combats de Croates qui ne décidoient rien, il laissa la meilleure partie de la Bohême en proie aux troupes de l'Electeur, et calcula dès-lors tous les pas qui pouvoient le conduire à son but. S'unir avec les Saxons et non les vaincre, tel étoit le plan de Wallenstein. Uniquement occupé de ce projet important, il laissa d'abord reposer ses armes, afin de triompher d'autant plus aisément par la voie des négociations. Rien ne fut oublié pour enlever à l'alliance de la Suède l'Electeur de Saxe, et Ferdinand même, toujours disposé à un accommodement avec ce Prince, approuva les démarches de son général. Mais le souvenir des grandes obligations que l'on avoit aux Suédois étoit encore trop récent dans la mémoire des Saxons, pour permettre une perfidie aussi honteuse. Et en eût-on effectivement éprouvé la tentation, le caractère équivoque de Wallenstein et la mauvaise réputation de la politique autrichienne n'auroient inspiré aucune confiance dans les promesses du Duc. Trop connu pour politique fourbe, il ne put réussir à persuader, dans la seule occasion où vraisemblablement il parla avec franchise ; et il fallut encore que les circonstances lui défendissent de lever tous les doutes qu'on entretenoit sur sa bonne foi, et d'exposer aussi promptement les motifs qui le faisoient agir. Wallenstein résolut donc, malgré lui, d'employer la force des armes. Ses troupes furent rassemblées en un moment, et il parut devant Prague avant que les Saxons pussent arriver au secours de cette capitale. Après une courte résistance de la part des assiégés, la trahison des Capucins introduisit un de ses régimens dans la place, et la garnison réfugiée au château mit bas les armes à des conditions déshonorantes. Maître de la capitale, il espéra alors pouvoir entamer les négociations avec plus de succès à la cour de Saxe, et en même-temps qu'il les renouvela auprès du Général d'Arnheim, il ne négligea rien pour les appuyer par un coup décisif. Les passages entre Aussig et Pirna furent occupés sur-le-champ, afin de couper à l'armée Saxone la retraite dans son pays ; mais la célérité d'Arnheim la sauva encore à temps du péril. Après la retraite de ce Général, Egra et Leutmeritz, derniers asiles des Saxons, se rendirent au vainqueur, et le Royaume fut remis sous la domination de son Souverain légitime plus promptement qu'il ne l'avoit perdu

Moins occupé des intérêts de son maître que de l'exécution de ses projets, Wallenstein songea alors à porter la guerre en Saxe pour forcer l'Électeur, par la désolation de son pays, à un traité particulier avec l'Empereur, ou plutôt avec le Duc de Friedland. Mais quelque peu habitué qu'il eût jamais été à soumettre sa volonté à la force des circonstances, il sentit néanmoins en ce moment la nécessité de sacrifier son plan favori à une affaire plus pressante. Tandis qu'il chassoit les Saxons de la Bohême, Gustave-Adolphe avoit suivi sa marche triomphante sur le Rhin et le Danube, il s'étoit avancé par la Franconie et la Souabe jusqu'aux limites de la Bavière. Maximilien battu sur le Lech, privé de son plus ferme soutien par la mort du Comte de Tilly, ne cessoit de demander à l'Empereur qu'il envoyât le Duc de Friedland, alors en Bohême, au secours de la Bavière, ce qui devoit en même-temps éloigner le danger des frontières de l'Autriche. Il s'adressa à Wallenstein lui-même et le supplia avec la dernière instance de détacher quelques régimens, jusqu'à ce qu'il arrivât en personne à la tête de la grande armée. L'Empereur appuya cette prière de tout son pouvoir, et les couriers se succédèrent auprès de Wallenstein pour le déterminer à marcher vers le Danube.

Mais on vit alors combien Ferdinand avoit sacrifié de sa puissance en renonçant à son autorité sur les troupes, et en cédant à son Général le pouvoir de régler les opérations. Sourd aux prières de Maximilien ainsi qu'aux ordres réitérés de l'Empereur, Wallenstein resta inactif en Bohême et abandonna l'Electeur à son sort. Le souvenir des mauvais services que lui avoit rendus autrefois Maximilien à la Diète de Ratisbonne, étoit encore gravé dans l'ame implacable du Duc, et les nouveaux efforts de l'Electeur contre sa réintégration n'étoient pas un secret pour lui. Enfin se présentoit le moment de venger cette humiliation, et l'Electeur sentit d'une manière terrible qu'il s'étoit fait un ennemi du plus vindicatif des hommes. « La Bohême, dit Wallen-
» stein, ne devoit pas rester à découvert, et
» l'Autriche ne pouvoit être mieux protégée
» qu'en laissant l'armée suédoise s'affoiblir de-
» vant les forteresses de Bavière. » Il chatia ainsi son ennemi par le bras de Gustave-Adolphe, et tandis que toutes les places tomboient successivement au pouvoir de ce Mo-

narque, le Duc de Friedland laissoit l'Electeur à Ratisbonne attendre en vain son arrivée. Ce ne fut qu'après la soumission entière de la Bohême, lorsqu'il ne lui resta plus d'excuse et que les conquêtes de Gustave-Adolphe en Bavière menacèrent l'Autriche même, qu'il céda aux instances de l'Empereur et de Maximilien. Alors il se détermina à la jonction si longtemps desirée avec le Bavarois : jonction qui, d'après l'attente générale des Catholiques, devoit décider du sort de toute la campagne.

Gustave-Adolphe, déjà trop foible en hommes pour tenir tête à la seule armée de Wallenstein, ne pouvoit qu'être alarmé d'une jonction aussi formidable, et l'on s'étonne, avec raison, de ce qu'il ne mit pas plus d'activité à la prévenir. Vraisemblablement il compta trop sur la haine qui divisoit les deux chefs et sembloit devoir empêcher leur réunion. Mais il n'étoit plus temps de réparer cette faute lorsque les suites prouvèrent la fausseté de ses conjectures. A la première nouvelle certaine que le Roi eut de leur projet, il accourut, à la vérité, vers le haut Palatinat pour couper le passage à l'Electeur; mais celui-ci l'avoit prévenu, et la jonction s'étoit opérée près d'Egra.

Wallenstein avoit choisi cette place frontière pour être le théâtre du triomphe que son orgueil se ménageoit sur son fier antagoniste. Non content de le voir implorer son secours, il lui imposa encore la loi cruelle de laisser derrière lui ses états à découvert, d'aller au loin recevoir son défenseur, et de faire par ces avances marquées un aveu humiliant de sa détresse. Le fier Prince se résigna tranquillement à cette humiliation ; il en avoit coûté cher à son cœur pour se rendre redevable de son salut à celui qui ne devoit jamais à l'avenir être revêtu d'une pareille puissance, si les événemens répondoient à ses vœux. Mais une fois décidé, il étoit homme à supporter tous les désagrémens inséparables de sa résolution ; il étoit assez maître de lui-même pour ne plus connoître de contrariétés lorsqu'il s'agissoit de parvenir à son but.

Autant il en avoit coûté pour ménager cette simple réunion, autant il étoit difficile de tomber d'accord sur les conditions auxquelles elle devoit avoir lieu et se maintenir. Les armées combinées ne pouvoient être que sous les ordres d'un seul, si l'on vouloit atteindre le but de la réunion, et des deux côtés on trouvoit la même répugnance à reconnoître l'autorité de son antagoniste. Si Maximilien s'appuyoit de sa dignité électorale, de l'éclat de sa maison, du rôle qu'il jouoit dans l'Empire, Wallenstein fondoit ses droits sur sa réputation militaire et le pouvoir illimité qu'il avoit reçu de l'Empereur. Autant l'idée de servir sous les ordres d'un Officier impérial soulevoit chez le premier la fierté du Souverain, autant l'orgueil du Duc étoit flatté de dicter la loi à un esprit aussi impérieux. On en vint à une querelle opiniâtre, mais qui finit par un accord à l'avantage de Wallenstein. Celui-ci eut le commandement général et absolu sur toutes les troupes, principalement aux jours de combat, et l'Electeur renonça au pouvoir de changer l'ordre de bataille, même la marche-route de l'armée. Il ne se réserva que le droit de récompense et de punition sur ses propres soldats, et le libre emploi de ses troupes aussitôt qu'elles agiroient séparément.

Ces dispositions une fois faites, on hasarda enfin de se voir; mais ce ne fut qu'après avoir promis l'entier oubli du passé, et observé avec le dernier scrupule les formalités extérieures de l'acte de réconciliation. Les deux princes, comme ils en étoient convenus, s'embrassèrent en présence de leurs troupes, et se donnèrent réciproquement les plus fortes assurances d'amitié, tandis que l'un et l'autre ne respiroient que la haine. Maximilien habile dans l'art de feindre, conserva assez d'empire sur lui-même pour qu'aucun de ses traits ne trahît ses véritables sentimens; mais dans les yeux de Wallenstein on voyoit briller la joie de son triomphe, et la gêne de tous ses mouvements décéloit la force de la passion qui maîtrisoit son cœur orgueilleux.

Les troupes Bavaro-Impériales réunies, formoient alors une armée de près de soixante mille hommes, et le monarque Suédois n'osa pas se hasarder en campagne contre de pareilles forces. Après donc avoir tenté inutilement de s'opposer à leur jonction, il fit une retraite précipitée sur la Franconie, et attendit un mouvement décisif de Wallenstein avant de se déterminer lui-même. La position des armées combinées entre les frontières de Saxe et de Bavière, le laissa pendant quelque temps dans l'incertitude; il ne savoit si elles porteroient en Saxe le théâtre de la guerre, ou si elles chercheroient à éloigner les Suédois du Danube et à délivrer les états de Maximilien. Arnheim avoit découvert la Saxe pour faire des conquêtes en Silésie, ou plutôt comme beaucoup l'en accusent, pour ouvrir au Duc de Friedland l'entrée de l'Electorat, et entraîner par ce coup sensible l'esprit irrésolu de Jean-George à un accommodement avec l'Emreur. Gustave-Adolphe lui-même, persuadé que les vues de Wallenstein étoient dirigées contre la Saxe, y envoya à la hâte un renfort considérable; fermement résolu de suivre

avec

avec toutes ses forces, aussitôt que les circonstances le permettroient. Mais les mouvements de Wallenstein lui indiquèrent bientôt qu'il étoit menacé lui-même, et la marche du Duc par le haut Palatinat acheva de l'en convaincre. Alors il fallut songer à sa propre sûreté, combattre moins pour la souveraineté que pour son existence en Allemagne, et emprunter toutes ses ressources de la fécondité de son génie. L'approche précipitée des Impériaux ne lui donna pas le temps d'appeler les Princes alliés à son secours, et de réunir auprès de lui les troupes suédoises qui se trouvoient dispersées dans tout l'Empire. Beaucoup trop foible en hommes pour arrêter la marche de l'ennemi, il n'avoit que le choix, ou de se jeter dans Nuremberg, de s'exposer à être cerné dans cette ville par toutes les forces de Wallenstein et vaincu par la famine, ou de sacrifier cette place en attendant des renforts sous les canons de Donauverth. Indifférent à toutes les difficultés et les périls, aussitôt que l'honneur commandoit et que la voix de l'humanité se faisoit entendre, il choisit sans hésiter le premier parti, fermement résolu de s'ensevelir lui-même et toute son armée sous les murs de Nuremberg, plutôt que de fonder son salut sur la perte de cette ville.

On fit aussitôt des préparatifs pour entourer

la place et tous les faubourgs d'une fortification, ainsi que pour établir un camp retranché dans l'intérieur de cette enceinte. Des milliers de bras travaillèrent sur-le-champ à cet ouvrage immense ; tous les habitans de Nuremberg, animés d'un zèle héroïque, se montrèrent prêts à hasarder pour la cause commune leur sang, leur vie et leurs propriétés. Un fossé profond de huit pieds, et large de douze, entoura l'ensemble des fortifications; les lignes furent défendues par des redoutes et des bastions, les avenues par des demi-lunes. La Pegnitz, qui traverse Nuremberg, partageoit la totalité du camp en deux principales enceintes, entre lesquelles des ponts nombreux entretenoient la communication. Environ trois cents pièces d'artillerie pouvoient jouer des remparts de la ville et des redoutes du camp. Les habitans des villages voisins et les bourgeois de Nuremberg poussèrent si vivement les travaux, de concert avec les soldats suédois, que, dès le septième jour, l'armée put occuper son camp, et que le quatorzième cet ouvrage immense fut achevé.

Tandis que cela se passoit hors des murs, le Magistrat de Nuremberg étoit occupé à remplir les magasins, et à se pourvoir de toutes les munitions de guerre et de bouche nécessaires pour un siége de longue durée. Il ne négligea pas aussi de veiller par les réglemens de police les plus sévères à la santé des habitans, qu'une aussi grande affluence pouvoit aisément mettre en danger. Afin de soutenir le Roi en cas de besoin, on prit dans la ville tous les jeunes bourgeois que l'on exerça au métier des armes, et la milice déjà existante fut considérablement augmentée. Gustave-Adolphe avoit, sur ces entrefaites, réclamé les secours de ses alliés le Duc Guillaume de Veimar et le Landgrave de Hesse-Cassel; il avoit ordonné à ses généraux sur le Rhin, en Thuringe et dans la Basse-Saxe, de se mettre aussitôt en marche, pour venir avec leurs troupes le joindre à Nuremberg. Son armée qui campoit dans les lignes de cette ville impériale, n'étant que de seize mille hommes, n'égaloit pas le tiers de l'armée ennemie.

Cependant le Duc de Friedland s'étoit avancé à petites journées jusques vers Neumark où il ordonna une revue générale. A la vue de cette armée formidable, il ne put se défendre d'une présomption de jeune homme. « Dans quatre » jours, dit-il, on verra lequel de nous deux, » du Roi de Suède ou de moi, sera maître du » monde ». Cependant il ne fit rien, malgré sa grande supériorité, pour réaliser une promesse aussi vaine, et l'ennemi ayant eu la témérité de se poster hors de ses lignes, Wallenstein négligea même l'occasion de défaire totalement son rival. « On a assez livré de batailles », répondit-il à ceux qui lui conseilloient d'attaquer, « il est temps de suivre une » autre méthode ». On vit déjà dans cette occasion combien l'on avoit gagné avec un Général dont la réputation assurée ne recherchoit aucune de ces entreprises hasardeuses par lesquelles d'autres brûlent de se faire un nom. Convaincu qu'un ennemi désespéré vendroit chèrement la victoire, mais qu'une défaite, dans une pareille position, perdroit à jamais les affaires de l'Empereur, il se contenta de lasser l'ardeur de son adversaire par un siége de longue durée, et voulut, en lui ôtant toute occasion de se livrer à l'impétuosité de sa bravoure, le priver du grand avantage qui l'avoit rendu jusqu'alors invincible. Ainsi, sans rien entreprendre, il occupa un camp fortement retranché de l'autre côté de la Rednitz, vis-à-vis Nuremberg, et par le choix heureux de cette position, il intercepta aussi bien pour la ville que pour le camp tous les convois de Franconie, de Souabe et de Thuringe. Wallenstein tint donc le Roi assiégé ainsi que la place, et se flatta de vaincre avec lenteur, mais d'autant plus sûrement par la famine et les maladies, le courage d'un adversaire contre lequel il n'étoit pas tenté de hasarder une bataille.

Trop peu familiarisé cependant avec les ressources et les facultés de cet adversaire, il n'avoit pas suffisamment pourvu à se garantir lui-même du sort qu'il lui destinoit. Dans tout le pays d'alentour les habitans des campagnes avoient fui avec leurs provisions, et les fourageurs de Friedland étoient obligés de disputer à ceux du Roi de Suède le peu qui restoit encore. Gustave-Adolphe ménagea les magasins de la ville, tant qu'il y eut possibilité de tirer des vivres du voisinage, et ces courses réciproques entretenoient entre les Croates et les troupes suédoises une guerre continuelle dont tout le pays offroit les traces les plus affreuses. Il falloit se procurer des vivres l'épée à la main, et les partis n'osèrent plus se hasarder en fourageurs sans être fortement soutenus. Aussitôt que la disette se fit sentir, la ville de Nuremberg ouvrit ses magasins à Gustave-Adolphe; Wallenstein au contraire ne pouvoit tirer que de fort loin des approvisionnemens pour ses troupes. Un gros transport lui arrivoit de Bavière, et mille hommes furent détachés pour l'amener en sûreté au camp. Gustave-Adolphe, qui en fut instruit, envoya aussitôt un régiment de cavalerie avec ordre de s'emparer du convoi, et l'obscurité de la nuit favorisa cette entreprise. Le transport en entier tomba ainsi que la ville où il faisoit halte entre les mains des Suédois qui sabrèrent l'escorte impériale; environ douze cents bêtes à cornes furent enlevées, et on brûla mille chariots chargés de pain qu'il eût été trop difficile d'emmener avec soi. Le Duc fit avancer, mais trop tard, sept régimens vers Altdorf pour escorter ce convoi attendu avec tant d'impatience; le roi qui en fit autant pour couvrir la retraite des siens, dispersa les Impériaux après un combat opiniâtre, leur tua quatre cents hommes et les repoussa jusque dans leur camp. Tant de contrariétés, la constance inattendue du Monarque firent repentir le Duc de Friedland d'avoir laissé échapper inutilement l'occasion de livrer bataille. La force du camp de Gustave rendoit toute attaque impossible, et la jeunesse armée de Nuremberg offroit au Roi une pépinière de guerriers d'où il pouvoit tirer de quoi réparer sur-le-champ toutes ses pertes. La disette qui se faisoit sentir dans le camp des Impériaux comme dans celui des Suédois, rendoit au moins fort difficile de savoir lequel des deux partis forceroit l'autre à abandonner le premier son poste.

Les deux armées étoient depuis quinze jours en présence, couvertes par des retranchemens également inexpugnables, et sans rien hasarder que des courses légères et des escarmouches insignifiantes. Des deux côtés les maladies contagieuses, suite naturelle de la mauvaise nourriture et de l'entassement des soldats, avoient enlevé plus de monde que le feu de l'ennemi, et cette calamité augmentait chaque jour. Enfin, parut dans le camp suédois le secours attendu depuis si long-tems, et ce renfort considérable permit au roi d'obéir à sa bravoure naturelle et de rompre les fers qui l'avoient jusqu'alors enchaîné.

D'après les intentions du Monarque, le Duc Guillaume de Veimar avoit formé à la hâte, des garnisons de la Basse Saxe et de la Thuringe, un corps qui se fit joindre près de Schveinfurt en Franconie par quatre régimens Saxons, et bientôt après, dans les environs de Kitzingen, par les troupes du Rhin que le Landgrave de Hesse-Cassel et le Comte Palatin de Birkenfeld envoyoient au secours du Roi. Le Chancelier Oxenstiern se chargea de conduire cette armée au lieu de sa destination. Après avoir fait à Vindsheim une nouvelle jonction avec le Duc Bernard de Veimar et le général Suédois Banner, il s'avança à grandes journées jusqu'à Pruck et Eltersdorf où il passa la Rednitz, et enfin arriva heureusement dans le camp du Roi. Ce secours montoit à près de cinquante mille hommes, et étoit accompagné de soixante pièces de canons et de quatre mille chariots de bagages. Gustave-Adolphe se vit donc à la tête d'environ soixante-dix mille combattans, sans compter la milice de la ville de Nuremberg qui, au besoin, pouvait mettre en campagne trente mille bourgeois. Cette force imposante étoit en présence d'une armée non moins formidable, et il parut enfin que cette guerre éternelle alloit se terminer par un coup décisif.

Mais s'il avait fallu lutter contre la disette avant l'arrivée des secours, Vallenstein ayant également reçu des renforts de la Bavière, le mal augmenta dans les deux camps à un point effroyable. Outre les cent vingt mille combattans en présence, outre une quantité de plus de cinquante-mille chevaux dans les deux armées, outre les habitans de Nuremberg plus nombreux de beaucoup que l'armée Suédoise, on comptoit dans le camp seul de Wallenstein, quinze mille femmes et autant de conducteurs et valets; le camp Suédois en contenoit un nombre à-peu-près égal. L'usage du tems permettoit au soldat d'emmener avec lui sa famille en campagne. Chez les Impériaux une foule innombrable de femmes volontaires se joignait au train de l'armée ; dans le camp Suédois, au contraire, la surveillance sévère sur les mœurs ne tolérant aucuns désordres, on exigeoit expressément le mariage légitime. Des écoles de campagne étoient établies pour la génération naissante que le camp réservoit à la patrie, et le général en tiroit une race excellente de guerriers, qui, dans une guerre de long cours, pouvoit fournir aux armées de quoi se recruter elles-mêmes. Rien d'étonnant, si ces nations ambulantes affamoient les pays où elles s'arrêtoient, et si ce train superflu faisoit monter les vivres à un prix excessif. Tous les moulins de Nuremberg ne suffisoient pas à moudre le bled qui se consommoit journellement, et cinquante mille livres de pain, que la ville livroit chaque jour au camp, ne faisoient qu'irriter la faim sans la satisfaire. Les précautions admirables du magistrat ne purent empêcher qu'une grande partie des chevaux ne pérît faute de fourage, et que la malignité toujours croissante des maladies ne mît chaque jour plus de cent hommes au tombeau.

Pour faire cesser cette calamité, Gustave-Adolphe, plein de confiance dans la supériorité de ses forces, abandonna enfin ses lignes le cinquante-cinquième jour, se présenta à l'ennemi en ordre de bataille, et fit jouer sur le camp de Vallenstein trois batteries formidables qui furent élevées sur les bords de la Rednitz. Mais le Duc resta immobile dans ses retranchemens, et se contenta de répondre de loin à ce défi avec le feu de ses canons. Epuiser les forces du Roi par l'inaction, vaincre sa persévérance par la famine, tel étoit son projet absolu, et les représentations de Maximilien, l'impatience de l'armée, les railleries de l'ennemi ne purent ébranler cette résolution. Trompé dans ses espérances, pressé par les progrès de la disette, Gustave-Adolphe hasarda alors l'impossible, et résolut d'escalader un camp que l'art et la nature rendoient également inexpugnable.

Après avoir remis la défense du sien à la milice de Nuremberg, il s'avança en ordre de bataille le jour de Saint-Barthélemi, le cinquante-huitième depuis que l'armée avoit occupé ses retranchemens, et passa la Rednitz près de Furt où il repoussa sans peine les avant-postes ennemis. Sur les hauteurs escarpées entre la Biber et la Rednitz, appelées la vieille Citadelle et la vieille Montagne, se trouvoit le gros de l'armée de Wallenstein, et le camp même dominé par ces hauteurs se prolongeoit dans une étendue immense à travers la campagne. Toutes les forces de l'artillerie étoient réunies sur les hauteurs. Des fossés profonds entouroient des redoutes inaccessibles, des abattis épais et de fortes palissades fermoient les avenues de la montagne escarpée, et cent pièces de canons menaçoient l'ennemi assez audacieux pour braver tant d'obstacles. Ce fut contre ce poste périlleux que Gustave-Adolphe dirigea son attaque. Cinq cents mousquetaires soutenus de quelques fantassins (1), eurent l'avantage peu envié de se jeter les premiers au devant de la mort. L'attaque se fit avec fureur, la résistance fut terrible. Livrés à tout le ravage de l'artillerie ennemie, devenus furieux par la certitude de la mort, ces guerriers intrépides s'élancent contre la montagne qui n'est plus qu'un volcan vomissant le fer et le feu. La grosse cavalerie profite aussitôt des jours tracés par les boulets dans le corps de bataille ; les rangs serrés se désunissent, et cette bande de héros vaincue à-la-fois par les hommes et la nature, prend la fuite après avoir laissé cent hommes sur la place. Ce furent des Allemands à qui la partialité de Gustave-Adolphe destina l'honneur périlleux de la première attaque. Irrité de leur retraite, il conduit ses Finlandais à l'assaut pour faire rougir les Allemands de leur lâcheté, en leur opposant la bravoure des soldats du nord. Les Finlandais, reçus par la même pluie de feu, cèdent également à la supériorité des forces, et un régiment de troupes fraîches paroît à leur place pour renouveler l'attaque avec aussi peu de succès. Celui-ci est relevé par un quatrième, un cinquième, un sixième ; pendant les dix heures

---

(1) Le peu de largeur du terrein ne permettoit pas à un plus grand nombre de combattre à-la-fois.

que dura le combat, tous les régimens attaquèrent, et tous, successivement écrasés, abandonnèrent le champ de bataille. Mille corps mutilés couvrent la campagne, et Gustave poursuit son attaque, tandis que Wallenstein inébranlable se maintient sur sa citadelle.

Cependant la cavalerie impériale, et l'aile gauche des Suédois postée dans un petit bois sur la Rednitz, ont engagé entr'elles un combat très-vif où, malgré des prodiges de valeur et des flots de sang, le succès demeure incertain. Le Duc de Friedland a un cheval tué sous lui, aussi bien que le Duc Bernard de Veimar, le Roi n'est pas moins exposé, et la semelle de sa botte est emportée par un boulet de canon. L'attaque et la défense se renouvellent avec une fureur soutenue, jusqu'à ce qu'enfin les approches de la nuit annoncent qu'il faut mettre un terme à cet acharnement. Mais les Suédois sont déjà trop loin pour exécuter leur retraite sans danger. Le Roi néanmoins veut l'entreprendre, et, tandis qu'il cherche un officier qui puisse porter ses ordres, ce Monarque voit paroître auprès de lui le colonel Hebron, brave Ecossais que son courage seul avoit entraîné hors du camp pour partager les hasards de cette journée. Irrité contre Gustave qui, peu auparavant, avoit préféré pour une action périlleuse un plus jeune colonel que lui, il avoit fait dans la fougue de sa colère le vœu de ne jamais tirer son épée pour le Roi. Le Monarque s'adresse à lui, et, louant son courage, le prie de porter aux régimens l'ordre de la retraite. « Sire, répond le brave soldat, c'est le seul » service que je ne puisse refuser à votre Ma- » jesté, car il y a quelque danger à courir », et il vole à l'instant pour exécuter sa commission. Le Duc Bernard de Veimar s'étoit emparé, il est vrai, d'une hauteur sur la vieille citadelle, d'où l'on pouvoit battre la montagne et la totalité du camp. Mais une pluie violente qui étoit tombée pendant la nuit, avoit rendu le terrein si glissant, qu'il fut impossible d'y conduire de l'artillerie, et l'on se vit contraint d'abandonner un poste acheté par des flots de sang. Se méfiant de la fortune qui venoit de lui être contraire, le Roi ne voulut pas hasarder le jour suivant de renouveler l'assaut avec des troupes épuisées, et, pour la première fois vaincu parce qu'il n'étoit pas vainqueur, il ramena son armée derrière la Rednitz. Deux mille morts qu'il laissa sur le champ de bataille, attestoient la perte de cette journée, et le Duc de Friedland resta ferme dans les lignes où il venoit de braver cette attaque.

Les armées, après cette action, furent encore quinze jours entiers en présence, chacune espérant forcer l'autre à lever son

camp la première. Les horreurs de la famine croissoient d'autant plus que, des deux côtés, la foible provision de vivres se fondoit à chaque instant ; la faim rendoit le soldat tous les jours plus farouche, et l'habitant des campagnes étoit la victime malheureuse de sa rapacité. L'extrême disette relâcha tous les liens de la discipline et de l'ordre dans le camp suédois ; les régimens allemands sur-tout se distinguèrent par les violences qu'ils exerçoient sans distinction sur les amis et les ennemis. Le foible bras d'un seul ne pouvoit arrêter un débordement que les chefs en sous-ordre avoient l'air d'approuver par leur silence, et qu'ils encourageoient souvent par l'exemple le plus pernicieux. L'oubli honteux d'une discipline dont le Monarque, avec raison, avoit été si fier jusqu'alors, l'affecta profondément, et la force avec laquelle il reproche aux officiers allemands leur négligence, atteste la vivacité des mouvemens qui l'agitoient. « Allemands, leur disoit-
» il, c'est vous, c'est vous-mêmes qui pillez
» votre patrie et qui déchaînez votre fureur
» contre vos propres frères. Dieu m'en est té-
» moin, je vous abhorre, et mon cœur s'ir-
» rite quand je vous envisage. Vous violez
» mes ordres, vous êtes cause que le monde
» me maudit, que les larmes de la misère et de
» l'innocence me poursuivent, que je suis forcé

» d'entendre dire ouvertement : le Roi notre
» ami nous fait plus de mal que nos ennemis
» les plus acharnés. Pour vous, j'ai dépouillé
» ma couronne de son trésor ; plus de qua-
» rante tonnes d'or en ont été dépensées, et
» je n'ai pas reçu de votre Empire germanique
» de quoi me faire un mauvais vêtement. Je
» vous donnai tout ce que je reçus de Dieu,
» et si vous eussiez respecté mes loix, j'aurois
» encore partagé avec plaisir entre vous tout
» ce qu'il peut me donner à l'avenir. Votre
» discipline détestable me persuade que vous
» avez de mauvaises intentions, quelques rai-
» sons que je puisse avoir de louer votre
» bravoure ».

Nuremberg avoit fait des efforts au-dessus de ses moyens pour nourrir pendant onze semaines la multitude monstrueuse entassée sur son territoire. Enfin les ressources s'épuisèrent, et le Roi fut contraint de se résoudre le premier à la retraite. Nuremberg avoit vu périr plus de dix mille habitans ; Gustave-Adolphe avoit perdu par le feu et les maladies environ vingt mille de ses soldats. Toutes les campagnes environnantes étoient désolées, les villages en cendres ; le cultivateur dépouillé languissoit sur les chemins ; l'air étoit infecté de vapeurs pestilentielles ; des maladies produites par l'ardeur de la canicule, par la mauvaise nourriture, par les exhalaisons d'un camp aussi peuplé et de tant de cadavres en corruption, exerçoient leurs ravages sur les hommes et les animaux, et long-temps même après la retraite des armées, la famine et la misère régnoient encore dans ce malheureux pays. Touché de la désolation universelle, désespérant de vaincre la persévérance du Duc de Friedland, le Roi leva son camp le huit septembre, et abandonna Nuremberg après l'avoir pourvu d'une garnison suffisante. Il passa en ordre de bataille devant le front de l'ennemi qui resta immobile et ne fit pas une seule manœuvre pour inquiéter sa retraite. Le Monarque dirigea sa marche vers Neustadt sur l'Aisch et vers Windsheim où il s'arrêta pendant cinq jours pour laisser raffraîchir ses troupes, et rester à portée de Nuremberg. Gustave-Adolphe vouloit encore s'opposer aux projets de l'ennemi, si celui-ci entreprenoit quelque chose contre la ville qu'il venoit de défendre. Mais Wallenstein qui avoit également besoin de raffraichir son armée, n'attendoit que la retraite des Suédois pour commencer la sienne. Cinq jours plus tard, il abandonna aussi son camp près de Zirndorf et le livra aux flammes. La fumée qui s'élevoit des villages réduits en cendres annonça bientôt sa retraite, et Nuremberg qui commençoit enfin à respirer, vit dans cette destruction

le

le sort dont on l'avoit garanti. La marche du Duc, dirigée sur Forcheim, fut marquée par des ravages effroyables ; mais il étoit déjà trop avancé pour que le Roi pût encore le joindre. Alors ce Monarque divisa son armée que le pays n'étoit plus en état d'entretenir ; une partie fut destinée à défendre la Franconie, et l'autre, commandée par le Roi en personne, à poursuivre les conquêtes en Bavière.

Cependant les troupes Bavaro-Impériales étoient entrées dans l'Evêché de Bamberg où le Duc de Friedland ordonna une seconde revue. Il trouva cette armée, forte autrefois de soixante mille hommes, réduite par la désertion, le feu et les maladies à vingt-quatre mille dont le quart consistoit en troupes Bavaroises. Ainsi le camp devant Nuremberg avoit plus épuisé l'un et l'autre parti que deux grandes batailles perdues, sans avoir approché d'un instant la fin de la guerre, ni satisfait l'attente de l'Europe par un seul événement décisif. Cette diversion mit, il est vrai, un terme momentané aux conquêtes du Roi en Bavière, et l'Autriche se trouva garantie d'une invasion ; mais, en s'éloignant de Nuremberg, on remit les Suédois en pleine liberté de porter encore le théâtre de la guerre dans les états de Maximilien. Indifférent au sort de la Bavière, las de la gêne que lui imposoit sa réunion avec l'Electeur, le

Tome II. I

Duc de Friedland saisit avidement l'occasion de se débarrasser d'un collègue aussi importun, et de suivre son plan favori avec une nouvelle activité. Toujours fidèle à sa première maxime, toujours s'efforçant d'enlever la Saxe à l'alliance de la Suède, il désigna le premier de ces pays pour ses quartiers d'hiver, et espéra par ses ravages forcer l'Electeur à une paix séparée.

Aucune époque ne pouvoit être plus favorable pour cette entreprise. Les Saxons avoient fait une irruption en Silésie, où, réunis aux troupes auxiliaires de Brandebourg et aux Suédois, ils avoient remporté des avantages suivis sur les Impériaux. Par une diversion dans les états de l'Electeur, on sauvoit la Silésie, et l'entreprise étoit d'autant plus facile, que la Saxe se trouvoit dénuée de défenseurs et ouverte de tous côtés à l'ennemi. La nécessité de sauver un pays héréditaire autrichien réfutoit toutes les objections de l'Electeur de Bavière, et sous le masque d'un zèle patriotique pour le bien de l'Empereur, on pouvoit sacrifier cet Electeur avec d'autant moins d'inconvéniens. En laissant toutes les richesses de la Bavière en proie au Roi de Suède, on espéroit n'être pas troublé par lui dans l'opération projettée ; et la froideur qui augmentoit chaque jour entre la cour de Saxe et ce Monarque, ne faisoit craindre de sa part que très-peu d'empressement à venir au secours de Jean George. Ainsi, abandonné de nouveau par son défenseur astucieux, l'Electeur de Bavière se sépara de Wallenstein à Bamberg, pour aller couvrir son pays avec le foible reste de ses troupes, tandis que l'armée impériale, sous la conduite de Friedland, dirigea sa marche par Bareuth et Cobourg vers la forêt de Thuringe.

Holk, un des Généraux de l'Empereur, avoit déjà été envoyé avec six mille hommes en Vaidovie, pour porter le fer et le feu dans cette province sans défense. Il fut bientôt suivi de Gallas, autre Général du Duc, instrument non moins docile de ses ordres inhumains. Enfin on appela aussi le comte de Pappenheim de la basse Saxe pour renforcer l'armée de Wallenstein et mettre le comble à la misère du pays. Des moissons ravagées, des villages en cendres, des églises détruites, des sujets massacrés signaloient la marche de ces bandes barbares ; toute la Thuringe, la Vaidovie et la Misnie succomboient sous ce triple fléau. Mais ce n'étoient que les avants-coureurs de la misère dont le Duc lui-même, à la tête de la grande armée, menaçoit la malheureuse Saxe. Après avoir laissé en Franconie et dans la Thuringe les monuments effroyables de sa fureur dévastatrice, il parut avec toutes ses forces sur le territoire de Leipzig, et un siège bientôt terminé le rendit maître de la ville. Son intention étoit de pénétrer jusqu'à Dresde, et, après avoir soumis le pays en entier, de dicter la loi à l'Electeur. Déjà il s'approchoit de la Mulde avec des forces supérieures pour battre l'armée Saxone qui avoit marché à sa rencontre jusqu'à Torgau, lorsque l'arrivée du roi à Erfurt mit un terme inattendu à ses plans de conquêtes. Pressé entre les troupes Saxones et l'armée Suédoise que le Duc George de Lunebourg, alors en Basse-Saxe, menaçoit encore de renforcer, il se retira à la hâte vers Mersebourg pour y faire sa jonction avec le Comte de Pappenheim, et repousser les Suédois qui continuoient à pénétrer.

Gustave-Adolphe n'avoit pas vu sans les plus vives inquiétudes les artifices que prodiguoient l'Autriche et l'Espagne pour opérer la défection de ses alliés. S'il attachoit un grand prix à l'alliance de la Saxe, il n'avoit que plus de raisons de tout appréhender du caractère inconstant de Jean-George. Jamais une liaison sincère et amicale n'avoit existé entre lui et l'Électeur. Ce Prince fier de son importance politique, accoutumé à se regarder comme le chef de son parti, devoit nécessairement trouver dangereuse et oppressive l'intervention d'une puissance étrangère dans les affaires de l'Empire; et la répugnance avec laquelle il voyoit les progrès de cet étranger importun, n'avoit pu être vaincue pour un certain temps que par la détresse inquiétante de ses propres états. La considération dont le Roi jouissoit en Allemagne, son influence prépondérante dans les pays protestans, les preuves très-peu équivoques de ses projets ambitieux, preuves assez marquées pour exiger toute la vigilance des États germaniques, ces motifs réunis éveilloient chez l'Électeur mille appréhensions que les émissaires impériaux avoient l'adresse d'entretenir et d'augmenter. Les procédés arbitraires du Roi, ou ses justes demandes aux Princes de l'Empire, lui attiroient également de la part de l'Electeur des plaintes amères qui sembloient annoncer une prochaine rupture. Toutes les fois même que les généraux des deux partis devoient agir de concert, ils donnoient des preuves fréquentes de la même jalousie qui divisoit leurs maîtres. La répugnance naturelle de Jean-George pour la guerre, un sentiment d'affection envers l'Autrichien, que rien n'avoit encore pu étouffer, favorisoient les efforts d'Arnheim. Celui-ci, toujours d'intelligence avec Wallenstein, travailloit sans relâche à opérer un accommodement particulier entre son maître et l'Empereur; et si ses avis furent long-temps sans effet auprès de Jean-George, la suite prouva néanmoins qu'ils n'étoient pas restés entièrement infructueux.

Gustave-Adolphe craignant avec raison les conséquences que la défection de cet important allié devoit avoir pour son existence en Allemagne, ne négligea aucun des moyens capables de prévenir un événement aussi dangereux, et jusqu'alors ses représentations à l'Electeur n'avoient pas manqué entièrement leur but. Mais l'armée formidable dont l'Empereur appuyoit ses propositions séduisantes, et les malheurs qu'il menaçoit d'accumuler sur la Saxe dans le cas d'un plus long refus, pouvoient cependant vaincre la persévérance de l'Electeur, si on l'abandonnoit sans secours; une pareille indifférence envers un allié aussi important étoit même capable de détruire à jamais la confiance que les autres alliés de la Suède avoient en leur protecteur. Cette considération détermina Gustave-Adolphe à céder pour la seconde fois aux invitations pressantes que l'Electeur, dans sa détresse, lui fit parvenir, et à sacrifier toutes ses brillantes espérances au salut de cet allié. Déjà il avoit résolu une seconde attaque sur Ingolstadt, et la foiblesse de l'Electeur de Bavière l'autorisoit à croire qu'il forceroit enfin cet ennemi à la neutralité. La révolte des paysans dans la Haute-

Autriche lui ouvroit l'entrée du pays, et la résidence de l'Empereur pouvoit être entre ses mains avant que Wallenstein eût le temps d'amener des secours. Il renonça à cette brillante perspective en faveur d'un allié qui ne méritoit un pareil sacrifice ni par son mérite, ni par sa bonne volonté, qui, dans les momens où l'esprit public lui dictoit le plus impérieusement ses devoirs, s'abandonnoit à sa petitesse et à son égoïsme pour ne servir que ses intérêts, qui n'étoit important que par le tort qu'il pouvoit faire et non par les services qu'il pouvoit rendre. Et comment se défendre de son indignation en apprenant que sur le chemin marqué par Gustave-Adolphe même pour le mener au secours de ce Prince, le grand Roi trouve le terme de sa glorieuse carrière ?

Il rassembla promptement ses troupes dans le cercle de Franconie, et suivit l'armée de Wallenstein par la Thuringe. Le Duc Bernard de Weimar, qui avoit été envoyé d'avance contre Pappenheim, se joignit au Roi près d'Arnstadt, et le Monarque se trouva alors à la tête de vingt mille hommes de troupes aguerries. Il se sépara à Erfurt de son épouse qui ne devoit le revoir qu'au tombeau. Les tristes adieux de leurs cœurs oppressés, sembloient leur annoncer une séparation éternelle.

Il arriva à Naumbourg le 1.ᵉʳ novembre 1632, avant que les corps détachés par le Duc de Friedland pussent s'emparer de cette place. Tous les habitans des pays circonvoisins accouroient en foule pour considérer le héros, le vengeur, le grand Roi qui un an auparavant, avait paru dans ces contrées comme un ange tutélaire. Les cris d'allégresse retentissoient partout où l'on jouissoit de sa présence. Tous tomboient à genoux en l'adorant ; on se disputoit la faveur de toucher le fourreau de son épée, le bord de son habit. L'ame modeste du héros fut soulevée à la vue du tribut innocent que lui payoient la sincérité, la reconnoissance et l'admiration. « Ne croiroit-on
» pas que ce peuple fait de moi un dieu ? disoit-
» il à ceux qui l'accompagnoient ; nos affaires
» sont en bon train, mais je crains que la
» vengeance du ciel ne me punisse d'un pres-
» tige aussi révoltant, et ne montre assez clai-
» rement à cette foule insensée, toute la foi-
» blesse de mon humanité périssable. » Que Gustave paroît aimable à nos yeux avant de nous quitter pour toujours ! c'est ainsi que l'Agamemnon de la tragédie grecque refuse de marcher sur la pourpre que la vénération étend à ses pieds ; honorant, jusques dans la plénitude du bonheur, l'implacable Némésis, il se dérobe à un hommage qui n'appartient qu'aux immortels, et ses droits à nos larmes

augmentent à mesure qu'il approche du moment où il va les faire répandre.

Cependant le Duc de Friedland avoit marché au-devant du Roi jusqu'à Weissenfels, résolu de conserver ses quartiers en Saxe, dût-il lui en coûter une bataille. Son inaction devant Nuremberg l'avoit exposé à des soupçons déshonorants ; on pouvoit croire qu'il craignoit de se mesurer avec le héros du nord, et toute sa gloire étoit en danger s'il laissoit échapper pour la seconde fois l'occasion de le combattre. Sa supériorité en hommes, quoique beaucoup moindre qu'elle n'avoit été au commencement du siége de Nuremberg, lui donnoit les plus grandes espérances, s'il réussissoit à engager le Roi dans une bataille avant sa jonction avec l'armée Saxone. Mais sa confiance n'étoit pas fondée sur le plus grand nombre de ses troupes autant que sur les assurances de son Astrologue Seni : celui-ci avoit lu dans les astres que le mois de novembre verroit finir la fortune du Monarque suédois. Il y avoit de plus entre Kambourg et Weissenfels des défilés formés par une chaîne de montagnes et le cours de la Saale, qui n'offroient à l'armée suédoise que le passage le plus difficile, et une poignée de monde suffisoit pour le fermer. Il ne restoit donc d'autre parti au Roi que de se hasarder dans ces défilés, ou de faire une retraite pénible par la Thuringe, et de perdre la plus grande partie de ses troupes dans un pays ravagé. La célérité avec laquelle Gustave-Adolphe prit possession de Naumbourg rompit tout ce calcul, et ce fut alors à Wallenstein lui-même d'attendre l'attaque.

Mais il se vit trompé dans cette attente. Le Roi, au lieu de marcher à sa rencontre jusqu'à Weissenfels, fit tous ses préparatifs pour se retrancher près de Naumbourg jusqu'à l'arrivée des renforts que le Duc de Lunebourg étoit sur le point de lui amener. Wallenstein étoit incertain s'il iroit au-devant du Roi par les défilés entre Weissenfels et Naumbourg, ou s'il resteroit inactif dans son camp; et pour recueillir les opinions de ses Généraux les plus expérimentés, il assembla un conseil de guerre. Aucun ne fut d'avis d'attaquer le Roi dans sa position avantageuse; et les mesures de Gustave, pour fortifier son camp, paroissoient indiquer clairement l'intention de s'y établir. Mais les approches de l'hiver ne permettoient pas non plus de continuer les opérations, et de fatiguer par des campemens continuels, une armée à qui le repos étoit si nécessaire. Tous demandèrent donc à terminer la campagne, d'autant plus que la ville importante de Cologne sur le Rhin étoit vivement menacée par les troupes hollandoises, et que les progrès de l'ennemi en Westphalie et sur le Bas-Rhin exigeoient dans ces contrées les plus puissants secours. Le Duc de Friedland reconnut la solidité de ces raisons. Convaincu, en quelque sorte, que l'on n'avoit aucune entreprise à craindre du Roi dans une saison aussi rigoureuse, il accorda à ses troupes les quartiers d'hiver, de manière, néanmoins, qu'elles pussent être rassemblées à l'instant, si l'ennemi contre toute attente, hasardoit une attaque. Le Comte de Pappenheim fut envoyé, à la tête d'une grande partie de l'armée, au secours de Cologne, avec ordre de se mettre, chemin faisant, en possession de Morisbourg, forteresse du pays de Halle. Des corps séparés prirent leurs quartiers d'hivers dans les villes les plus favorablement situées pour observer de tous côtés les mouvemens de l'ennemi. Le Comte de Collorédo garda le château de Weissenfels, et Wallenstein lui-même demeura avec le reste des troupes non loin de Mersebourg, entre le canal et la Saale ; il avoit intention de se porter de là sur Leipzig pour couper aux Saxons toute communication avec l'armée suédoise. Mais à peine Gustave-Adolphe eût-il appris le départ de Pappenheim, qu'il abandonna subitement son camp près de Naumbourg, pour aller avec toutes ses forces attaquer l'ennemi réduit à la moitié des siennes.

Il s'avança à marches forcées vers Weissenfels, d'où le bruit de son arrivée parvint bientôt jusqu'à l'ennemi, et causa au Duc de Friedland un étonnement sans égal. Mais il s'agissoit alors d'une prompte résolution, et le Duc eut bientôt pris ses mesures. Quoique l'on ne pût guère opposer que douze mille hommes à l'ennemi, fort de vingt mille, on voyoit cependant la possibilité de se maintenir jusqu'au retour de Pappenheim qui ne devoit être, au plus, éloigné que de cinq milles, en le supposant avancé jusqu'à Halle. Des couriers partirent à l'instant pour le rappeler, et Wallenstein se porta aussitôt dans la plaine qui s'étend entre le canal et Lutzen, où il attendit le Roi en ordre de bataille, le séparant, par cette position, de Leipzig et de l'armée Saxone.

Trois coups de canon que le Comte de Collorédo tira du château de Weissenfels, annoncèrent la marche du Roi, et à ce signal convenu, les avant-postes de Friedland, sous le commandement d'Isolani, Général des Croates, se rassemblèrent pour occuper les villages situés sur la Rippach. Leur foible résistance ne put arrêter l'ennemi qui passa près du village de Rippach la rivière de ce nom, et prit sa position au-dessous de Lutzen, vis-à-vis l'armée impériale. Le grand chemin de Weissenfels à Leipzig est coupé entre Lutzen et

Markranstadt par le canal qui se prolonge de Zeitz jusqu'à Mersebourg et réunit l'Elster avec la Saale. A ce canal s'appuyoit l'aile gauche des Impériaux et la droite du Roi de Suède, de manière cependant que la cavalerie des deux armées s'étendoit aussi sur l'autre rive. Vers le nord, derrière Lutzen, étoit campé l'aile droite de Wallenstein, et au sud de cette petite ville, l'aile gauche des Suédois. Les deux armées faisoient face au grand chemin qui passoit au milieu d'elles et séparoit les deux fronts de bataille. Mais la veille du combat, Wallenstein s'étoit emparé de cette route au grand désavantage de son adversaire ; il avoit fait approfondir les fossés qui la bordoient des deux côtés, et les avoit garnis de mousquétaires, ce qui en rendoit le passage très-difficile et non moins périlleux. Derrière eux s'élevoit une batterie de sept pièces de canons de gros calibre, destinée à soutenir le feu de la mousquèterie des fossés ; et vers les moulins à vent, derrière Lutzen, près de la ville, on avoit placé sur une hauteur quatorze pièces de campagne, qui pouvoient balayer une grande partie de la plaine. L'infanterie distribuée seulement en cinq grandes brigades, étoit en ordre de bataille à trois cents pas derrière le grand chemin, et la cavalerie couvroit les flancs. Tous les bagages furent renvoyés à

Leipzig pour ne pas gêner les manœuvres, et les chariots de munitions restèrent seuls en arrière de la ligne. Afin de cacher la foiblesse de l'armée, tous les valets eurent ordre de monter à cheval et de se joindre à l'aîle gauche, mais seulement jusqu'à l'arrivée de Pappenheim. L'obscurité de la nuit favorisa ces préparatifs, et avant le jour tout étoit prêt à recevoir l'ennemi.

Le même soir Gustave-Adolphe parut dans la plaine opposée pour faire ses dispositions. Il choisit le même ordre de bataille qui, un an auparavant, lui avoit valu la victoire près de Leipzig. De petits escadrons furent semés à travers l'infanterie, et des pelotons de mousquetaires distribuées çà et là parmi la cavalerie. L'armée entière formoit deux lignes, le canal à sa droite et derrière elle, le grand chemin en avant de son front, et la ville de Lutzen à sa gauche. Au centre étoit l'infanterie sous les ordres du comte de Brahé, la cavalerie sur les aîles et l'artillerie en avant. Un héros Allemand, le Duc Bernard de Weimar, commandoit la cavalerie Allemande de l'aîle gauche, et à la droite le Roi se mit en personne à la tête de ses Suédois, pour que la rivalité des deux peuples produisît entr'eux un défi de bravoure. Les mêmes dispositions furent observées dans la seconde ligne, et derrière elle étoit un corps de réserve sous le commandement de l'Écossais Henderson.

Ces dispositions faites, on attendit le jour pour commencer une lutte qui devoit son importance plutôt au long délai qu'elle avoit éprouvé qu'aux conséquences qu'elle pouvoit avoir, plutôt au choix qu'au nombre des troupes. L'attente de l'Europe trompée au camp devant Nuremberg alloit être satisfaite dans les plaines de Lutzen. Pendant tout le cours de cette longue guerre, jamais deux généraux semblables, doués de la même capacité, jouissant de la même considération, de la même gloire, n'avoient mesuré leurs forces en bataille rangée ; jamais l'audace n'avoit été intimidée par un pareil défi, jamais un prix aussi élevé n'avoit flatté l'espérance. Cette journée devoit montrer à l'Europe le premier de ses guerriers, et donner un vainqueur à celui qui n'avoit jamais été vaincu. Sur le Lech et près de Leipzig, étoit-ce le génie de Gustave-Adolphe ou l'impéritie seule de son adversaire qui avoit décidé le sort du combat ? c'étoit ce que cette journée alloit mettre hors de doute. L'époque étoit arrivée où le mérite de Friedland devoit justifier le choix de l'Empereur ; il falloit que la grandeur de l'homme contrebalançât la grandeur du prix qu'il avoit coûté. Chaque soldat jaloux de la réputation de son chef, la partageoit lui-même; sous chaque armure on retrouvoit les mêmes sentimens qui enflammoient l'ame du général. Si la victoire paroissoit incertaine, on étoit sûr du travail et du sang qu'elle alloit coûter au vainqueur comme au vaincu. Chacun connoissoit l'ennemi qui étoit en présence, et l'inquiétude que l'on combattoit en vain étoit le témoignage le plus glorieux de sa capacité.

Enfin paroît ce jour si redouté; mais un brouillard impénétrable suspend l'attaque jusqu'au moment où les armées peuvent se découvrir. Le roi se jette à genoux devant le front de bataille, toute l'armée suit son exemple et commence aussitôt un cantique touchant que la musique militaire accompagne. Alors Gustave-Adolphe monte à cheval, et vêtu seulement d'un habit de drap avec un collet de cuir, (les douleurs d'une ancienne blessure ne lui permettoient pas de porter la cuirasse) il parcourt les rangs, pour inspirer à ses braves troupes une sérénité et une confiance que son cœur plein de pressentiments démentoit lui-même. *Dieu avec nous* étoit le mot des Suédois, celui des Impériaux *Jesus Marie*. Environ à onze heures le brouillard commence à se dissiper et découvre l'ennemi. On voit en même temps les flammes de Lutzen que le Duc avoit fait incendier pour ne pas être

être tourné sur ce point. Alors retentit le signal de l'attaque ; la cavalerie s'élance contre l'ennemi, et l'infanterie marche vers les fossés.

Reçus par un feu terrible de mousqueterie et par celui de la grosse artillerie placée sur le revers, ces braves bataillons poursuivent leur attaque avec la même intrépidité ; les mousquetaires ennemis abandonnent leurs postes, les fossés sont franchis, on s'empare de la batterie même que l'on dirige sur-le-champ contre les Impériaux. Les Suédois pénètrent avec une impétuosité irrésistible ; la première des cinq brigades de Friedland est enfoncée, bientôt après la seconde, et déjà la troisième commence à tourner le dos, mais l'esprit toujours présent du Duc s'oppose aux progrès de l'ennemi. Avec la vivacité de l'éclair, il est là pour réparer le désordre de son infanterie, un mot de sa bouche arrête les fuyards. Soutenues de trois régimens de cavalerie, les brigades déjà battues font de nouveau face à l'ennemi, et pénètrent avec fureur dans ses rangs. Alors s'engage le combat le plus sanglant ; la proximité de l'ennemi ne permet plus l'usage de l'arme à feu, le temps de la charge est enlevé par la fureur de l'attaque, on combat homme à homme, l'arme à feu devenue inutile fait place à la pique et à l'épée, l'art à l'acharnement. Enfin les Suédois fatigués, vaincus par le nombre, plient jusqu'au-delà des fossés, et la batterie déjà une fois emportée est abandonnée dans cette retraite. Mille corps mutilés couvrent la plaine, et on n'a pas encore gagné un pouce de terrein.

Cependant l'aîle droite du Roi, conduite par lui-même, a attaqué l'aîle gauche de l'ennemi. Déjà le premier choc des cuirassiers Finlandois a dispersé les corps légers des Polonois et des Croates, et leur désordre porte aussi la frayeur et la confusion dans le reste de la cavalerie. A cet instant on annonce au Roi que son infanterie se retire au-delà des fossés, et que son aîle gauche inquiétée d'une manière terrible par l'artillerie des moulins commence également à plier. Avec la présence d'esprit la plus prompte, il charge le général Horn de poursuivre l'aîle de l'ennemi déjà battue, et part à la tête du régiment de Steinbock pour arrêter le désordre de son aîle gauche. Son fier coursier le porte comme un trait au-delà des fossés, mais le passage est plus difficile pour les escadrons qui le suivent, et quelques cavaliers seulement, parmi lesquels on nomme François-Albert, Duc de Saxe Lauenbourg, sont assez lestes pour demeurer à ses côtés. Il pousse directement vers l'endroit où son infanterie est assaillie avec le plus de fureur, et tandis qu'il jette ses regards autour de lui pour reconnaître dans l'armée ennemie un jour sur lequel il puisse diriger son attaque, sa vue courte le conduit trop près d'elle. Un caporal des Impériaux remarque que tout cède avec respect à celui qui s'avance le premier, et sur le champ il commande à un mousquetaire de le coucher en joue. « Tire sur celui-là, lui dit-il, ce doit être un homme d'importance »; le coup part et le Roi a le bras fracassé. Dans ce moment arrivent ses escadrons, et un cri confus, dans lequel ils ne distinguent que ces paroles : « *Le Roi saigne, le Roi a reçu un coup de feu !* » répand parmi eux l'horreur et l'effroi. « Ce n'est rien, suivez-moi ! » s'écrie Gustave en recueillant toutes ses forces ; mais vaincu par la douleur et prêt à s'évanouir, il prie, en langue française, le Duc de Saxe Lauenbourg de le tirer sans éclat de la foule. Tandis que celui-ci se porte avec le Roi vers l'aîle droite, en faisant un long détour pour dérober à l'infanterie découragée ce spectacle désolant, Gustave reçoit dans le dos un second coup qui lui enlève le reste de ses forces. « J'en ai assez, mon frère, dit-il d'une voix mourante, cherche seulement à sauver ta vie. » En même temps il tombe de cheval, et percé encore de plusieurs coups, abandonné de toute sa suite, il rend le dernier soupir entre les mains des Croates. Bientôt son cheval baigné de sang, fuyant seul dans la plaine, découvre à la cavalerie suédoise la perte de son Roi. Furieuse, elle accourt, elle pénètre pour arracher à l'avidité de l'ennemi ce dépôt sacré ; un combat meurtrier s'engage autour de son cadavre, et le corps défiguré est enséveli sous un monceau de morts.

Cette nouvelle terrible parcourt en peu de temps toute l'armée suédoise ; mais au lieu d'abattre le courage de ces braves cohortes, elle le renouvelle, elle l'échauffe, elle le porte jusqu'à la rage. La vie n'a plus de prix, depuis que la plus sacrée de toutes est perdue, la mort n'a plus rien d'effrayant depuis que la tête couronnée est tombée sous ses coups. Comme des lions furieux, les régimens Uplandois, Smaladois, Finlandois, ceux d'Ost et de Westgothie se précipitent pour la seconde fois sur l'aile gauche de l'ennemi, qui déjà n'oppose plus au général Horn qu'une foible résistance, et sa défaite est achevée. En même temps le Duc Bernard de Weimar se met à la tête de l'armée orpheline des Suédois que ses talens le rendent digne de commander, et l'esprit de Gustave-Adolphe conduit de nouveau ses bandes victorieuses. L'ordre est rétabli à l'aile gauche, le Duc Bernard enfonce la droite des Impériaux, et s'empare de l'artillerie des moulins qui avoit vomi sur les Suédois un feu si meurtrier. De son côté le centre de l'infanterie suédoise, sous la conduite de Bernard et de Kniphausen, marche de nouveau contre les fossés qu'elle franchit heureusement, et pour la seconde fois les sept canons sont emportés. Alors l'attaque recommence avec une nouvelle fureur contre les gros bataillons du centre ; leur résistance devient toujours plus foible, et le hasard même conspire avec la bravoure suédoise pour achever leur défaite. Le feu prend aux caissons des Impériaux, et, avec un fracas horrible, il fait voler dans les airs les grenades et les bombes. L'ennemi épouvanté se croit surpris par derrière, tandis que les brigades suédoises l'attaquent en front. Le courage l'abandonne; il voit son aile gauche battue, sa droite sur le point de succomber, son artillerie entre les mains des Suédois. La victoire est prête de se décider, le sort de cette journée ne dépend plus que d'un seul instant. Alors paroît Pappenheim, suivi de cuirassiers et de dragons. Tous les avantages remportés sont perdus, et une nouvelle bataille commence.

L'ordre qui rappeloit ce Général à Lutzen l'avoit atteint à Halle, tandis que ses soldats achevoient le pillage de cette ville. Il étoit impossible de rassembler l'infanterie avec la promptitude que demandoient l'urgence des ordres et l'impatience de ce guerrier. Sans l'attendre, il fait monter à cheval huit régimens de cavalerie, et accourt à toute bride vers Lutzen, afin de prendre part à la fête de cette journée. Il joint l'armée impériale assez tôt pour être témoin de la déroute de son aile gauche poursuivie par Gustave Horn, et dans le premier moment il s'y voit enveloppé lui-même. Mais sa présence arrêtant bientôt le désordre, il rallie les fuyards et les ramène à l'ennemi. Entraîné par son courage indomptable, impatient de combattre en personne le Roi même qu'il soupçonne à la tête de cette aile, il fond avec fureur sur les cohortes suédoises qui, fatiguées de la victoire et trop foibles en nombre, succombent sous ces flots d'ennemis après la plus vigoureuse résistance. L'apparition de Pappenheim que l'on n'osoit plus espérer ranime aussi le courage de l'infanterie impériale, et le Duc de Friedland profite du moment favorable pour reformer sa ligne. Les bataillons suédois serrés en masse sont repoussés dans un combat terrible jusqu'au-delà des fossés, et les canons deux fois perdus sont arrachés de leurs mains pour la seconde fois. Tout le régiment jaune, comme le plus excellent de ceux qui signalèrent dans cette sanglante journée leur valeur héroïque, étoit étendu sur le champ de bataille dans le même ordre qu'il avoit conservé avec tant d'intrépidité avant de périr. Le même sort tomba sur un régiment bleu que le Comte Piccolomini, à la tête de la cavalerie impériale, tailla en pièces après un combat furieux. Cet excellent Général renouvela sept fois son attaque, sept chevaux furent tués sous lui; percé de six coups de feu, il n'abandonna le champ de bataille que lorsque l'armée entière l'entraîna dans sa retraite. On vit le Duc lui-même, au milieu d'une pluie de balles, parcourir avec calme toutes ses divisions; il étoit présent partout, secourant le foible, applaudissant au brave, punissant le lâche de son regard imposant. Autour de lui, près de sa personne la mort exerce ses ravages, son manteau même est criblé de balles; mais les dieux vengeurs le couvrent aujourd'hui de leur égide, tandis qu'un autre fer se forge déjà pour le frapper: Wallenstein ne devoit pas terminer une vie coupable sur le lit d'honneur où Gustave-Adolphe venoit d'expirer.

Le même bonheur ne fut pas réservé à Pappenheim, le Télamon de l'armée, le plus redoutable soldat de la maison d'Autriche et de l'Eglise. Le desir brûlant de combattre le Roi corps à corps entraîna ce guerrier furieux au milieu de la mêlée la plus sanglante, là où il

se croyoit le plus sûr de rencontrer son généreux ennemi. Gustave n'avoit pas cherché avec moins d'ardeur à voir de près cet adversaire qu'il estimoit; mais tant d'animosité ne put être satisfaite, et la mort seule rapprocha les deux héros. Deux balles de mousquet traversèrent la poitrine de Pappenheim déjà couverte de cicatrices, et les siens furent obligés de l'arracher de force à cette scène de carnage. Tandis que l'on étoit occupé à le porter sur les derrières, un bruit confus perce jusqu'à son oreille, il croit entendre que celui qu'il cherchoit est étendu mort sur le champ de bataille. Lorsqu'on lui confirma cette nouvelle, tous ses traits s'épanouirent, et ses yeux s'enflammèrent pour la dernière fois. « Qu'on
» annonce donc au Duc de Friedland, dit-il,
» que je suis blessé et sans espérance, mais
» que je meurs content puisque l'ennemi im-
» placable de ma religion a péri le même jour
» que moi ».

Avec Pappenheim le bonheur des Impériaux disparut du champ de bataille. La cavalerie de l'aile gauche, déjà battue une fois, n'avoit été ralliée que par lui; à peine privée de ce guide victorieux, elle crut tout perdu, et assez foible pour désespérer, elle chercha son salut dans la fuite. Une pareille épouvante s'empara aussi de l'aile droite, à l'exception de quelques régimens que la bravoure de leurs Commandans Gœtz, Terzki, Kolloredo et Piccolomini força de faire tête à l'ennemi. L'infanterie suédoise saisit avec la plus prompte résolution ce moment d'épouvante. Afin de remplir les vuides que la mort avoit laissés dans le premier corps de bataille, les deux lignes se réunissent et hasardent enfin l'attaque décisive Pour la troisième fois, l'infanterie franchit les fossés, et pour la troisième fois les canons placés sur le revers tombent entre ses mains. Le soleil va terminer sa carrière et le choc des deux armées recommence. Près de sa fin le combat n'en devient que plus opiniâtre, les dernières forces luttent contre les dernières forces, l'adresse et la fureur font des efforts inouis pour reconquérir dans ces minutes précieuses une journée totalement perdue. En vain le désespoir élève chaque combattant au-dessus de lui-même, aucun ne sait vaincre, aucun ne sait céder; et la tactique n'épuise d'un côté tous ses moyens, que pour faire exécuter, de l'autre, des manœuvres que l'on n'a jamais apprises, jamais exercées. Enfin le brouillard et la nuit mettent au combat un terme que la fureur refuse de reconnoître, et l'attaque cesse parce que l'on ne peut plus trouver son ennemi. Un mouvement uniforme sépare les deux armées, les trompettes font entendre le signal consolant, et chacun, désavouant la défaite, disparoît de la plaine.

L'artillerie des deux armées y passa la nuit faute de chevaux; elle devoit être le prix et le gage de la victoire pour celui qui s'empareroit du terrain. Mais la précipitation avec laquelle le Duc de Friedland prit congé de Leipzig et de la Saxe, lui fit oublier ce qui lui appartenoit sur le champ de bataille. Peu de temps après la fin du combat, arriva sur le terrein même l'infanterie de Pappenheim forte de six régimens qui n'avoient pu suivre assez vîte leur Général. Quelques heures plutôt, ce renfort considérable eût vraisemblablement décidé la bataille à l'avantage de l'Empereur; en ce moment même elle eût encore pu sauver l'artillerie du Duc et enlever celle des Suédois. Mais il n'y avoit point d'ordres pour déterminer sa conduite, et, trop incertaine sur l'issue du combat, elle prit le chemin de Leipzig, où elle espéroit trouver l'armée.

Le Duc de Friedland qui y avoit fait sa retraite fut suivi le lendemain par les restes dispersés de ses troupes, sans artillerie, sans étendards et presque sans armes. Il paroît qu'après les efforts de cette journée sanglante, le Duc Bernard fit raffraichir les siens entre Lutzen et Weissenfels, assez près du champ de bataille, pour déjouer toutes les tentatives de l'ennemi, s'il cherchoit à s'en emparer. Plus de neuf mille hommes, des deux armées, restèrent sur la place, le nombre des blessés fut encore beaucoup plus considérable, et parmi les Impériaux surtout, il se trouva à peine un seul homme qui fut revenu sain et sauf du combat. Toute la plaine, depuis Lutzen jusqu'au canal, étoit couverte de blessés, de mourants et de morts. Des deux côtés, une grande partie de la Noblesse, la plus distinguée, avoit péri ; l'Abbé de Fulde même, qui s'étoit mêlé comme spectateur dans la bataille, paya de sa vie sa curiosité et son zèle pour sa croyance. L'histoire ne parle pas de prisonniers : nouvelle preuve de la fureur des deux armées, qui ne donna ni ne reçut de pardon.

Dès le lendemain Pappenheim mourut de ses blessures, à Leipzig. Perte irréparable pour l'armée impériale que ce brave guerrier avoit si souvent conduite à la victoire. La bataille de Prague, où il combattit comme Colonel en même-temps que Wallenstein, ouvrit la carrière de ce héros. Blessé dangereusement, il enfonça avec une poignée de monde un régiment ennemi par l'impétuosité de son courage, et resta quelques heures sur le champ de bataille confondu avec les morts et étendu sous le poids de son cheval, jusqu'à ce qu'enfin les siens arrivèrent au pillage et le découvrirent. A la tête de quelques troupes seulement, il vainquit dans trois batailles différentes les rébelles de la Haute-Autriche au nombre de quarante mille; il suspendit long-temps, par sa bravoure, la défaite de Tilly, près de Leipzig, et fit triompher les armes impériales sur l'Elbe et le Véser. La fougue de son courage que le péril le plus évident n'effraya jamais, que l'impossible même pouvoit à peine dompter, en faisoit le bras le plus redoutable du Général, mais le rendoit incapable de commander lui-même une armée en chef. Son ardeur et son impétuosité, si l'on en croit Tilly, perdirent la bataille de Leipzig. Il ensanglanta aussi ses mains au sac de Magdebourg. Son esprit cultivé dès l'enfance, par l'étude, développé et enrichi par des voyages nombreux, donnoit les plus belles espérances; mais abandonné dans les camps, il en adopta la rudesse. On appercevoit sur son front deux taches rouges en forme d'épées, dont la nature l'avoit marqué dès sa naissance. Ces taches paroissoient encore dans ses dernières années, toutes les fois que son sang étoit agité par une passion quelconque, et la superstition se persuada aisément que la vocation future de l'homme étoit déjà désignée sur le front de l'enfant. Un pareil serviteur avoit les prétentions les mieux fondées à la reconnoissance de la maison d'Autriche ; mais il vécut trop peu pour en recevoir la marque la plus éclatante. Déjà le courier qui lui apportoit de Madrid l'ordre de la Toison-d'or étoit parti, lorsque la mort enleva le héros près de Leipzig.

On chanta le *Te Deum* pour cette victoire dans tous les pays autrichiens et espagnols ; cependant Wallenstein avoua ouvertement et hautement sa défaite, par la précipitation avec laquelle il abandonna Leipzig, bientôt après toute la Saxe, et renonça aux quartiers d'hiver dans ce pays. Il fit, à la vérité, une foible tentative pour dérober en quelque sorte l'honneur de la victoire, et envoya le lendemain ses Croates roder sur le champ de bataille ; mais la vue de l'armée suédoise, qui y étoit sous les armes, dissipa en un instant ces bandes de fuyards, et le Duc Bernard, en s'emparant du terrein, prit une possession incontestable de tous les droits du vainqueur.

Cependant la fureur du combat est enfin calmée, et alors pour la première fois on sent toute la grandeur de sa perte ; aux cris de joie des vainqueurs succède le silence du désespoir. Celui qui les avoit conduits au combat ne les a pas ramenés après la victoire. Il est là sur le théâtre de son triomphe, confondu dans la foule des morts. Après des recherches long-temps inutiles, on découvre enfin le corps du Roi, non loin de la grosse pierre que l'on voit entre le canal et Lutzen, et qui, depuis la catastrophe mémorable de cette journée, porte le nom de pierre des Suédois. Défiguré par le sang et les blessures jusqu'à être méconnoissable, foulé par les chevaux, dépouillé de ses habits et de ses ornemens par des mains sacriléges, il est tiré d'un monceau de morts, porté à Weissenfels et livré aux sanglots de ses troupes et aux derniers embrassemens de son épouse. La vengeance avoit commandé le premier tribut, et des flots de sang devoient couler pour appaiser les mânes du *Monarque*; maintenant l'amour rentre dans ses droits, et verse pour *l'homme* ces larmes de regrets si douces à répandre. La douleur universelle absorbe toute autre souffrance. Encore interdits du coup qui les aterre, les Généraux saisis de stupeur se tiennent dans le silence autour de son cercueil, et aucun n'ose contempler les traces sanglantes que le feu de l'ennemi laissa sur ce corps adoré.

L'Empereur, rapporte Khevenhiller, témoigna, à la vue du collet ensanglanté qu'on avoit enlevé au Roi dans la bataille et envoyé à Vienne, une émotion de bienséance qui vraisemblablement aussi partoit de son cœur. « J'aurois volontiers accordé, s'écria-t-il, une » plus longue vie à ce malheureux Prince et

» la satisfaction de revoir ses Etats, si la paix
» eût été rétablie en Allemagne. » Mais lorsqu'un écrivain moderne, d'un mérite reconnu,
trouve digne des plus grands éloges cette
preuve si simple de l'humanité la plus commune, ce sentiment que la bienséance seule
exige, que le seul amour-propre arrache aux
cœurs les plus insensibles, dont le contraire
ne se trouvera jamais que dans une ame atroce;
lorsqu'il met ce sentiment à côté de la générosité d'Alexandre envers la mémoire de Darius, il nous donne bien peu de confiance
dans le mérite de son héros, ou ce qui est
pire encore, dans ses propres opinions sur la
dignité morale de l'homme. Mais un pareil
éloge est déjà beaucoup pour celui que l'on
se trouve forcé à laver du soupçon d'un
régicide.

Il étoit difficile que l'attachement des hommes pour le merveilleux laissât au cours ordinaire de la nature la gloire d'avoir terminé
la vie d'un Gustave-Adolphe. La mort de cet
adversaire redoutable étoit pour l'Empereur un
événement trop intéressant pour ne pas faire
naître, chez un parti adverse, cette idée si
facile à concevoir, que ce qui étoit nécessaire
à Ferdinand avoit été préparé par lui. Mais
pour l'exécution de ce forfait abominable,
l'Empereur avoit besoin d'un bras étranger,

et on crut aussi l'avoir trouvé dans la personne de François-Albert, Duc de Saxe-Lauenbourg. Son rang lui donnoit un accès libre auprès du Roi, et sa dignité le mettoit au-dessus du soupçon de tout acte déshonorant. Il suffira donc de montrer que ce Prince étoit capable d'un pareil attentat, et qu'il avoit des motifs suffisans pour l'exécuter.

François-Albert, le plus jeune des quatre fils de François second, Duc de Lauenbourg, et allié par sa mère à la maison royale de Vasa, avoit dans sa jeunesse reçu à la cour de Suède l'accueil le plus flatteur. Une légèreté qu'il se permit dans l'appartement de la reine mère envers Gustave-Adolphe, lui attira, dit-on, de cet ardent jeune homme un soufflet dont Gustave se repentit sur-le-champ, et pour lequel il s'imposa même la réparation la plus complette. Mais cette offense laissa dans l'ame vindicative du Duc le germe d'une inimitié implacable. François-Albert passa ensuite au service impérial où il eut un régiment ; il contracta la liaison la plus étroite avec le Duc de Friedland, et se prêta même dans une négociation avec la cour de Saxe à un rôle qui faisoit peu d'honneur à son rang. Sans pouvoir en donner une raison satisfaisante, il abandonne subitement les étendards autrichiens et paroît à Nuremberg dans le camp du Roi pour lui offrir ses services en qualité de volontaire.

lontaire. Par son zèle pour la cause des protestans, par ses manières insinuantes, il gagne le cœur de Gustave qui, malgré les représentations d'Oxenstiern, prodigue sa faveur et son amitié à cet étranger suspect. Bientôt après se donne la bataille de Lutzen, pendant laquelle François-Albert s'attache comme un mauvais génie aux côtés du Monarque, et ne s'en sépare que lorsque le Roi est étendu sur le champ de bataille. Au milieu des balles ennemies il demeure sain et sauf, parce qu'il porte une écharpe verte, couleur des Impériaux. Il est le premier qui annonce la mort du Roi à son ami le Duc de Friedland. Aussitôt après cette bataille, il passe du service suédois à celui de Saxe, et arrêté au moment de l'assassinat de Wallenstein comme complice de ce général, il n'échappe au glaive des bourreaux qu'en abjurant sa croyance; enfin il paroît de nouveau comme commandant en chef d'une armée impériale en Silésie et meurt de ses blessures devant Schveidnitz. Il faut effectivement se faire quelque violence pour défendre l'innocence d'un homme qui a parcouru une semblable carrière; mais quoique la possibilité morale et physique d'une action aussi abominable se puise dans les faits mêmes que nous avons rapportés, on voit cependant, dès le premier coup-d'œil, qu'ils ne donnent aucun droit de conclure sur son exécution. Il est connu que

Tome II. L

Gustave-Adolphe s'exposoit comme le dernier de ses soldats : où des milliers d'hommes périssoient, comme un autre il pouvoit trouver la mort. La manière dont elle le frappa est restée enveloppée dans une obscurité impénétrable ; mais ici plus que nulle part, on doit appliquer cette maxime, de ne jamais dégrader la dignité de la nature humaine par une accusation morale, toutes les fois que le cours naturel des choses suffit pour fournir un entier éclaircissement.

L'histoire bornée si souvent à l'occupation ingrate de développer le jeu uniforme des passions, offre quelquefois à nos yeux un de ces événemens inattendus, de ces coups éclatants avec lesquels le destin se plaît à rompre tout le calcul des entreprises humaines, et renverse tous les projets de l'orgueil ou de l'ambition. L'homme, à la vérité, se voit avec peine interrompu dans sa marche par l'intervention soudaine de cette puissance ; mais, sans accord avec lui, sans ménagement pour sa frêle création, elle poursuit son but avec hardiesse et souvent ravage le travail pénible d'un âge entier.

C'est ainsi qu'agit le moment où Gustave-Adolphe disparoît de la scène ; sa chûte arrête tous les ressorts de la machine politique, elle rompt tous les calculs de la sagesse humaine.

Hier encore l'esprit vivifiant, le grand, le seul moteur de sa création, aujourd'hui abattu dans son vol rapide, arraché à un monde de projets, enlevé à des espérances qui alloient atteindre leur maturité, il laisse son parti désolé, il le laisse orphelin, et l'édifice orgueilleux de sa grandeur tombe avec lui. Mais ce n'étoit plus le bienfaiteur de l'Allemagne qui périt près de Lutzen. Gustave-Adolphe avoit terminé la moitié bienfaisante de sa carrière, et le plus grand service qu'il puisse encore rendre à la liberté de l'Empire germanique, c'est de mourir. Le pouvoir d'un seul, ce pouvoir qui absorboit toute autre puissance, vient de se briser, et la multitude essaie alors ses forces. L'appui équivoque d'un protecteur assuré de sa prépondérance, fait place à la défense plus glorieuse que les Princes entreprennent eux-mêmes: jusqu'alors instrumens passifs de son aggrandissement, ils commencent pour la première fois à travailler pour eux. Ils cherchent dans leur propre courage des ressources qui ne sont jamais reçues sans danger de la main du plus fort, et la puissance suédoise, mise hors d'état de dégénérer en puissance oppressive, rentre dans les bornes modestes d'une simple alliée.

Il est notoire que l'ambition du Monarque Suédois aspiroit à une possession fixe au centre de l'Empire Germanique, et à une autorité incompatible avec la liberté des Etats. Son but étoit le trône impérial; et cette dignité appuyée de ses forces, exercée avec son activité, étoit exposée dans ses mains à de bien plus grands abus qu'on ne pouvoit en redouter de la maison d'Autriche. Né chez l'étranger, élevé dans les maximes du pouvoir absolu, livré à une piété fanatique qui le rendoit l'ennemi déclaré des Catholiques, il n'étoit guères propre à conserver l'arche sacrée de la constitution germanique, et à respecter la liberté des Etats. Le serment scandaleux que l'on fit prêter par la ville impériale d'Augsbourg, ainsi que par plusieurs autres, à la couronne suédoise, annonçoit moins le protecteur de l'Empire que son conquérant; et cette ville, plus fière du titre de ville royale que de la prérogative glorieuse de sa liberté constitutionnelle, se flattoit déjà de devenir le siège du nouvel empire. Les vues trop peu dissimulées du Roi sur l'archevêché de Mayence, qu'il destina d'abord à l'électeur de Brandebourg, (1) et ensuite à Oxenstiern son chancelier et son ami, ne laissoient aucun doute sur ce qu'il étoit capable de se permettre contre la constitution germanique. Les Princes protestans ses alliés avoient à sa reconnoissance des prétentions qui

---

(1) L'Archevêché de Mayence devoit dans ce cas servir de dot à sa fille Christine.

ne pouvoient être satisfaites qu'aux dépens de leurs co-États, et sur tout des fondations ecclésiastiques immédiates. Peut-être même avoit-il déja formé le plan de considérer les provinces conquises comme une prise faite en commun, et de les partager entre ses compagnons d'armes Allemands et Suédois, à l'exemple de ces hordes barbares qui inondèrent l'Empire romain. Dans sa conduite envers l'Electeur palatin, il démentit absolument la générosité du héros et le caractère sacré de protecteur. Le Palatinat étoit entre ses mains, et les devoirs de la justice aussi bien que de l'honneur exigeoient qu'il remît intacte à son possesseur légitime cette province enlevée aux Espagnols. Mais par une subtilité indigne d'un grand homme, et qui déshonore le nom si beau de défenseur des opprimés, Gustave sut éluder cette obligation. Il considéra le Palatinat comme une conquête qui avoit passé des mains de l'ennemi dans les siennes, et crut d'après cela pouvoir en disposer selon ses desirs. Par grace donc et non par sentiment de son devoir, il le céda à l'Electeur palatin, mais comme fief de la couronne suédoise, à des conditions qui lui ôtoient la moitié de sa valeur, et réduisoient ce Prince à l'état méprisable de son vassal. Une de ces conditions qui prescrit à l'Electeur palatin « de contribuer à entretenir une » partie des forces militaires suédoises après la

» fin de la guerre, conformément à l'exemple
» des autres Princes » nous indique assez clairement le sort réservé à l'Allemagne, si le bonheur du Roi ne se fût pas démenti. La mort précipitée de Gustave assura à l'Empire germanique sa liberté, et à lui-même la pureté de sa gloire, si toutefois elle ne lui épargna pas la mortification de voir ses alliés armés contre lui, et de perdre tous les fruits de ses victoires dans une paix désavantageuse. Déja la Saxe songeoit à déserter son parti; le Danemarck voyoit sa grandeur avec inquiétude et jalousie; et la France même, son allié le plus important, effrayée de la fierté de son langage et de l'accroissement formidable de sa puissance, chercha, dès son passage du Lech, quelques alliances étrangères qui pussent arrêter le Goth dans sa marche triomphante, et rétablir l'équilibre des forces en Europe.

LIVRE QUATRIEME.

Gustave-Adolphe avoit eu peine à entretenir l'union parmi les membres protestans de l'Empire, et ce foible lien se rompit à sa mort. Il falloit alors, ou que les alliés revinssent isolément à leur ancienne liberté, ou qu'ils formassent une nouvelle confédération. Le premier parti leur faisoit perdre tous les avantages qu'ils avoient acquis au prix de leur sang, et les exposoit au danger inévitable de devenir la proie d'un ennemi que leur union seule les avoit mis en état d'arrêter ou de vaincre. Ni la Suède, ni aucun État de l'Empire ne pouvoit séparément tenir tête à la Ligue et à l'Empereur; et, rechercher la paix dans de pareilles conjonctures, c'étoit se faire dicter la loi par l'ennemi. La réunion se présentoit donc comme la première mesure indispensable pour faire la paix ainsi que pour continuer la guerre. Mais une paix demandée dans un pareil état de choses ne pouvoit se faire qu'au préjudice des puissances alliées. A la mort de Gustave-Adolphe l'ennemi conçut de nouvelles espérances, et quelque fâcheuse que fût la position de l'Empereur après la bataille de Lutzen, la mort de son adversaire le plus redoutable étoit un événement trop favorable à ses intérêts, et trop préjudiciable à ses ennemis pour ne pas le flatter de l'avenir le plus brillant, et l'engager à la continuation de la guerre. La division entre les alliés devoit, au moins pour le moment, en être une suite inévitable, et combien l'Empereur et la Ligue ne gagnoient-ils pas à une pareille division. Ferdinand ne pouvoit pas sacrifier d'aussi belles espérances à une paix, où la plûpart des avantages ne seroient pas de son côté, et une paix de cette nature ne pouvoit être le vœu des alliés. On se résolut donc à la continuation de la guerre, et la réunion fut reconnue comme le moyen le plus indispensable pour y réussir.

Mais comment renouveler cette réunion, et où prendre des forces pour combattre? Ce n'étoit pas la puissance du royaume de Suède, ce n'étoient que le génie de son dernier Souverain, la considération accordée à sa personne qui avoient donnés à Gustave-Adolphe une influence aussi prépondérante en Allemagne, et un empire décisif sur tous les esprits. Encore n'avoit-il réussi qu'après des difficultés incroyables à établir une union foible et incertaine entre les Etats de l'Empire. Avec lui disparut tout ce que lui seul et ses qualités personnelles avoient rendu possible, et l'obligation, qui enchaînoit les états, cessa avec les espérances sur lesquelles elle s'étoit fondée. Plusieurs d'entr'eux secouent impatiemment un joug qu'ils portoient avec répugnance ; d'autres se hâtent de saisir le timon des affaires qu'ils avoient vu à regret entre les mains de Gustave, mais sans avoir pu le lui disputer de son vivant ; d'autres écoutent les promesses séduisantes de l'Empereur ; d'autres enfin, abattus par les calamités d'une guerre de quatorze ans, perdent courage, et ne soupirent qu'après la paix, quelque désastreuse qu'elle puisse être. Les Généraux de l'armée, la plûpart Princes allemands, ne reconnoissent aucun chef, aucun ne veut s'abaisser à recevoir les ordres d'un autre. La bonne intelligence disparoît dans le cabinet comme dans les camps, et cet esprit de division menace la chose publique des plus grands malheurs.

Gustave n'ayant pas laissé d'enfant mâle, sa fille Christine, âgée de six ans, lui succédoit au trône. Les inconvénients inévitables d'une régence ne s'accordoient guères avec la vigueur, la résolution et la fermeté que la Suède devoit montrer à cette époque inquiétante. Gustave-Adolphe, par la supériorité de son génie, venoit de porter cet état aussi foible qu'obscur à un degré de grandeur qui l'accabloit ; il venoit de lui assigner parmi les puissances de l'Europe un rang qu'il pouvoit difficilement soutenir sans la fortune et le génie de son créateur, et d'où cependant il ne pouvoit descendre sans l'aveu d'impuissance le plus déshonorant. Quoique la guerre d'Allemagne se fût faite en grande partie avec les forces de l'Allemagne, les foibles secours que la Suède avoit fournis de son propre fonds en hommes et en argent, menaçoient déjà de perdre ce royaume dénué de ressources, et le cultivateur succomboit sous les charges qu'on étoit forcé d'accumuler sur lui. Le butin fait en Allemagne enrichissoit quelques particuliers nobles ou militaires, mais la Suède restoit pauvre comme auparavant. A la vérité, le sujet flatté de tant de gloire avoit oublié momentanément tous les maux de l'oppression : il avoit pu regarder les impôts comme un emprunt qui rapportoit des intérêts immenses dans l'heureuse main de Gustave-Adolphe, et qui, après une paix glorieuse, seroit remboursé avec usure par le Monarque reconnoissant. Mais cette espérance disparut à la mort du Roi, et le peuple désabusé demanda avec un accord effrayant la diminution de ses charges.

Cependant le génie de Gustave-Adolphe repose encore sur les hommes auxquels il confia l'administration du royaume. Quelque terrible que soit pour eux la nouvelle de sa mort, elle ne peut ébranler leur courage, et le génie de l'ancienne Rome, sous Brennus et Annibal, anime cette auguste assemblée. Plus il en a coûté pour obtenir les avantages dont on est en possession, moins on peut se résoudre à y renoncer volontairement ; on ne peut supporter cette idée : que la vie d'un Roi ait été sacrifiée inutilement pour l'Etat. Le Sénat de Suède forcé de choisir entre les calamités d'une guerre incertaine et ruineuse et une paix utile mais déshonorante, prend courageusement le parti du péril et de l'honneur ; et l'on voit avec étonnement, mais avec plaisir, ce Sénat vénérable montrer toute la vigueur de la jeunesse. Entouré d'ennemis au dedans et au dehors, menacé sur toutes ses frontières, il s'arme contre tous avec autant d'habilité que d'héroïsme ; il travaille à l'aggrandissement du royaume, tandis qu'il peut à peine en soutenir l'existence.

La mort du Roi et la minorité de sa fille Christine firent renaître les anciennes prétentions de la Pologne au trône de Suède, et le Roi Ladislas, fils de Sigismond, n'épargna rien pour gagner par ses négociations un parti dans ce royaume. Aussi le premier soin du sénat fut-il de proclamer Souveraine la Reine âgée de six ans, et de régler les affaires de la régence. Tous les officiers du royaume sont tenus de prêter serment à la nouvelle Princesse; toute correspondance avec la Pologne est interrompue, et les déclarations du dernier Roi contre Sigismond sont confirmées par un acte solemnel. Le traité d'amitié est renouvelé auprès du Souverain de Moscou, afin d'en imposer à la Pologne par les armes du Czar. La mort de Gustave-Adolphe avoit appaisé la jalousie du Dannemarck et dissipé les inquiétudes qui s'opposoient à la bonne intelligence entre ces voisins. Les sollicitations de l'ennemi pour armer Christian IV contre la Suède, ne sont plus écoutées, et le desir sérieux de marier son fils Ulrich avec la jeune Reine s'unit aux principes d'une sage politique, pour lui faire garder la neutralité. En même-temps l'Angleterre, la Hollande, la France vont au devant du sénat avec les propositions les plus satisfaisantes. Amitié, secours, tout lui est promis; et elles l'engagent unanimement à continuer avec vigueur une guerre faite avec gloire. Autant on avoit eu de raison en France pour se féliciter de la mort du conquérant suédois, autant on sentit la nécessité d'entretenir alors l'alliance avec la Suède. Si on laissoit tomber cette puissance en Allemagne, où le défaut de moyens la forceroit à une paix précipitée et désavantageuse avec l'Autriche, et alors tous les efforts qu'il en avoit coûté pour mettre des bornes à cette puissance dangereuse, étoient perdus; ou la nécessité et le désespoir apprendroient aux armées à trouver des moyens de subsistance dans les pays des Electeurs catholiques, et alors la France devenoit traître à ces états qui s'étoient soumis à sa protection. La mort de Gustave-Adolphe, loin de rompre les liaisons de cette couronne avec la Suède, les avoit donc rendues beaucoup plus nécessaires pour les deux états, et d'autant plus utiles pour la France. Dès lors qu'il n'existoit plus celui qui avoit couvert l'Allemagne de son bras et assuré les frontières de cet empire contre l'ambition de la France, celle-ci pouvoit poursuivre sans obstacles ses projets sur l'Alsace, et mettre un prix d'autant plus élevé à l'appui qu'elle prêtoit aux Protestans d'Allemagne.

Renforcé par ces alliances, assuré au dedans, défendu au dehors par de bonnes garnisons et des flottes respectables, le Sénat n'hésite pas un instant à continuer une guerre où la Suède n'exposoit qu'une foible partie de ses domaines, tandis que, si la fortune couronnoit ses armes, elle devoit gagner une province germanique à titre de conquête ou de dédommagement. Libre sur ses mers, elle ne risquoit guères plus à être forcée d'abandonner le territoire germanique qu'à se retirer de plein gré ; et l'un étoit aussi glorieux que l'autre étoit déshonorant. Plus on montroit de vigueur, plus on inspiroit de confiance aux alliés, de respect aux ennemis, plus on pouvoit se flatter d'obtenir à la paix des conditions avantageuses. Si l'on se trouvoit trop foible pour exécuter les vastes projets de Gustave, on devoit au moins à ce sublime modèle de faire les derniers efforts pour y réussir, et de ne reconnoître d'autre obstacle que la nécessité. Malheureusement, l'intérêt eut trop de part à cette belle résolution pour qu'il nous soit permis de l'admirer sans réserve. Rien n'étoit sûrement plus facile que d'opiner pour la continuation de la guerre à ceux qui s'y enrichissoient au lieu de souffrir de ses calamités ; car, au résultat, l'Empire germanique seul en payoit les frais, et si l'on obtenoit les provinces sur lesquelles on avoit des vues, elles se trouvoient acquises d'une manière assez peu coûteuse par le petit nombre de troupes que désormais on alloit employer, par l'avantage de mettre des généraux à la tête de la plupart des armées allemandes, enfin par l'honneur de diriger les opérations militaires et les négociations.

Mais cette direction ne s'accordoit pas avec l'éloignement où la régence se trouvoit du théâtre de la guerre, et avec la lenteur que les formes entraînent nécessairement dans les affaires traitées par des collèges. Il falloit donc que l'on confiât à un seul individu, doué d'un vaste génie, le pouvoir de veiller en Allemagne aux intérêts de la Suède, de décider sur la guerre et la paix, sur les alliances et les conquêtes. Ce magistrat important devoit être revêtu d'un pouvoir dictatorial et de toute la considération de la couronne qu'il représentoit ; c'étoit le seul moyen d'en soutenir la dignité, de mettre de l'ensemble dans les opérations, de donner du poids à ses ordonnances, et de remplacer sous tous les rapports le monarque auquel il succédoit. Il falloit un tel homme, et on le trouva dans la personne d'Oxenstiern, chancelier, premier ministre, et, ce qui dit encore plus, ami du feu roi. Initié dans tous les mystères de son maître, familiarisé avec les affaires d'Allemagne, instruit de toutes les relations politiques de l'Europe, il étoit sans contredit l'instrument le plus propre à exécuter dans toute son étendue le plan de Gustave-Adolphe.

Oxenstiern avoit entrepris un voyage vers la Haute-Allemagne, pour y convoquer les quatres cercles supérieurs, lorsqu'il apprit à Hannau la mort de son Roi. Ce coup terrible, en perçant le cœur sensible de l'ami, priva l'homme d'état de toutes ses facultés. L'objet, à qui son ame entière s'étoit attachée sans réserve, venoit de lui être ravi. La Suède n'avoit perdu qu'un Roi, l'Allemagne qu'un protecteur ; Oxenstiern avoit perdu l'auteur de sa fortune, l'ami de son cœur, le créateur de toutes les idées brillantes dont se repaissoit son imagination. Mais, frappé plus que personne du malheur universel, il fut aussi le premier qui se releva par ses propres forces, comme il étoit le seul qui pût le réparer. Son œil pénétrant vit tous les obstacles qui s'opposoient à l'exécution de ses projets : l'abattement des états, les intrigues des cours ennemies, la division des alliés, la jalousie des chefs, la répugnance des princes de l'Empire à laisser la conduite des opérations entre des mains étrangères. Mais ce même regard qui lui découvroit toute la grandeur du mal, lui montra aussi les moyens d'en triompher. Il s'agissoit de relever le courage des plus foibles Etats de l'Empire, de déjouer les machinations de l'ennemi, de ménager la jalousie des alliés les plus importans, d'engager les puissances amies, particulièrement la France, à prêter un appui vigoureux, mais avant tout, de rassembler les débris de la confédération germanique, et de réunir les forces du parti par un lien ferme et durable. L'alarme que la perte de leur chef causa à tous les Protestans

testans d'Allemagne pouvoit aussi bien les porter à une alliance plus étroite avec la Suède, qu'à une paix précipitée avec l'Empereur, et la conduite que l'on alloit tenir devoit produire l'un ou l'autre effet. Tout étoit perdu si on laissoit appercevoir du découragement; l'assurance que l'on témoigneroit pouvoit seule inspirer aux Allemands une noble confiance. Toutes les tentatives de la cour de Vienne pour enlever ceux-ci à l'alliance de la Suède, manquoient leur but, aussitôt qu'on les éclairoit sur leurs véritables intérêts, et qu'on les portoit à une rupture ouverte et formelle avec l'Empereur.

Avant que ces mesures fussent prises et les points essentiels réglés entre le Gouvernement et son ministre, l'armée Suédoise perdit, il est vrai, un tems précieux dont l'ennemi tira des avantages importans. L'Empereur pouvoit alors renverser la puissance suédoise en Allemagne, si les sages avis du Duc de Friedland eussent trouvé accès auprès de lui. Wallenstein lui conseilla de proclamer une amnistie absolue, et de faire aux Etats protestans des propositions avantageuses. Dans le premier effroi que causa à tout leur parti la mort de Gustave-Adolphe, une pareille déclaration auroit produit l'effet le plus décisif. Mais, ébloui par un coup de fortune aussi imprévu, entraîné par les instigations de l'Espagne, il attendit de ses armes une issue plus brillante, et, au lieu de prêter l'oreille aux projets de médiation qui lui furent offerts, il se hâta d'augmenter ses forces. L'Espagne enrichie par la dixme des biens ecclésiastiques que le Pape venoit de lui accorder, fit à Ferdinand des avances considérables ; elle négocia pour lui auprès de la cour de Saxe et leva précipitamment en Italie des troupes destinées pour l'Allemagne. L'Electeur de Bavière augmenta également les forces de son armée, et, tandis que la fortune donnoit aux événemens une tournure aussi heureuse, l'esprit turbulent du Duc de Lorraine ne lui permit pas de rester dans l'inaction. Mais si l'ennemi se montroit empressé de profiter du malheur de la Suède, Oxenstiern ne négligeoit rien pour en prévenir les conséquences.

Moins inquiet des projets de l'ennemi que de la jalousie des puissances alliées, il abandonna la Haute-Allemagne dont il se croyoit assuré par les conquêtes et les alliances, et partit en personne pour détourner les états de la Basse-Allemagne d'une défection totale, ou d'une confédération particulière entr'eux : événement qui n'eût pas été moins fatal à la Suède. L'Electeur de Saxe, blessé du ton décisif avec lequel le chancelier s'approprioit la conduite des affaires, étoit révolté par la seule idée de recevoir ses instructions d'un gentilhomme suédois, et travailloit de nouveau à une séparation dangereuse ; il n'étoit question que de savoir si l'on s'accommoderoit entièrement avec l'Empereur, ou si l'on se mettroit à la tête des Protestans pour former un troisième parti en Allemagne. Le Duc Ulrich de Brunswick qui entretenoit de pareils sentimens, les mit assez clairement au jour en interdisant aux Suédois les enrôlemens sur son territoire, et en convoquant les états de Basse-Saxe à Lunebourg, pour former une confédération entr'eux. L'Electeur de Brandebourg seul, jaloux de l'influence que l'Electeur de Saxe devoit acquérir dans la Basse-Allemagne, témoigna quelque intérêt pour la couronne de Suède qu'il croyoit déjà voir sur la tête de son fils. Oxenstiern reçut, il est vrai, à la cour de Jean George l'accueil le plus distingué ; mais il ne put obtenir de ce Prince que des promesses insignifiantes, malgré la médiation personnelle de l'Electeur de Brandebourg. Ses démarches eurent un meilleur succès auprès du Duc de Brunswick envers lequel il se permit un langage plus hardi. La Suède étoit alors en possession de l'archevêché de Magdebourg, dont le Souverain avoit le droit de convoquer le cercle de Basse-Saxe. Le Chancelier soutint le droit de sa couronne, et, par cet heureux emploi de sa puissance, Oxenstiern prévint pour cette fois l'assemblée dangereuse dont il étoit menacé. Mais il manqua le but principal de son voyage, celui de tous les efforts qu'il fit dans la suite, et la confédération générale des Protestans échoua pour toujours. Il fallut donc se contenter de quelques alliances particulières et incertaines dans les cercles de Saxe, et des secours encore plus foibles de la Haute-Allemagne.

Les forces considérables que les Bavarois avoient sur le Danube empêchant que l'on ne pût tenir à Ulm l'assemblée des quatre cercles supérieurs, elle fut transférée à Heilbron où se trouvèrent les députés de plus de douze villes impériales et une foule de Docteurs, de Comtes et de Princes. Les puissances étrangères, la France, l'Angleterre et la Hollande députèrent aussi à cette convention, et Oxenstiern y parut avec toute la pompe de la couronne dont il devoit soutenir la majesté. Il prit lui-même la parole et eut l'initiative dans la marche des délibérations. Après avoir obtenu de tous les Etats assemblés l'assurance d'une fidélité inébranlable, de leur persévérance et de leur union, il demanda qu'ils eussent à se déclarer formellement et solemnellement ennemis de l'Empereur et de la Ligue. Mais si l'intérêt de la Suède étoit de porter jusqu'à une rupture ouverte la mauvaise intelligence qui existoit entre l'Empereur et les Etats, ceux-ci dévoient craindre de perdre par ce pas décisif tout espoir de réconciliation, et de se mettre ainsi à la discrétion des Suédois. Ils trouvèrent donc qu'une déclaration de guerre formelle étoit inutile et superflue, puisque le fait parloit déjà assez clairement par lui-même; et la fermeté de leur refus réduisit le Chancelier au silence. Le troisième et principal point des délibérations occasionna encore de plus vifs débats. Il s'agissoit de déterminer les moyens de continuer la guerre, et de fixer les subsides à fournir par les états pour l'entretien des armées. La maxime favorite d'Oxenstiern étoit de rejeter autant que possible sur les états germaniques toutes les charges communes; celle des états, de donner aussi peu que possible. Le Chancelier suédois sentit donc en cette occasion la dure vérité que trente Empereurs avoient déjà reconnue avant lui : c'est que de toutes les entreprises épineuses, la plus difficile est de tirer de l'argent des Allemands. Au lieu de lui consentir les sommes nécessaires à la levée de nouvelles troupes, on lui exposa avec une éloquence pompeuse tous les maux causés par les armées déjà existantes; au lieu de se soumettre à de nouvelles charges, on exigea la diminution des anciennes. La mauvaise humeur que produisit chez les Etats cette demande d'argent, enfanta mille griefs; et les désordres des troupes, pendant leurs marches et leurs cantonnemens, furent peints avec une vérité effrayante.

Oxenstiern avoit eu au service de deux Princes absolus peu d'occasion de s'habituer aux formalités, à la marche mesurée des opérations républicaines, et d'exercer sa patience à la contradiction. Prêt à agir du moment qu'il en apperçoit la nécessité, inébranlable dans ses résolutions, il ne concevoit pas l'inconséquence de la plupart des hommes qui courent à un but en fuyant les moyens d'y parvenir. Tranchant et emporté par caractère, il le fut encore en cette occasion par principe. Car tout dépendoit alors de cacher par un langage ferme et confiant l'impuissance du royaume de Suède; il falloit affecter le ton impérieux si l'on vouloit devenir maître. Rien d'étonnant donc qu'avec une telle manière de voir, il se trouvât totalement hors de sa sphère au milieu de Docteurs et de Princes allemands, et qu'il fût irrité malgré lui par le caractère minutieux que montre cette nation dans toutes ses transactions publiques. Sans égard pour des formes auxquelles les Empereurs les plus puissans avoient été contraints de se plier, il rejeta toute délibération par écrit ; manière de procéder si favorable à la lenteur germanique. Oxenstiern ne concevoit pas comment on pouvoit s'appesantir pendant dix jours sur un point déjà résolu pour lui par la simple proposition. Mais s'il traita les Allemands avec dureté, il ne les trouva pas moins complaisans et disposés à sanctionner sa quatrième motion qui le regardoit lui-même. Lorsqu'il en vint à la nécessité de donner un Directeur à la confédération, on céda unanimement cet honneur à la Suède, et on le pria humblement de servir la chose publique de ses lumières, en prenant sur lui le poids de la direction suprême. Cependant pour prévenir les abus du pouvoir immense qu'on venoit de remettre entre ses mains, on plaça à ses côtés un certain nombre d'inspecteurs qui devoient régir la caisse de la confédération et donner leur avis sur les levées de troupes, les marches et les cantonnemens : la cour de France sur-tout employa son influence pour déterminer à cette précaution. En vain Oxenstiern s'éleva contre une restriction mise à sa puissance, qui devoit nécessairement entraver les opérations où la promptitude et le secret seroient également indispensables; tout ce qu'il put obtenir, et avec la plus grande peine, ce fut d'agir à volonté dans les affaires purement militaires.

Enfin le Chancelier toucha le point délicat du dédommagement que la Suède pouvoit se promettre à la paix de la générosité de ses alliés ; et il se flattoit, qu'en lui assignant la Poméranie, les Etats lui donneroient l'assurance de leur appui pour l'acquisition de cette province sur laquelle la Suède dirigeoit ses vues. Mais on s'en tint à la promesse vague de ne pas s'abandonner les uns les autres à la prochaine paix. Ce n'étoit rien moins que le respect pour la constitution germanique qui rendit les Etats si circonspects sur ce point. Ils le prouvèrent assez par la générosité qu'ils voulurent témoigner au Chancelier Oxenstiern, en violant les loix les plus sacrées de l'Empire. Peu s'en fallut qu'on ne lui offrît à titre de récompense l'archevêché de Mayence qu'il possédoit déjà comme conquête, et l'Ambassadeur de France eut la plus grande peine à prévenir cette démarche, aussi impolitique que déshonorante. Quelqu'éloigné que fût Oxenstiern de l'accomplissement de ses vœux, il avoit, néanmoins, en se procurant la direction générale, atteint son principal but pour sa couronne et pour lui-même ; il avoit resserré les liens de l'union entre les Etats des quatre cercles supérieurs, et obtenu pour l'entretien des troupes un subside annuel de deux millions et demi d'écus.

Tant de déférence de la part des Etats méritoit que la Suède se montrât reconnoissante.

Gustave-Adolphe étoit à peine au tombeau, que le chagrin avoit terminé la vie malheureuse de l'Electeur Palatin Frédéric. Après que ce Prince infortuné eut augmenté pendant huit mois la cour de son protecteur, et dissipé, à sa suite les foibles restes de sa fortune, il approchoit enfin du terme de ses souhaits, et un avenir plus riant s'ouvroit à ses regards lorsque la mort lui ravit le héros qui le protégeoit. Cet événement, qu'il regarda comme un coup affreux pour lui-même, eut les suites les plus heureuses pour ses descendans. Gustave-Adolphe pouvoit se permettre envers ce Prince de différer la restitution de ses états, et accompagner ce présent de conditions oppressives; mais il falloit qu'Oxenstiern suivît les loix de la justice, lui, pour qui l'amitié de l'Angleterre, de la Hollande, de l'Electeur de Brandebourg et des Etats réformés en général, étoit infiniment plus importante. A cette assemblée de Heilbron, il remit donc aux descendans de Frédéric tous les pays Palatins conquis et à conquérir, à l'exception de Manheim, qui devoit rester occupé par les Suédois jusqu'au remboursement des frais de la guerre. Le Chancelier n'étendit pas ses bonnes grâces sur la Maison palatine seulement. La Suède, quoiqu'un peu plus tard, donna aussi aux autres Princes alliés des preuves de sa reconnoissance.

Il faut convenir qu'elle pouvoit sans peine exercer une générosité qui lui coûtoit aussi peu. Le devoir le plus sacré de l'historien, celui de l'impartialité, l'oblige à un aveu bien peu honorable pour les défenseurs de la liberté germanique. Quelqu'étalage que les Princes protestans fissent de la justice de leur cause et de la pureté de leur zèle, l'intérêt fut presque pour tous le mobile de leur conduite, et le desir de dépouiller eut au moins autant de part au commencement des hostilités que la crainte de se voir dépouiller aux-mêmes. Gustave-Adolphe découvrit bientôt qu'il avoit plus à se promettre de cette source impure de leur zèle que de leurs sentimens patriotiques, et ne négligea rien pour en tirer parti. Chacun des Princes alliés reçut de lui la promesse d'une possession conquise ou à conquérir sur l'ennemi, et la mort seule l'empêcha de remplir ces engagemens. Ce que la prudence conseilloit au Roi, la nécessité le commandoit à son successeur. S'il importoit à Oxenstiern de prolonger la guerre, il falloit, pour y parvenir, partager le butin avec les Princes alliés, et établir leurs avantages sur la confusion qu'on cherchoit à entretenir. Ce fut ainsi qu'il promit au Landgrave de Hesse les évêchés de Paderborn, Munster, Corbey et Fulde; au Duc Bernard de Weimar, ceux de Franconie; au Duc de

Wurtemberg, les biens ecclésiastiques et les Comtés autrichiens situés dans ses états ; le tout à titre de fiefs de la couronne de Suède. Un spectacle aussi absurde et aussi peu honorable pour les Allemands, parut étrange au Chancelier lui-même, et il eut peine à cacher son mépris. « Qu'on écrive dans nos archives,
» dit-il un jour, qu'on écrive pour en con-
» server l'éternelle mémoire, qu'un Prince de
» l'Empire germanique demanda pareille chose
» à un Gentilhomme suédois, et que le Gen-
» tilhomme suédois accorda pareille chose à un
» Prince de l'Empire germanique, sur le ter-
» ritoire germanique. »

Après des mesures aussi sagement prises, on pouvoit, sans crainte, reparoître en campagne et renouveler les hostilités avec une nouvelle vigueur. Bientôt après la victoire de Lutzen, les troupes de Saxe et de Lunebourg se réunissent à l'armée suédoise, et les Impériaux sont chassés en peu de temps de toute la Saxe. L'armée combinée se sépare alors. Les Saxons marchent vers la Lusace et la Silésie, pour y agir de concert avec le comte de Thurn contre les Autrichiens ; le Duc Bernard mène une partie de l'armée suédoise vers la Franconie, le Duc George de Brunswick conduit l'autre vers la Westphalie et la Basse-Saxe.

Les conquêtes sur le Lech et le Danube furent défendues contre les Bavarois par le Comte Palatin de Birkenfeld et le Général suédois Banner, pendant l'expédition de Gustave-Adolphe en Saxe. Mais trop foibles pour arrêter la marche triomphante des Bavarois, qu'Altringer, Général de L'Empereur, soutenoit de son expérience et de sa bravoure, ils furent contraints d'appeler à leur secours le Général suédois de Horn, qui se trouvoit alors en Alsace. Ce Général expérimenté, après avoir soumis à la domination suédoise les villes de Benfeld, Schlettstadt, Colmar et Haguenau, en remit la défense au Rhingrave Othon-Louis, et se hâta de passer le Rhin pour renforcer l'armée de Banner. Mais, quoique fort de seize mille hommes, il ne put empêcher l'ennemi de s'établir sur les frontières de Souabe, de prendre Kempten, et de se faire joindre de Bohême par sept régimens. Pour défendre les bords si importants du Lech et du Danube, on découvrit l'Alsace, où, après la retraite de Horn, le Rhingrave Othon-Louis avoit eu peine à se maintenir contre la fureur du peuple des campagnes. Il fallut aussi que le Rhingrave allât renforcer l'armée du Danube ; et comme ce secours ne fut pas encore suffisant, on invita instamment le Duc Bernard de Weimar à tourner ses armes de ce côté.

Peu après l'ouverture de la campagne, en

1633, Bernard s'étoit emparé de la ville et de l'évêché de Bamberg, et ce Général préparoit le même sort à Wurtzbourg. Sur l'invitation de Gustave Horn, il marcha aussitôt vers le Danube, battit, chemin faisant, Jean de Werth qui commandoit une armée Bavaroise, et se joignit aux Suédois près de Donauwerth. Cette armée nombreuse, conduite par des Généraux excellens, menace la Bavière de la plus terrible irruption. Tout l'évêché d'Eichstœdt est envahi, et un traitre promet de livrer aux Suédois Ingolstadt même. Les ordres exprès du Duc de Friedland enchaînent l'activité d'Altringer, qui, ne recevant aucuns renforts de Bohême, ne peut s'opposer aux progrès de l'ennemi. Les circonstances les plus favorables se réunissent en faveur des armes suédoises, lorsque les opérations sont arrêtées tout-à-coup par un soulèvement des Officiers.

On devoit aux armes tout ce qu'on avoit acquis en Allemagne ; la grandeur même de Gustave-Adolphe étoit l'ouvrage de l'armée, le fruit de sa discipline, de sa bravoure, de son courage indomptable au milieu des fatigues et des périls. Avec quelqu'habileté que l'on disposât ses plans dans le cabinet, l'armée n'en étoit pas moins la seule exécutrice, et plus ces plans étoient vastes, plus elle voyoit augmenter ses travaux. Pour porter tous les grands coups pendant cette guerre, on avoit sacrifié les soldats d'une manière vraiment barbare dans les campagnes d'hiver, les marches, les assauts, les batailles rangées; et c'étoit la maxime de Gustave-Adolphe de ne jamais renoncer à une victoire tant qu'elle ne lui coûtoit que des hommes. Le soldat ne pouvoit pas ignorer long-temps son importance, et il demanda alors sa part d'un gain qui avoit été obtenu au prix de son sang. Mais à peine pouvoit-on lui payer la solde convenue; l'avidité des chefs ou la pénurie de l'état absorboit ordinairement la meilleure partie des sommes imposées et des nouvelles conquêtes. Pour toutes les fatigues auxquelles on l'exposoit, il ne lui restoit que la perspective incertaine du pillage ou de l'avancement, et souvent il se vit trompé dans son attente. Tant que Gustave-Adolphe vécut, la crainte et l'espérance étouffèrent, à la vérité, ce mécontentement, mais il éclata après la mort du Roi, et le soldat saisit ce moment critique pour se rappeler son importance. Pfuhl et Mitschefal, déjà connus du vivant du Roi pour deux têtes turbulentes, donnent dans le camp sur le Danube un exemple qui, peu de jours après, est suivi de presque tous les officiers de l'armée. On jure sur sa parole de n'obéir à aucun commandement jusqu'à ce que

la solde arriérée depuis des mois et des années entières soit acquittée, et qu'outre cela, on ait accordé à chacun d'eux une récompense proportionnée en argent ou en biens fonds. « Des sommes immenses, disoient-ils,
» étoient arrachées journellement par les con-
» tributions, et toutes ces richesses se fon-
» doient dans les mains de quelques particu-
» liers. On les menoit à travers les neiges et les
» glaces, et ils n'obtenoient pas un seul remer-
» ciment pour ces travaux inouis. On crioit
» à Heilbron contre les désordres du soldat,
» mais personne ne songeoit à ses services. Les
» savans faisoient retentir le monde entier du
» bruit de leurs conquêtes, de leurs victoires,
» et le soldat seul avoit obtenu tous ces triom-
» phes ! » La troupe des mécontens augmente chaque jour, ils adressent aux armées de Saxe et du Rhin des écrits séditieux qui heureusement sont interceptés. Ni les représentations de Bernard de Weimar, ni les reproches sévères de son collègue ne peuvent appaiser la fermentation, et la violence de ce dernier augmente encore l'insolence des rébelles. Ils exigent que l'on assigne à chaque régiment un certain nombre de villes pour la levée des sommes arriérées. Ils donnent au chancelier un mois de réflexion, et déclarent qu'en cas de refus ils se paieront eux-mêmes, et que jamais ils ne tireront l'épée pour le service de la Suède.

Ces représentations violentes faites dans un temps où le crédit étoit tombé, la caisse militaire épuisée, dûrent jetter le chancelier dans le plus grand embarras; et il falloit cependant trouver le remède avant que le même vertige gagnât les autres troupes, et qu'on se vît abandonné au milieu des ennemis par toutes les armées à-la-fois. De tous les généraux Suédois, un seul avoit assez de considération et de crédit auprès du soldat pour terminer la querelle. Le Duc Bernard étoit le favori de l'armée, et sa modération lui avoit gagné la confiance du soldat, comme ses talens militaires avoient forcé son admiration. Il entreprit alors d'adoucir ces troupes mutinées : mais sûr de son importance, il voulut d'abord travailler pour lui-même et arracher à l'embarras du chancelier le consentement qu'il desiroit.

Gustave-Adolphe lui avoit donné la promesse d'un duché en Franconie qui devoit être formé des évêchés de Wurzbourg et de Bamberg; le Duc insista alors sur l'accomplissement de cette promesse. Il demanda de plus le commandement en chef pendant la guerre, et le titre de généralissime Suédois. Cet abus que Bernard faisoit des circonstances et du besoin qu'on avoit de lui, irrita Oxenstiern au point que, dans le premier moment, il lui retira son emploi au service de Suède. Mais le chancelier revint

revint bientôt sur ses pas, et au lieu de sacrifier un général aussi essentiel, il résolut de l'enchaîner aux intérêts de la Suède, quelque chose qui dût lui en coûter. Oxenstiern lui remit donc les évêchés de Franconie comme fiefs de la couronne de Suède, à la réserve des deux forteresses de Würzbourg et de Kœnigshofen, qui devoient rester occupées par les Suédois. Quant à la demande du commandement en chef sur toutes les troupes, elle fut éludée sous un prétexte convenable. Le Duc Bernard ne tarda pas à témoigner sa reconnoissance, et par son activité ainsi que par son crédit il appaisa bientôt l'émeute de l'armée. On distribua des sommes considérables en argent comptant, on en donna de plus fortes encore en fonds de terre, dont la valeur montoit à cinq millions d'écus, et sur lesquels on n'avoit d'autre droit que celui de conquête. Cependant le moment de porter un coup décisif avoit échappé, et les généraux se séparèrent pour aller résister à l'ennemi sur d'autres points.

Gustave-Horn, après avoir fait une irruption dans le Haut-Palatinat et s'être emparé de Neumarck, dirigea sa marche vers la frontière de Souabe où les Impériaux s'étoient considérablement renforcés, et menaçoient le Würtemberg d'une invasion. Allarmés de son approche, ils se portent vers le lac de Constance ; mais leur retraite ne sert qu'à montrer aux Suédois le chemin de ces pays qu'ils n'ont pas encore visités. Une possession à l'entrée de la Suisse étoit pour eux très-importante, et la ville de Constance parut sur-tout propre à établir leur communication avec les cantons. Gustave-Horn l'assiège sur-le-champ ; mais, dénué d'artillerie et forcé d'en attendre du Würtemberg, il donne à à l'ennemi le temps de délivrer cette place, qui d'ailleurs, recevoit par le lac tous les approvisionnemens nécessaires. Après cette tentative infructueuse il s'éloigna donc de la ville et de son territoire pour aller sur les bords du Danube s'opposer aux projets de l'ennemi.

Le Cardinal Infant, frère de Philippe IV d'Espagne, et gouverneur de Milan, avoit, à la demande de l'Empereur, levé une armée de quatorze mille hommes. Cette armée que l'on rendit indépendante de Wallenstein, devoit agir sur le Rhin et défendre l'Alsace. Elle parut alors en Bavière sous le commandement d'un Espagnol le Duc de Feria, et, afin de pouvoir l'employer sur-le-champ contre les Suédois, on donna à Altringer l'ordre de se joindre à elle avec ses troupes. A la première nouvelle de son apparition, Gustave-Horn avoit rappelé le comte Palatin de Birkenfeld alors sur le Rhin, et après avoir fait à Stockach sa jonction avec lui, il s'avança hardiment au-devant d'un ennemi fort de trente mille hommes. Celui-ci avoit passé le Danube et marché vers la Souabe où Gustave-Horn le serra un jour de si près que les deux armées ne se trouvoient plus qu'à un demi mille l'une de l'autre. Mais au lieu d'accepter la bataille, les Impériaux se retirèrent par les villes forestières vers le Brisgau et l'Alsace, où ils arrivèrent encore à temps pour délivrer Brisac et arrêter la marche triomphante du Rhingrave Othon Louis. Ce général avoit conquis peu auparavant les villes forestières, et, soutenu par le Comte Palatin de Birkenfeld qui délivra le Bas-Palatinat, et battit le Duc de Lorraine, il avoit rendu aux armes suédoises leur prépondérance dans ces provinces. En ce moment il fallut céder à la supériorité du nombre; mais Horn et Birkenfeld arrivèrent bientôt à son secours, et les impériaux se virent, après un triomphe de peu de durée, chassés encore une fois d'Alsace. La rigueur de l'automne qui les surprit pendant cette malheureuse retraite, fit périr la plus grande partie des Italiens, et le chef même, le Duc de Feria, mourut désespéré du mauvais succès de son entreprise.

Cependant le Duc Bernard de Weimar, avec des forces respectables, avoit pris une position sur le Danube pour couvrir la Franconie et observer les mouvemens de l'armée Bavaro-

Impériale. Altringer n'eut pas plûtot dégarni ces frontières pour se joindre aux troupes italiennes du Duc de Féria, que Bernard profita de son éloignement, passa le Danube et parut tout-à-coup devant Ratisbonne. L'occupation de cette place étoit décisive pour les entreprises des Suédois contre la Bavière et l'Autriche; elle les établissoit sur le Danube, leur procuroit une retraite en cas de revers, et pouvoit seule les mettre en état de faire des conquêtes assurées dans ce pays. Sauver Ratisbonne fut le dernier, l'important avis que Tilly, au lit de la mort, donna à Maximilien; et lorsque les Bavarois prévinrent Gustave-Adolphe en occupant cette place, il regarda ce malheur comme irréparable. L'effroi de Maximilien fut donc à son comble quand le Duc Bernard arriva sous les murs de Ratisbonne et se disposa sérieusement à en former le siége.

Quinze compagnies seulement, consistant pour la plus grande partie en troupes de nouvelles levées, composoient la garnison : forces plus que suffisantes, néanmoins, pour fatiguer un ennemi supérieur en nombre, si l'on étoit soutenu d'une bourgeoisie guerrière et bien intentionnée. Mais c'étoit précisément l'ennemi le plus dangereux contre lequel eût à lutter la garnison Bavaroise. Les bourgeois protestans, jaloux de leur croyance et de leur liberté constitutionnelle, s'étoient courbés avec répugnance sous le joug du Bavarois, et leurs regards se portoient depuis long-temps vers un libérateur. L'arrivée de Bernard leur causa la plus vive allégresse, et il étoit à craindre qu'ils ne soutinssent, par une émeute, les entreprises des assiégés. Dans cette crise affreuse, Maximilien réclame avec la dernière instance auprès de l'Empereur et du Duc de Friedland un secours de cinq mille hommes seulement. Ferdinand envoye successivement sept couriers à Wallenstein. Celui-ci promet les plus prompts secours, fait même annoncer à l'Electeur, par Gallas, la prochaine arrivée de douze mille hommes, mais il défend à ce Général de se mettre en marche sous peine de la vie. Cependant le Commandant de Ratisbonne, Officier bavarois, comptant sur la prochaine arrivée des secours, avoit fait les meilleures dispositions; il avoit armé les Catholiques et désarmé les Protestans qu'il surveilloit avec le plus grand soin. Mais comme le secours attendu ne paroissoit pas, et que l'artillerie ennemie foudroyoit les remparts avec une vivacité toujours soutenue, il fit une capitulation honorable pour lui et la garnison, abandonnant les employés et les ecclésiastiques bavarois à la discrétion du vainqueur.

Après la prise de Ratisbonne, les projets

du Duc Bernard s'étendent tout-à-coup, et la Bavière même ne présente pas un champ assez vaste à la hardiesse de ses plans. Il veut pénétrer jusqu'aux frontières de l'Autriche, armer contre l'Empereur le peuple protestant des campagnes, et lui rendre sa liberté de religion. Déjà il s'est emparé de Straubingen, tandis qu'un autre général suédois soumet les bords septentrionaux du Danube. Bravant la fureur de la saison à la tête de ses Suédois, il parvient à l'embouchure de l'Iser et passe le fleuve en présence du général bavarois de Werth, qui étoit campé sur ses bords. Alors l'épouvante se répand jusqu'à Passau et à Lintz; l'Empereur consterné redouble ses exhortations et ses ordres auprès de Wallenstein, pour qu'il ait à secourir sur-le-champ la malheureuse Bavière. Mais Bernard triomphant met lui-même un terme à ses conquêtes. Il avoit en avant de son front l'Iun, défendue par un grand nombre de châteaux forts, de l'autre côté, deux armées ennemies, un pays mal intentionné, et l'Iser où aucune place tenable n'assuroit ses derrières; une gelée terrible lui défendoit de songer à aucuns retranchemens; Wallenstein qui s'étoit enfin décidé à marcher vers le Danube, le menaçoit à la tête d'une armée formidable : il fallut donc se dérober par une prompte retraite au danger de se voir coupé dans sa communication avec Ratisbonne, et cerné par l'ennemi. Après avoir repassé à la hâte l'Iser et le Danube, il accourt pour aller défendre contre Wallenstein les conquêtes faites dans le Haut-Palatinat, décidé lui-même à accepter une bataille avec ce général. Mais le Duc de Friedland, qui n'avoit jamais songé à rien exécuter d'important sur le Danube, n'attend pas l'approche de Bernard, et avant que les Bavarois aient eu le temps de se réjouir de la sienne, il a déjà disparu pour se retirer vers la Bohême. Bernard termine alors sa glorieuse campagne, et procure à ses troupes le repos qu'elles ont si bien mérité, en leur accordant les quartiers d'hiver sur le territoire ennemi.

Tandis que Gustave Horn en Souabe, le Comte palatin de Birkenfeld, le Général Baudissin, le Rhingrave Othon-Louis sur le Haut et Bas-Rhin, le Duc Bernard sur le Danube faisoient la guerre avec tant de supériorité, le duc de Lunebourg et le Landgrave de Hesse-Cassel ne soutenoient pas moins glorieusement en Basse-Saxe et en Westphalie la réputation des armes suédoises. Le Duc George s'empara de la forteresse de Hameln après la plus vigoureuse résistance, et l'armée combinée des Suédois et des troupes de Hesse, remporta près d'Oldendorf une victoire signalée contre le général de l'Empereur Gronsfeld, qui commandoit sur le Véser. Le Comte de Mersebourg, fils naturel de Gustave-Adolphe, se montra dans cette journée digne du sang dont il sortoit. Seize canons, tout le bagage des Impériaux et soixante-quatorze étendards tombèrent entre les mains des Suédois; environ trois mille hommes restèrent sur la place, et ils firent un nombre à peu près égal de prisonniers. Le général Kniphausen força la ville d'Osnabrück à capituler, le Landgrave de Hesse celle de Paderborn; cependant Bückbourg, place très-importante pour les Suédois, tomba entre les mains des Impériaux. Les armes suédoises triomphoient, pour ainsi dire, à toutes les extrémités de l'Allemagne, et l'année qui suivit la mort de Gustave-Adolphe ne laissa encore appercevoir aucunes traces de la perte d'un aussi grand homme.

Dans le détail des événemens remarquables qui distinguèrent la campagne de 1633, l'inaction d'un homme devenu plus que tout autre l'objet de l'attente universelle, doit exciter un juste étonnement. Parmi tous les généraux dont les exploits nous ont occupés pendant cette campagne, aucun ne pouvoit le disputer à Wallenstein pour l'expérience, le talent et la réputation militaire; et c'est lui néanmoins qui disparoît à nos yeux depuis la bataille de Lutzen. La mort

de son antagoniste laisse à lui seul le théâtre de
la gloire ; l'attention de l'Europe entière est
fixée sur les exploits qui vont effacer le souvenir
de sa défaite et annoncer au monde sa supériorité ; et cependant il reste inactif en Bohême,
tandis que les pertes de l'Empereur en Bavière,
dans la Basse-Saxe, sur le Rhin, exigent impérieusement sa présence : mystère également impénétrable pour les amis et les ennemis, l'effroi
et en même-temps la dernière espérance de
l'Empereur. Après la journée de Lutzen, il s'é-
toit retiré en Bohême avec une précipitation
inexplicable. Là, il ordonna les recherches
les plus sévères sur la conduite de ses Officiers dans cette bataille. Ceux que le conseil
de guerre déclara coupables, furent con-
damnés à mort avec une sévérité inexorable ; ceux qui s'étoient distingués par leur
bravoure furent récompensés de la manière la
plus brillante, et des monumens superbes éter-
nisèrent la mémoire de ceux qui avoient péri.
Pendant tout le cours de l'hiver il épuisa la
substance des pays autrichiens par des contributions exorbitantes, et par les quartiers qu'il
affecta d'y établir. Mais avec des troupes d'élite,
pourvues de toutes les choses nécessaires, au
lieu de se hâter d'ouvrir la campagne au printems
de 1633, et de développer les talens d'un
Général aussi attendu, il fut le dernier à pa-

roître, et choisit pour théâtre de la guerre un des pays héréditaires de l'Empereur.

De toutes les provinces de la maison d'Autriche, la Silésie étoit exposée au plus grand danger. Trois différentes armées, l'une suédoise sous le comte de Thurn, l'autre saxone sous Arnheim, et la troisième brandebourgeoise sous Borgsdorf, avoient attaqué cette province en même tems. Déja elles s'étoit emparées des places les plus importantes, et Breslau même avoit pris le parti des alliés. Mais ce fut précisément cette foule de généraux et d'armées qui conserva la Silésie à l'Empereur. La jalousie des chefs et la haine réciproque des Suédois et des Saxons ne leur permirent en aucune occasion d'agir avec ensemble. Arnheim et Thurn se disputoient le commandement ; les Brandebourgeois et les Saxons témoignoient la même animosité contre les Suédois qu'ils regardoient comme des étrangers importuns, et auxquels ils cherchoient à nuire toutes les fois que l'occasion s'en présentoit. Les Saxons au contraire vivoient familièrement avec les Impériaux, et il arrivoit souvent que les officiers des deux armées ennemies se visitoient et mangeoient ensemble. On laissoit les sujets de l'Empereur sauver leurs biens sans obstacles, et beaucoup de ces alliés ne dissimuloient pas qu'il tiroient de Vienne des sommes considérables. Au milieu de tant d'amis équivoques, les Suédois se voyoient vendus, trahis, et avec une pareille mésintelligence il falloit renoncer à rien exécuter d'important. Aussi Arnheim fut-il presque toujours absent, et lorsqu'il revint à l'armée, Wallenstein marchoit déja vers les frontières avec des forces redoutables.

Il s'avançait à la tête de quarante mille hommes, et les alliés n'avoient pas à lui en opposer plus de vingt-quatre mille. Néanmoins ils voulurent tenter la bataille, et parurent à Munsterberg où Wallenstein avoit occupé un camp retranché; mais il resta huit jours dans l'inaction, et abandonna enfin ses retranchemens pour défiler tranquillement à la vue de l'ennemi. Celui-ci, devenu plus hardi, le harcela sans relâche pendant sa marche, et Wallenstein dédaigna encore l'occasion. On attribua à la crainte le soin qu'il mettoit à éviter la bataille, mais le tems avait fixé la réputation de Wallenstein, et il pouvoit encourir sans danger un pareil soupçon. La vanité des alliés ne leur permit pas de remarquer qu'il se jouoit d'eux, et leur faisoit généreusement grâce de la défaite parce qu'une victoire le servoit mal à cette époque. Cependant pour leur montrer qu'il étoit le maître, et que ce n'étoit pas la crainte de leurs forces qui le retenoit dans l'inaction, il fit exécuter le commandant d'un château qui tomba entre ses mains, parce que cet officier n'avoit pas rendu sur-le-champ une place qui ne pouvoit se défendre.

Les deux armées étoient depuis neuf jours en présence, à la portée du mousquet, lorsque le comte de Terzky de l'armée de Wallenstein parut avec un trompette dans le camp des alliés, pour inviter le général d'Arnheim à une conférence. Il annonça que Wallenstein, malgré la supériorité de ses forces, proposoit un armistice de six semaines. « Le Duc de
» Friedland étoit venu, dit-il, pour conclure
» avec les Suédois et les Princes de l'Empire
» une paix éternelle, pour payer le soldat, et
» procurer satisfaction à tous. Rien de ce qu'il
» avançoit n'étoit au-dessus de ses forces ; si
» l'on faisoit à Vienne difficulté de ratifier ses
» engagemens, il s'uniroit aux alliés, et (ce
» qu'à la vérité Terzky glissa discrétement à
» Arnheim) il enverroit l'Empereur au diable ».
Dans une seconde conférence, Wallenstein s'expliqua encore plus clairement auprès du Comte de Thurn. « Tous les privilèges, dit-il, devoient
» être confirmés, tous les exilés de Bohême
» rappelés et réintégrés dans leurs biens; et
» il s'offroit le premier à leur remettre sa por-
» tion. Les Jésuites, comme auteurs de toutes
» les vexations précédentes, seroient chassés ;
» on conviendroit avec la couronne de Suède
» de paiemens à termes fixes, et toutes les

» troupes inutiles seroient envoyées contre les
» Turcs. » Le dernier point renfermoit le mot
de l'énigme. « S'il obtenoit pour lui la cou-
» ronne de Bohême, tous les proscrits auroient
» à se louer de sa générosité ; une liberté en-
» tière de religion régneroit dans le royaume ;
» la maison Palatine rentreroit dans tous ses
» droits, et le Marquisat de Moravie lui ser-
» viroit à lui-même de dédommagement pour
» le Mecklenbourg. Alors il se mettroit à la
» tête des armées alliées pour marcher contre
» Vienne et arracher à l'Empereur par la force
» des armes son consentement à ce traité. »
Le rideau étoit tiré, et Wallenstein venoit
enfin de mettre au jour le plan qu'il médi-
toit en silence depuis tant d'années. Toutes les
circonstances annonçoient aussi qu'il n'avoit
pas un instant à perdre. Une confiance aveugle
dans le bonheur et le génie du Duc de Friedland avoit seule pu inspirer à l'Empereur cette
fermeté qui le fit résister à toutes les représentations de la Bavière et de l'Espagne, et com-
promettre son autorité, en confiant à cet homme
impérieux un commandement aussi absolu.
Mais la longue inaction de Wallenstein avoit
ébranlé depuis long-temps cette croyance à
l'infaillibilité de ses armes, et depuis la malheureuse journée de Lutzen, elle étoit presqu'entièrement tombée. Ses ennemis se réveil-

lèrent à la cour de Ferdinand, et leurs représentations trouvèrent accès auprès du monarque. Toute la conduite du Duc fut peinte avec les traits de la critique la plus amère ; on rappela au Prince jaloux la hauteur insolente de Wallenstein, sa résistance aux ordres de l'Empereur, ses vexations inouies contre les sujets autrichiens ; on répandit des doutes sur sa fidélité, et en parlant de ses intentions secrettes, on laissa échapper quelques expressions effrayantes pour le Souverain. Ces accusations qui n'étoient que trop justifiées par la conduite du Duc, commencèrent à semer l'inquiétude dans l'ame de Ferdinand. Mais la faute étoit commise, et le pouvoir immense dont on avoit revêtu le Duc de Friedland ne pouvoit lui être repris sans le plus grand danger. Il ne restoit d'autre ressource à l'Empereur que de le diminuer insensiblement, et, pour y réussir, il falloit le diviser, mais avant tout se rendre indépendant de la volonté du Duc. Cependant on en avoit perdu le droit par le traité fait avec lui, et si l'on vouloit placer un général à ses côtés, ou prendre une influence immédiate sur ses troupes, il avoit pour sa défense la signature de l'Empereur. Comme on ne pouvoit ni tenir ce traité ni l'anéantir, il fallut avoir recours à un artifice. Wallenstein étoit généralissime de l'Empereur en Allemagne ;

mais son pouvoir ne s'étendoit pas jusqu'aux troupes étrangères ; il ne pouvoit s'arroger aucune autorité sur elles. On rassemble donc une armée espagnole dans le Milanois, et on la fait combattre en Allemagne sous un Général espagnol. Dès-lors Wallenstein n'est plus l'homme indispensablement nécessaire, parce qu'il a cessé d'être seul, et l'on a même un soutien contre lui si les circonstances viennent à l'exiger.

Le Duc sentit vivement où tendoit un pareil coup. En vain il protesta auprès du cardinal Infant contre une innovation qui enfreignoit le traité fait avec lui; l'armée italienne entra en Allemagne, et on le força de lui envoyer le Général Altringer avec un renfort. Il sut, à la vérité, par des instructions sévères, entraver tellement les opérations de ce Général, que les Italiens eurent peu à se louer de la campagne qu'ils firent en Souabe et en Alsace; mais cette démarche arbitraire de la cour l'avoit éveillé sur sa sûreté, et averti du danger qui le menaçoit. Pour ne pas perdre une seconde fois le commandement, et avec lui le fruit de de tous ses travaux, il falloit hâter l'exécution de son plan. Par l'éloignement des Officiers suspects et par sa générosité envers les autres, il se crut assuré de la fidélité de ses troupes. Toutes les classes de citoyens, tous les devoirs de l'humanité et de la justice, le Duc les avoit sacrifiés au bien de l'armée : il s'attendoit donc à sa reconnoissance. Prêt à donner un exemple d'ingratitude inoui envers l'auteur de sa fortune, il fondoit toute sa prospérité sur la reconnoissance qu'il osoit espérer pour lui-même.

Les chefs des armées en Silésie n'avoient aucuns pouvoirs de leurs Souverains respectifs pour une transaction aussi importante que celle proposée par Wallenstein, et ils n'osèrent même accorder plus de quinze jours d'armistice. Le Duc, avant de confier son projet aux Suédois, avoit jugé à propos de s'assurer l'appui de la France. Il entama donc par le comte de Kinsky des négociations secrètes auprès de Feuquières, Plénipotentiaire français à Dresde; et quoiqu'on procédât avec beaucoup de méfiance dans le principe, elles se terminèrent cependant à la satisfaction du Duc. Feuquières reçut de sa cour l'ordre de promettre l'appui le plus vigoureux, et une somme d'argent considérable, si Wallenstein en étoit réduit là.

Mais ce fut cette multitude de précautions qui le conduisit à sa perte. Le Plénipotentiaire français apprit avec le plus grand étonnement qu'un plan de cette nature eût été communiqué aux Suédois et aux Saxons. Le Ministre saxon étoit, de l'aveu de tout le monde, dans les intérêts de l'Empereur; et les conditions

offertes

offertes aux Suédois les laissoient trop loin de leurs espérances, pour obtenir jamais leur approbation. Feuquières trouva donc inconcevable que le Duc eût pu compter sérieusement sur l'appui des premiers et la discrétion des autres. Il découvrit ses doutes et ses inquiétudes à Oxenstiern qui se défioit autant que lui des intentions de Wallenstein, et goûtoit encore moins ses propositions. Quoique le Chancelier n'ignorât pas que le Duc eût entamé autrefois de pareilles négociations auprès de Gustave-Adolphe, il ne voyoit cependant pas la possibilité pour ce Général de porter toute l'armée à la défection, et de tenir ses promesses exagérées. Un plan aussi extravagant, une conduite aussi inconsidérée, ne sembloient pas s'accorder avec le caractère taciturne et la méfiance du Duc. On regarda donc le tout comme un artifice, une fausseté; et, dans le fait il étoit plutôt permis de douter de sa loyauté, que de sa prudence. Les soupçons d'Oxenstiern gagnèrent enfin Arnheim lui-même qui, plein de confiance dans la sincérité de Wallenstein, étoit venu trouver le Chancelier à Gelnhausen pour le déterminer à confier au Duc ses meilleurs régimens. Il commença à croire que tout ce plan n'étoit qu'un piége artistement préparé pour faire tomber l'élite des troupes alliées entre les mains de l'Empereur.

Le caractère connu du Duc étoit bien loin de détruire un pareil soupçon, et les contradictions sans nombre auxquelles il se laissa entraîner dans la suite rendirent sa conduite entièrement inexplicable. Tandis qu'il cherchoit à attirer les Suédois dans son alliance, et qu'il alloit jusqu'à demander leurs meilleures troupes, ce même homme déclaroit à Arnheim qu'il falloit commencer par chasser les Suédois de l'Empire. Tandis que les Officiers saxons, se fiant sur la suspension d'armes, étoient en grand nombre chez lui, il tenta, mais inutilement, de s'emparer de leurs personnes. Il rompit le premier l'armistice qu'il renouvela avec la plus grande peine quelques mois après. Toute croyance à sa véracité disparut, et l'on se persuada enfin que l'ensemble de sa conduite n'étoit qu'un tissu d'artifices honteux pour désarmer les alliés et se mettre lui-même en mesure. Ce fut aussi ce qui arriva. Ses forces s'augmentoient chaque jour, tandis que les alliés perdoient la moitié de leurs troupes par le mauvais entretien et la désertion. Mais il ne fit pas de sa supériorité l'usage qu'on en attendoit à Vienne. Lorsqu'on se croyoit près d'un événement décisif, il renouveloit subitement les négociations; et quand une suspension d'armes laissoit les alliés dans la sécurité, aussitôt il se montroit en ennemi. Toutes ces contradictions trouvoient leur source dans le projet incohérent, de perdre à-la-fois les Suédois et l'Empereur, et de conclure avec les Saxons une paix séparée.

Furieux du mauvais succès de ses négociations, il résolut enfin de déployer toutes ses forces : d'autant plus que les besoins pressans de l'Empire et les progrès du mécontentement à la cour de Vienne ne lui permettoient pas de différer davantage. Déjà avant le dernier armistice, le général Holk avoit, de Bohême, fait une irruption dans la Misnie; il avoit mis à feu et à sang tout ce qui se trouva sur son passage, repoussé l'Electeur dans ses forteresses, et pris la ville de Leipzig même. Mais la suspension d'armes conclue en Silésie mit un terme à ses ravages, et il mourut à Adorf des suites de ses déréglemens. Après la rupture de l'armistice, Wallenstein fit un nouveau mouvement, feignit de vouloir tomber sur la Saxe par la Lusace, et répandit à dessein que Piccolomini y marchoit déjà avec des forces considérables. Aussitôt Arnheim quitte son camp en Silésie pour le suivre et arriver au secours de l'Electeur. Mais par ce mouvement il laisse à découvert les Suédois campés en très-petit nombre sous les ordres du Comte de Thurn, près de Steinau sur l'Oder; et c'étoit précisément le but de Wallenstein. Celui ci attend que le général saxon se soit enfoncé à la distance de seize milles dans la Misnie, et fait aussitôt une marche rétrograde vers l'Oder, où il surprend l'armée suédoise dans la plus profonde sécurité. Le général Schafgotsch, détaché en avant, culbute leur cavalerie, et leur infanterie est totalement cernée près de Steinau par l'armée du Duc. Wallenstein donna une demi-heure de réflexion au Comte de Thurn pour se défendre avec deux mille cinq cents hommes contre vingt mille, ou se rendre à discrétion. Dans une pareille conjoncture, il n'y avoit pas à hésiter. Toute l'armée se rendit prisonnière, et la victoire la plus complète fut remportée sans répandre une seule goutte de sang. Etendards, bagages, tout tomba entre les mains du vainqueur ; on se saisit de la personne des Officiers, et les soldats furent incorporés. Enfin après avoir erré pendant quatorze ans, après des changemens de fortune innombrables, l'auteur de la révolte de Bohême, celui qui fut la cause éloignée de cette guerre désastreuse, le fameux Comte de Thurn, est au pouvoir de ses ennemis. On attend à Vienne avec une impatience sanguinaire l'arrivée de ce grand criminel, et l'on goûte d'avance l'affreux triomphe de sacrifier à la justice sa plus éclatante victime. Mais Thurn obtint sa liberté. Heureusement pour ses intérêts, il en savoit plus qu'on ne devoit en apprendre à Vienne, et les ennemis du Duc se trouvoient être les siens. La cour impériale eût pardonné une défaite à Wallenstein, elle ne lui pardonna pas de lui avoir soustrait sa victime. « Qu'aurois-je fait de ce furieux », écrivit-il ironiquement aux ministres qui lui demandoient compte de cette générosité déplacée, « puisse le ciel ne » donner à nos ennemis que de pareils géné- » raux ; ils nous rendront de bien meilleurs » services à la tête des armées que dans les » fers » !

La victoire de Steinau fut bientôt suivie de la prise de Liegnitz, Grosglogau, et même de Francfort sur l'Oder. Schafgotsch qui resta en Silésie pour achever la conquête de cette province bloqua Brieg et inquiéta Breslau, mais inutilement; cette ville libre veilloit sur ses privilèges, et resta dévouée aux Suédois. Wallenstein, dans l'intention de pénétrer jusqu'aux côtes de la Baltique, détacha vers la Varte les généraux Illo et Gœtz qui prirent effectivement Landsberg, la clef de la Poméranie. Tandis que l'Electeur de Brandebourg et le Duc de Poméranie trembloient pour leurs états, Wallenstein entra avec le reste de l'armée dans la Lusace, où il emporta Gœrlitz d'assaut et força Bautzen à capituler. Mais il ne s'agissoit pour lui que d'effrayer l'Electeur de Saxe, et non de poursuivre ses avantages. L'épée à la main, il renouvella donc ses propositions de paix auprès des électeurs de Saxe et de Brandebourg, mais avec aussi peu de succès qu'auparavant, parce que les contradictions de sa conduite lui avoient enlevé toute confiance. Il seroit alors tombé avec toutes ses troupes sur la malheureuse Saxe, et auroit atteint son but par la force des armes, si les circonstances ne l'eussent appellé malgré lui vers un autre point. Les victoires du Duc Bernard sur le Danube exposoient l'Autriche même à un danger imminent, et la présence de Wallenstein en Bavière étoit indispensable. Après avoir chassé les Suédois et les Saxons de la Silésie, il ne lui restoit plus de prétexte pour s'opposer aux ordres de l'Empereur et laisser l'Electeur de Bavière sans secours; il marcha donc vers le haut Palatinat, et sa retraite délivra pour jamais la haute Saxe de cet ennemi terrible.

Wallenstein avoit différé autant que possible de secourir la Bavière, et s'étoit joué des ordres de l'Empereur par les subterfuges les plus recherchés. Après des prières tant de fois réitérées, il envoya enfin, de Bohême, quelques régimens au secours du comte d'Altringer qui cherchoit à défendre le Lech et le Danube contre Horn et Bernard, mais avec l'ordre exprès de ne pas agir offensivement. Toutes les fois que l'Empereur et l'Electeur de Bavière réclamoient son secours, il les adressoit à Altringer qui, disoit-il, avoit reçu de lui de pleins pouvoirs; mais il retenoit secrètement ce général par les instructions les plus sévères, le menaçant de la mort s'il outre-passoit ses ordres. Le Duc Bernard ayant paru devant Ratisbonne, l'Empereur et l'Electeur ayant renouvellé leurs demandes d'une manière encore plus instante, il eut l'air de vouloir envoyer le général Gallas sur le Danube avec une armée considérable, mais il n'en fit rien; et Ratisbonne, Straubingen, Cham tombèrent au pouvoir des Suédois, comme auparavant, l'évêché d'Eichstœdt. Enfin ne pouvant plus absolument éviter d'obéir aux ordres sérieux de la cour, il s'approcha aussi lentement que possible des limites de la Bavière, où il investit la ville de Cham dont les Suédois s'étoient emparés. Mais il apprit bientôt que la Suède travailloit à envoyer les Saxons pour faire une diversion en Bohême, et ce bruit ne fut pas plutôt parvenu jusqu'à lui, qu'il se retira précipitamment vers ce royaume, sans avoir opéré la moindre chose. Avant tout, disoit-il, on devoit songer à la défense et à la conservation des pays héréditaires de l'Empereur. Il demeura donc comme enchaîné en Bohême, et protégea ce royaume, de même que s'il l'eût déja compté parmi ses propriétés. L'Empereur l'exhorta d'un ton encore plus pressant à marcher vers le Danube, pour empêcher le Duc Bernard de s'établir sur les frontières de l'Autriche, mais il termina la campagne, et choisit encore la Bohême, ce pays si épuisé, pour ses quartiers d'hiver.

Cette arrogance soutenue, ce mépris sans exemple pour les ordres de l'Empereur, cette indifférence affectée pour le bien public, tant de motifs, joints à une conduite extrêmement équivoque envers l'ennemi, ne pouvoient que disposer Ferdinand à écouter les bruits désavantageux déjà répandus par toute l'Allemagne. Wallenstein avoit réussi pendant long-temps à donner l'apparence de la légitimité à ses négociations coupables avec l'ennemi; il avoit persuadé au monarque toujours disposé en sa faveur que ses conférences secrètes n'avoient d'autre but que de procurer la paix à l'Allemagne. Mais quelqu'impénétrable qu'il crût être, l'ensemble de sa conduite justifioit cependant les inculpations que ses adversaires faisoient retentir sans cesse aux oreilles de l'Empereur. Pour s'instruire sur les lieux du degré de confiance qu'elles méritoient, Ferdinand avoit déjà envoyé à plusieurs reprises des espions dans le camp de Wallenstein; mais comme le Duc se gardoit de rien donner par écrit, ils ne rapportèrent que de simples présomptions. Enfin les ministres de l'Empereur, jusqu'alors défenseurs zélés de Wallenstein, voyant que ce général grévoit leurs terres des mêmes charges que celles des autres, embrassèrent le parti de ses ennemis. L'électeur de Bavière ne parla de rien moins que de s'accommoder avec les Suédois, si l'on conservoit plus long-temps ce général ; l'Ambassadeur d'Espagne insista sur son renvoi et menaça, en cas de refus, de retirer les subsides de sa couronne. Ferdinand se vit donc pour la seconde fois dans la nécessité de l'éloigner du commandement. Les ordonnances arbitraires et immédiates adressées à l'armée par l'Empereur apprirent bientôt au Duc que le traité fait avec lui étoit regardé comme nul, et que son renvoi devenoit inévitable. Un de ses généraux en Autriche à qui il avoit défendu, sous peine de mort, d'obéir à la cour, reçut de l'Empereur l'ordre immédiat de se joindre à l'Electeur de Bavière ; et on ordonna positivement à Wallenstein d'envoyer plusieurs régimens de renfort au Cardinal Infant qui venoit alors d'Italie à la tête d'une armée. Toutes ces mesures lui annoncèrent que le plan irrévocable étoit de le désarmer peu-à-peu, afin de le perdre d'autant plus sûrement.

Il lui fallut alors pour sa propre sûreté accélérer l'exécution d'un plan qui n'étoit destiné dans le principe qu'à augmenter sa puissance. Wallenstein avoit différé cette exécution plus que la prudence ne lui conseilloit, parce que les constellations favorables lui manquoient toujours, ou, comme il répondoit à l'impatience de ses amis, *parce que le tems n'étoit pas encore venu*. Dans ce moment encore le tems n'étoit pas venu, mais la nécessité ne permettoit plus d'attendre la faveur des astres. Avant tout il falloit s'assurer des premiers généraux, et sonder ensuite les dispositions d'une armée à qui il avoit toujours si gratuitement supposé une fidélité inviolable. Trois de ses généraux Kinsky, Terzky et Illo étoient long-tems initiés dans le secret, et les liens du sang attachoient les deux premiers à ses intérêts. Une égale ambition, une égale haine contre le Gouvernement, l'espoir des récompenses les lioient étroitement à Wallenstein, qui, de son côté, n'avoit pas dédaigné les moyens les plus bas pour augmenter le nombre de ses partisans. Il avoit autrefois engagé le général Illo à solliciter auprès de la cour impériale le titre de Comte, en promettant de l'appuyer de tout son crédit. Mais il écrivit secrètement aux ministres de lui refuser sa demande, parce qu'alors il s'en présenteroit beaucoup d'autres qui méritoient également et prétendroient aux mêmes récompenses. Lorsque Illo revint à l'armée, le premier soin du Duc fut de l'interroger sur le succès de ses sollicitations ; celui-ci l'ayant instruit de sa mauvaise réussite, il commença à proférer contre la cour les plaintes

les plus amères. « Nous avons donc mérité par
» la fidélité de nos services, s'écria-t-il, qu'on
» ait aussi peu d'égards à ma médiation, et qu'on
» refuse à vos mérites une récompense aussi in-
» signifiante ? qui voudroit consacrer plus long-
» tems ses services à un maître aussi ingrat ?
» Non ! quant à moi, je suis dès ce moment
» l'ennemi juré de la maison d'Autriche ! » Illo
applaudit, et c'est ainsi que se forma leur union.

Ce que le duc avoit découvert à ces trois con-
fidens fut long-tems un secret impénétrable pour
les autres ; et la confiance avec laquelle Wallenstein parloit du dévouement de ses officiers, se
fondoit uniquement sur ses bienfaits et leur
mécontentement envers la cour. Cependant il
falloit que cette présomption devînt une certitude, avant de lever le masque et d'agir ouvertement contre l'Empereur. Le Comte Piccolomini, le même qui s'étoit distingué à Lutzen
par une bravoure sans exemple, fut le premier dont il voulut éprouver la fidélité. Il
s'étoit attaché ce général par des présens considérables, et lui donnoit la préférence sur tous
les autres, parce qu'il étoit né sous la même
constellation que lui. Le Duc déclara donc à
Piccolomini, qu'entraîné par les circonstances
et par l'ingratitude de l'Empereur, il étoit irré-
vocablement résolu à abandonner l'Autrichien,
à passer avec la meilleure partie de l'armée du

côté de l'ennemi, et à poursuivre la maison d'Autriche dans toutes ses dominations, jusqu'à ce qu'elle fût entièrement exterminée. Pour une pareille entreprise, ajouta-t-il, il avoit particulièrement compté sur Piccolomini, et les récompenses les plus brillantes lui étoient déjà destinées. Celui-ci, pour cacher le trouble que lui causoit une proposition aussi inattendue, lui ayant parlé d'obstacles, de danger, Wallenstein se moqua de ses craintes. « Dans de pareilles entreprises, dit-il, le com-
» mencement seul est difficile; les astres me
» sont favorables, l'occasion est telle qu'on
» peut la desirer, et il faut au surplus aban-
» donner quelque chose au bonheur. Ma réso-
» lution est inébranlable, et si je ne peux
» autrement, je tenterai ma fortune à la tête de
» mille chevaux ». Piccolomini se garda bien de le contrarier plus long-temps, de peur d'éveiller sa méfiance, et se rendit avec l'apparence de la conviction à la force de ses raisonnemens. Tel fut l'aveuglement du Duc que, malgré les représentations de Terzky, il ne lui vint pas dans l'idée de soupçonner la sincérité de cet homme, qui, sans perdre un instant, instruisit la cour de Vienne de cette découverte importante.

Enfin il hasarda le pas décisif et convoqua, dans le mois de janvier 1634, tous les Chefs de l'armée à Pilsen, où il avoit dirigé sa marche aussitôt après sa retraite de Bavière. L'Empereur venoit de demander que l'on exemptât les pays autrichiens des quartiers d'hiver, que l'on reprît Ratisbonne malgré la rigueur de la saison, et qu'on diminuât l'armée de six mille hommes de cavalerie pour renforcer celle du Cardinal Infant. Ces objets étoient assez importans pour être pris en considération par tout le conseil de guerre assemblé, et ce prétexte cacha aux yeux du grand nombre le vrai but de sa convocation. La Suède et la Saxe y furent aussi invitées secrètement, afin de traiter de la paix avec Wallenstein; le Duc décida qu'on instruiroit par écrit les Chefs des armées éloignées. Vingt des Généraux se rendirent au rendez-vous ; mais les plus intéressans, Gallas, Altringer et Collorédo, y manquèrent. Wallenstein fit renouveler ses invitations auprès d'eux avec une nouvelle instance; et, en attendant leur arrivée, il procéda à l'affaire principale.

L'entreprise qu'il alloit exécuter alors n'étoit rien moins que facile. Il voyoit autour de lui une noblesse fière, brave, tenant à son honneur, et il falloit la déclarer capable de l'infidélité la plus honteuse; jusqu'alors ses Officiers n'avoient respecté dans sa personne que l'image de la majesté impériale, le juge de leurs actions, le conservateur des loix, et tout à coup il falloit paroître à leurs yeux comme un homme vil, un séducteur, un rébelle. Il n'étoit rien moins que facile d'ébranler dans ses fondemens une puissance affermie par le temps, consacrée par la religion et les loix, de détruire tous ces enchantemens de l'imagination et des sens, gardiens redoutables d'un pouvoir légitime, d'extirper tous les sentimens de devoir qui parlent si haut et si puissamment dans l'ame du sujet pour celui qui est né son maître. Mais ébloui par l'éclat d'une couronne, Wallenstein ne vit pas l'abîme qui s'ouvroit devant lui, et la conscience de ses forces fit qu'il dédaigna de calculer les obstacles : sort ordinaire de toutes les ames fortes et hardies. Il ne vit qu'une armée indifférente envers la cour, ou aigrie contre elle, une armée habituée à rendre hommage à sa puissance avec une soumission aveugle, à trembler devant lui comme devant son législateur et son juge, à suivre ses ordres avec respect et avec crainte comme les arrêts du destin. Dans les flatteries outrées que l'on prodiguoit à sa toute-puissance, dans les insultes grossières qu'une soldatesque effrénée se permettoit contre la cour, et qu'excusoit la licence des camps, il crut reconnoître les vrais sentimens de l'armée ; et la hardiesse avec laquelle on osoit critiquer les actions du Monarque, répondit à ses yeux de l'empressement des troupes à oublier leur devoir envers un Souverain aussi méprisé. Mais tous ces calculs échouèrent contre la fidélité du soldat. Enivré du pouvoir qu'il savoit conserver sur des bandes aussi indociles, le Duc attribua tout à sa grandeur personnelle, sans distinguer ce qu'il devoit à lui-même de ce qu'on rendoit à la dignité dont il étoit revêtu. Tout trembloit devant Wallenstein, parce qu'il exerçoit une autorité légitime, parce que l'obéissance envers lui étoit un devoir, parce que sa considération tenoit à la majesté du trône. La grandeur par elle-même peut forcer l'admiration et l'effroi, mais la grandeur légitime seule peut entraîner au respect et à la soumission. Et il se privoit de cet avantage décisif à l'instant où il se montroit criminel. Tous les liens de la fidélité entre lui et ses troupes devoient nécessairement se rompre, aussitôt que les liens également sacrés entre le trône et lui viendroient à disparoître; et le devoir qu'il se permit d'enfreindre, avoit conservé sur ses bandes barbares une influence qui le perdit lui-même.

Le feld-maréchal d'Illo entreprit de sonder les dispositions des chefs, et de les préparer à la démarche que l'on attendoit d'eux. En commençant par exposer les nouvelles demandes que la cour faisoit à l'armée et à son général, il sut leur donner une tournure si odieuse, qu'il excita dans un instant la colère de toute l'assemblée. Après cet heureux début, il s'étendit avec beaucoup d'éloquence sur les services de l'armée et du général, et sur l'ingratitude dont l'Empereur étoit en usage de les payer. « L'influence » espagnole, dit-il, dirige toutes les démarches » de la cour, le ministère est à la solde d'Es- » pagne; le Duc de Friedland seul a résisté à » cette tyrannie, et sa fermeté lui a attiré, de » la part des Espagnols, une haine implacable. » L'éloigner du commandement une seconde » fois, ou s'en défaire entièrement, tel est » depuis long-tems le but de tous leurs efforts, » et jusqu'à ce qu'ils aient réussi à l'un des deux, » on cherche à miner sourdement ses forces. On » ne tâche de faire passer le commandement » entre les mains du Roi de Hongrie, qu'afin de » mener ce prince en campagne comme l'instru- » ment docile d'une volonté étrangère, mais » pour affermir d'autant mieux la puissance es- » pagnole en Allemagne. C'est uniquement dans » l'intention de diminuer l'armée que l'on de- » mande six mille hommes pour le cardinal In- » fant; on ne veut que l'épuiser par une cam- » pagne d'hiver, lorsqu'on insiste sur la prise » de Ratisbonne dans une saison aussi rigou- » reuse. On enlève au soldat tous les moyens » de subsistance, tandis que les ministres s'en-

graissent

» graissent de la sueur des provinces et dissi-
» pent les sommes destinées pour les troupes. Le
» général reconnoît l'impuissance où il se trouve
» de tenir parole à l'armée, parce que la cour
» l'abandonne. Pour tous les services qu'il a
» rendus depuis vingt-deux ans à la maison d'Au-
» triche, pour toutes les peines qu'il a essuyées,
» pour tout ce qu'il a sacrifié de sa fortune au
» service impérial, il doit s'attendre à une se-
» conde démission aussi honteuse que la pre-
» mière. Mais le Duc de Friedland déclare qu'il
» ne veut pas laisser les choses en venir là, et
» 'il renonce de plein gré au commandement,
» avant qu'on le lui arrache. Voilà, conti-
» nue l'orateur, ce qu'il fait savoir par moi à
» tous les chefs de l'armée. Que chacun se de-
» mande maintenant s'il est à propos de perdre
» un pareil général. Que chacun voie qui lui
» remboursera les sommes dissipées au service
» de l'Empereur, et où il recueillera la récom-
» pense si bien méritée de sa bravoure, lorsque
» celui-là ne sera plus sous les yeux duquel il l'a
» signalée. »

Un cri unanime interrompt l'orateur ; personne ne veut souffrir que le général s'éloigne.
Quatre des principaux chefs sont choisis pour lui
porter les félicitations de tous les autres, et le sup-
plier de ne pas abandonner l'armée. Le Duc refusa pour la forme et ne se rendit qu'à la seconde

Tome II.

députation. Cette déférence de sa part parut mériter qu'ils le payassent de retour. Comme il s'engagea à ne pas quitter le service sans le consentement des chefs, il leur demanda en revanche la promesse par écrit de lui rester fermement et fidèlement attachés, de ne jamais se séparer ou se laisser séparer de lui, et d'exposer pour sa personne jusqu'à la dernière goutte de leur sang. Celui qui manqueroit à sa parole, passeroit pour un traître déloyal, et seroit regardé par les autres comme un ennemi commun. La condition expresse, *tant que Wallenstein emploieroit l'armée pour le service de l'Empereur*, éloigna toute fausse interprétation; et aucun des chefs assemblés ne fit difficulté de donner son entière approbation à une demande aussi juste et qui paroissoit aussi innocente.

La lecture de cet écrit eut lieu immédiatement avant un festin que le Feld-maréchal d'Illo avoit préparé dans cette intention. La signature devoit se faire après le repas. Le maître de la maison n'épargna pas les boissons les plus fortes pour émousser la raison de ses convives, et ce ne fut que lorsque les fumées du vin commencèrent à les faire chanceler, qu'il apporta l'écrit à la signature. La plupart griffonèrent inconsidérément leurs noms sans savoir ce qu'ils signoient; quelques-uns seulement, plus curieux ou plus méfians, relurent cette feuille et découvrirent à leur grand étonnement que la clause, *tant que Wallenstein emploieroit l'armée pour le service de l'Empereur*, étoit omise. Illo, par une supercherie indigne de son rang, avoit adroitement substitué à l'original un autre exemplaire où cette clause manquoit. La fourberie étoit claire, et beaucoup refusèrent leur signature. Piccolomini qui pénétroit toute l'intrigue, et n'avoit pris part à cette scène que pour en rendre compte à la cour, s'oublia dans l'ivresse jusqu'à porter la santé de l'Empereur. Mais le Comte de Terzky se leva alors, et déclara qu'il regardoit comme scélérats et parjures tous ceux qui oseroient se retirer. Ses menaces, le danger inévitable auquel on s'exposoit par un plus long refus, l'exemple du grand nombre et l'éloquence d'Illo triomphèrent enfin de leurs difficultés, et l'écrit fut signé de tous sans exception.

Wallenstein avoit, à la vérité, atteint son but, mais l'opposition inattendue des chefs le tira tout à coup de l'illusion flatteuse où il s'étoit plu jusqu'alors. Outre cela la plupart avoient griffoné leurs noms d'une manière si inlisible, qu'on ne pouvoit s'empêcher de soupçonner la droiture de leurs intentions. Mais, au lieu de réfléchir sur l'avertissement que le destin sembloit lui donner, il n'écouta que son ressentiment et se livra aux plaintes et aux imprécations les plus déplacées. Le lendemain il appela les chefs auprès de lui, et entreprit de leur répéter en personne toute la teneur du discours qu'Illo leur avoit prononcé la veille. Après avoir, par les reproches et les injures, exhalé son mécontentement contre la cour, il leur rappela leur opposition et déclara que cette découverte de leurs sentimens le déterminoit à retirer sa promesse. Confondus, les Généraux passèrent dans l'antichambre, sans dire un seul mot; mais ils reparurent après une courte délibération, s'excusèrent, et s'offrirent à signer une seconde fois.

Il ne manquoit plus alors que d'obtenir une pareille assurance des Généraux absens, ou de s'emparer de leurs personnes en cas de refus. Wallenstein renouvela donc son invitation et les engagea instamment à accélérer leur départ. Mais avant qu'ils arrivassent, l'événement de Pilsen parvint à leur connoissance, et cette nouvelle suspendit tout à coup leur célérité. Altringer resta, sous prétexte de maladie, dans le château fort de Frauenberg. Gallas parut, il est vrai, mais pour étudier le danger par lui-même et en instruire l'Empereur d'autant plus sûrement. Les éclaircissemens qu'il donna, ainsi que Piccolomini, montrèrent tout à coup à Ferdinand la certitude

effrayante d'une trahison qu'il avoit seulement
appréhendée jusqu'alors. De semblables nouvelles qui arrivèrent d'autres parts, ne permirent plus d'en douter un instant, et le changement subit des Commandans en Autriche et
en Silésie sembloit annoncer une entreprise
des plus inquiétantes. Le danger étoit pressant,
et il falloit promptement y porter remède.
Cependant on ne voulut pas commencer par
l'exécution du jugement, mais procéder, au contraire, d'après toutes les règles de la justice. On
s'adressa donc à ceux des principaux chefs sur
la fidélité desquels on croyoit pouvoir compter,
et on leur envoya secrètement l'ordre d'arrêter,
de quelque manière que ce fût, et de mettre en
lieu de sûreté le Duc de Friedland et ses deux
partisans Terzky et Illo, afin qu'ils pussent être
entendus et se justifier. Dans le cas où la chose
ne pourroit pas s'exécuter aussi paisiblement,
le danger commun exigeoit qu'on les saisît
morts ou vifs. En même-temps le général Gallas
reçut une patente qui instruisoit tous les généraux et officiers de cet ordre impérial, dégageoit l'armée entière de ses devoirs envers
le traître, et la renvoyoit au Lieutenant-général
Gallas jusqu'à la nomination d'un nouveau généralissime. Afin de faciliter aux rébelles ou à
ceux qui s'étoient laissé séduire, le retour à
leur devoir, et pour ne pas désespérer les cou-

pables, on accorda amnistie entière pour tout ce qui s'étoit passé à Pilsen contre la majesté de l'Empereur.

L'honneur qu'on faisoit à Gallas dans cette occasion, n'étoit rien moins que rassurant. Il se trouvoit à Pilsen sous les yeux de celui dont il tenoit le sort entre les mains; au pouvoir d'un ennemi qui avoit cent espions pour le surveiller et découvrir le secret de sa commission. Si Wallenstein venoit à reconnoître en quelles mains il étoit livré, rien ne pouvoit le garantir alors des effets de sa fureur et de son désespoir. Mais cette entreprise, déjà si délicate par l'importance du secret, offroit encore de bien plus grands dangers dans son exécution. Les sentimens des chefs étoient incertains, et on pouvoit au moins douter que, le pas une fois franchi, ils voulussent se fier aux promesses de l'Empereur et renoncer tout à coup aux brillantes espérances qu'ils avoient fondées sur Wallenstein. Et quel coup périlleux que de porter la main sur la personne sacrée d'un homme qu'on avoit tenu jusqu'alors pour inviolable, que le long exercice de la puissance suprême, qu'une soumission devenue habitude avoient rendu l'objet du plus profond respect, et qui étoit armé de tout ce que la majesté extérieure et la grandeur réelle peuvent prêter de forces; d'un homme dont le regard sembloit ne commander qu'à des esclaves, et qui, d'un signe, décidoit de la vie ou de la mort. Arrêter un tel homme comme un simple criminel au milieu des gardes qui l'entouroient, dans une ville qui sembloit lui être entièrement dévouée, faire de cet antique objet de la vénération celui de la pitié ou du mépris ; une pareille commission devoit faire trembler même le plus brave. La crainte et le respect étoient tellement imprimés dans l'ame de ses soldats, que le crime de Wallenstein, le crime monstrueux de haute trahison ne put entièrement déraciner en eux l'habitude de ces sentimens.

Gallas sentit l'impossibilité d'exécuter sa commission sous les yeux du Duc, et desiroit vivement de se concerter avec Altringer avant de rien hasarder. La longue absence de ce dernier commençant à éveiller les soupçons de Wallenstein, Gallas lui offrit de se rendre en personne à Frauenberg, et, comme parent d'Altringer, de le déterminer à partir. Wallenstein reçut cette preuve de son zèle avec tant d'empressement, qu'il lui fournit ses propres équipages pour le voyage. A l'aide d'une ruse aussi heureuse, Gallas abandonna Pilsen sans plus tarder, et chargea le Comte Piccolomini de surveiller la conduite du Duc de Friedland. Mais il ne différa pas un instant lui-même à faire usage de la patente impériale par-tout où il passa, et les troupes se déclarèrent d'une manière plus favorable qu'il n'auroit jamais pu s'y attendre. Au lieu de ramener son ami à Pilsen, il l'envoya à Vienne pour défendre l'Empereur contre une attaque dont il étoit menacé, et se rendit en personne dans l'Autriche supérieure où l'approche du Duc Bernard mettoit tout en alarme. En Bohême, les villes de Budweis et de Tabor furent occupées de nouveau pour l'Empereur, et toutes les dispositions faites pour s'opposer avec vigueur et célérité aux entreprises du traître.

Comme Gallas ne paroissoit pas non plus songer à revenir, Piccolomini hasarda d'éprouver encore une fois la crédulité du Duc. Il lui demanda la permission d'aller chercher ce Général, et Wallenstein se laissa tromper pour la seconde fois. Cet aveuglement inconcevable ne peut s'expliquer qu'en le considérant comme une suite de son orgueil; jamais il ne retira le jugement qu'il avoit porté sur un individu; jamais il ne voulut s'avouer à lui-même la possibilité de se tromper. Il fit donc conduire le Comte Piccolomini dans sa propre voiture à Linz où celui-ci suivit l'exemple de Gallas et fit un pas de plus. Il avoit promis à Wallenstein de revenir; il revint, mais à la tête d'une armée, pour surprendre le Duc à Pilsen. Une autre armée, sous les ordres du général Suys, marcha sur Prague pour faire prêter par cette capitale serment à l'Empereur, et la défendre contre une attaque des rébelles. En même-temps Gallas s'annonce à toutes les armées autrichiennes, comme le seul chef dont on ait désormais à recevoir les ordres. Dans tous les camps impériaux on répand des affiches qui déclarent proscrits le Duc ainsi que quatre de ses affidés, et délient les armées de leur serment envers lui. L'exemple donné à Linz est imité universellement ; on maudit la mémoire du traître, toutes les armées désertent son parti. Enfin Piccolomini ne paroissant pas, le voile tombe des yeux de Wallenstein, et il sort par un réveil terrible du songe qui l'avoit égaré. Cependant il croit encore à la faveur des astres et à la fidélité de l'armée. A peine a-t-il appris la défection de Piccolomini, qu'il publie une ordonnance par laquelle il est défendu d'obéir désormais à aucun ordre qui n'émanera pas immédiatement de lui ou de Tersky et d'Illo. Il se prépare avec la plus grande célérité à marcher vers Prague, où il veut enfin lever le masque et se déclarer ouvertement contre l'Empereur. Toutes les troupes devoient se rassembler sous les murs de cette capitale, et de là se précipiter sur l'Autriche. Le Duc Bernard qu'on avoit mis du complot, devoit soutenir les opérations du Duc et faire une diversion sur le Danube. Déjà Terzky, détaché en avant, s'avance vers Prague, et le manque seul de chevaux empêche le Duc de suivre avec le reste des régimens restés fidèles. Mais tandis que Wallenstein attend avec la plus vive impatience des nouvelles de Prague, il apprend la perte de cette ville, la défection de ses généraux, la désertion de ses troupes, la découverte de tout son complot et la marche précipitée de Piccolomini qui a juré sa perte. Dans ce moment affreux, tous ses plans sont détruits, toutes ses espérances trompées. Il reste seul, abandonné de tous ceux à qui il fit du bien, trahi par ceux-mêmes sur lesquels il comptoit le plus. Mais ce sont de pareilles situations qui éprouvent les grands caractères. Déçu dans toutes ses espérances, il ne renonce à aucun de ses projets; il n'a rien perdu, parce qu'il se reste à lui-même. Alors étoit arrivée l'époque où l'appui si souvent desiré des Suédois et des Saxons lui devenoit de la dernière nécessité, où la sincérité de ses sentimens ne permettoit plus aucun doute. Oxenstiern et Arnheim reconnoissant alors que son projet étoit aussi sérieux que sa détresse étoit extrême, n'hésitèrent plus à profiter de l'occasion et à lui promettre des secours. Le Duc François Albert de Saxe Lauenbourg devoit lui amener quatre mille hommes, le Duc Bernard et le Comte palatin Christian de Birkenfeld six mille hommes de troupes aguerries. Wallenstein abandonna Pilsen avec le régiment de Terzky et le petit nombre de ceux qui lui étoient restés fidèles, ou qui feignoient de l'être; de là il marcha droit vers Egra, pour se rapprocher du Haut-Palatinat et faciliter sa jonction avec le Duc Bernard. Il ignoroit encore le jugement qui le déclaroit traître et ennemi public; ce n'étoit qu'à Égra que ce coup terrible devoit le frapper. Wallenstein comptoit encore sur une armée que le général Schafsgotsch lui réservoit en Silésie, et il se flattoit que beaucoup de ceux mêmes qui avoient déserté depuis long-temps son parti, reviendroient à lui aux premiers rayons de son bonheur. L'expérience avoit si peu dompté son audace, que, pendant sa fuite vers Egra, il s'occupoit encore du plan monstrueux de détrôner l'Empereur. Dans de pareilles conjonctures, une personne de sa suite demanda la permission de lui donner un conseil. « Auprès de l'Empereur, lui dit-elle, » votre Altesse est réellement un grand per- » sonnage, un personnage très-estimé; auprès » de l'ennemi, vous n'êtes qu'un Roi très-équi- » voque, et ce n'est pas agir sagement que de » sacrifier le certain à ce qui ne l'est pas. L'en- » nemi se servira de votre Altesse, parce que » l'occasion est favorable; mais votre personne

» lui sera toujours suspecte, et il craindra cons-
» tamment que vous ne vous conduisiez un jour
» envers lui, comme vous le faites aujourd'hui
» envers l'Empereur; revenez donc tandis qu'il
» en est temps » ! « Et quel moyen y a-t-il en-
» core » ? dit le Duc. « Vous avez dans votre
» caisse, répondit l'autre, quarante mille
» hommes d'armes (ducats avec des hommes
» cuirassés), prenez-les, et allez droit à la cour
» impériale; là, déclarez que toutes vos dé-
» marches n'ont eu pour objet que d'éprouver
» les serviteurs de Ferdinand, et de distinguer
» les suspects d'avec les bons. Comme la plu-
» part ont montré du penchant à la défection,
» dites que vous venez prémunir sa Majesté
» impériale contre ces hommes dangereux. Par-
» là, vous ferez des traîtres de tous ceux qui
» veulent aujourd'hui faire de vous un scélérat.
» Avec les quarante mille hommes d'armes,
» vous serez, certes, le bien venu à la cour
» impériale, et vous redeviendrez encore une
» fois l'ancien Friedland ». « Le projet est bon »,
répondit Wallenstein après quelques instans de
réflexion, « mais diable qui s'y fie » !

Tandis que, d'Égra, le Duc pressoit les
négociations avec l'ennemi, consultoit les astres
et se livroit à de nouvelles espérances, le
poignard qui termina ses jours s'aiguisoit
presque sous ses yeux. La sentence impériale,

qui le déclaroit proscrit, n'avoit pas manqué
son effet, et le sort vengeur voulut que l'ingrat tombât sous les coups de l'ingratitude.
Parmi ses officiers, Wallenstein avoit honoré
un Irlandois, nommé Leslie, d'une faveur
particulière, et cet homme lui devoit toute sa
fortune. Ce fut celui-là même qui se sentit
appelé à exécuter sur son Général la sentence
de mort. On ignore si l'intérêt eut plus de part
à une pareille résolution que le sentiment de
son devoir ; mais aussitôt arrivé à Egra,
il découvrit au Colonel Buttler, Commandant de la place et au Lieutenant - Colonel
Gordon, Protestans écossois, tous les desseins
du Duc, que celui-ci lui avoit confiés incon-
sidéremment pendant la route. Leslie trouva
en eux deux hommes capables de prendre un
parti. On avoit le choix entre le devoir et la
trahison, entre le souverain légitime et un
fugitif, un rebelle généralement abandonné.
Quoique le dernier fut le bienfaiteur de tous,
le choix ne pouvoit pas être un instant dou-
teux. On s'engage fermement et solemnellement
à la fidélité envers l'Empereur, et celle-ci exige
les mesures les plus promptes contre l'ennemi
public. L'occasion est favorable, son mauvais
génie l'a livré, de lui-même, entre les mains
de la vengeance. Pour ne pas usurper, cependant, les droits de la justice, on résout de

lui livrer sa victime vivante, et on se sépare avec le projet hasardeux d'arrêter le Général. Le secret le plus profond couvre ce noir complot, et Wallenstein, sans le moindre pressentiment d'une chûte aussi prochaine, se flatte, au contraire, de trouver dans la garnison d'Egra ses plus fidèles comme ses plus braves défenseurs.

Dans ce temps-là même on lui remet les patentes impériales qui renferment sa sentence, et sont publiées contre lui dans tous les camps. Il reconnoît alors la grandeur du péril, l'impossibilité absolue de revenir sur ses pas, l'horreur de sa position, son abandon, la nécessité de se livrer à la bonne foi de l'ennemi. Il découvre à Leslic l'état terrible de son ame ulcérée, et la vivacité du sentiment qui l'affecte, lui arrache son dernier secret. Leslie apprend donc son projet de remettre au Comte palatin de Birkenfeld Egra et Elnbogen, comme les clefs du royaume ; il apprend aussi la prochaine arrivée du Duc Bernard à Egra, arrivée dont Wallenstein avoit été averti par un courier dans la nuit même. Cette découverte, dont Leslie fait part, sur-le-champ, aux conjurés, change leur première résolution. L'urgence du péril ne permet plus de ménagement. Egra pouvoit tomber à chaque instant entre les mains de l'ennemi, et une révolution subite mettre leur captif en liberté. Pour éviter un pareil malheur, ils conviennent de l'assassiner la nuit prochaine avec tous ses affidés.

Afin d'y parvenir avec le moins de bruit possible, le colonel Buttler donna au château un repas destiné à cette exécution. Chacun s'y rendit; Wallenstein seul, trop agité pour prendre part à aucun plaisir, fit faire ses excuses et refusa. Il fallut donc changer le plan relativement à sa personne; mais on résolut de suivre envers les autres la première résolution. Les trois généraux Illo, Terzky et Guillaume Kinsky y vinrent dans la plus profonde sécurité, et avec eux le capitaine Neumann, homme plein de capacité, que Terzky employoit dans toutes les affaires épineuses et qui exigeoient de la tête. Avant leur arrivée on avoit introduit dans le château les soldats les plus sûrs de la garnison, on avoit occupé toutes les issues et caché dans une chambre voisine de la salle à manger six dragons de Buttler, qui devoient paroître au signal convenu et massacrer les traîtres. Sans le moindre pressentiment du péril qui les menace, les convives se livrent à tous les plaisirs de la table et portent à pleins verres la santé de Wallenstein; mais ce n'étoit plus de Wallenstein officier impérial, c'étoit celle du Prince souverain. Le vin établit la confiance, et Illo découvre

avec hauteur que dans trois jours on verra à Egra une armée telle que Wallenstein n'en a jamais eu à commander. « Oui, interrompt Neumann, et alors j'espère laver mes mains dans le sang autrichien »! Au milieu de ces discours on apporte le dessert ; alors Leslie donne le signal convenu pour faire lever les ponts, et prend sur lui toutes les clefs. A l'instant la salle se remplit de soldats qui se placent derrière les sièges des convives désignés, et les saluent avec le cri inattendu de vive Ferdinand ! Surpris et pressentant quelques mauvais desseins, ils s'élancent à-la-fois de leurs sièges. Kinsky et Terzky sont massacrés avant de pouvoir se mettre en défense : Neumann trouve, pendant la confusion, moyen d'échapper dans la cour, mais reconnu par les sentinelles, il est tué sur-le-champ. Illo seul a assez de présence d'esprit pour se défendre. Il se place auprès d'une fenêtre, fait à Gordon les reproches les plus amers sur sa trahison, et le somme de se battre avec lui en homme d'honneur et en chevalier. Ce n'est qu'après la plus vigoureuse résistance, après avoir étendu deux de ses ennemis à ses pieds, qu'il tombe lui-même, vaincu par le nombre et percé en dix endroits différens. Aussitôt après cette exécution, Leslie se rendit précipitamment dans la ville pour prévenir une émeute. Les sentinelles

nelles de la porte du château, le voyant courir à perte d'haleine, le prirent pour un des rébelles et firent feu sur lui, mais sans le toucher. Ces coups de fusils mirent toutes les gardes de la ville en mouvement, et il ne fallut rien moins que l'arrivée subite de Leslie pour les tranquilliser. Il leur découvrit alors dans le plus grand détail l'ensemble de la conspiration, les mesures déjà prises pour s'y opposer, le sort des quatre rébelles et celui qui attendoit le chef lui-même. Comme les soldats se montrèrent empressés à servir ses desseins, il leur fit prêter de nouveau le serment de rester fidèles à l'Empereur et de vivre et mourir pour la bonne cause. Alors on tira du château cent dragons de Buttler qu'on introduisit dans la ville pour parcourir les rues à cheval, contenir les partisans du traître et prévenir jusqu'au moindre tumulte. On mit un bon nombre d'hommes sûrs à toutes les portes de la place et à toutes les rues qui aboutisssoient au château de Friedland, afin que le Duc ne pût ni échapper, ni recevoir de secours du dehors.

Mais avant de se décider à l'exécution, les conjurés tinrent un dernier conseil au château, où ils délibérèrent long-temps sur ce coup décisif. Couverts de sang, reposant, pour ainsi dire, sur les cadavres de ses amis, ces hommes farouches trembloient d'attenter à une vie aussi

Tome II. Q

glorieuse, à la vie d'un aussi grand homme. Ils le voyoient encore, les guidant aux combats, ils le voyoient dans ses jours heureux, environné de son armée triomphante, brillant de tout l'éclat de sa puissance, et la crainte qui les avoit dominés si long-temps les saisit encore une fois. Ils hésitent, incertains s'ils l'assassineront ou s'empareront de sa personne; mais l'idée du péril étouffe bientôt ce mouvement passager On se rappelle les menaces que Neumann et Illo ont proférées pendant le repas, on voit déjà les Suédois et les Saxons aux portes d'Egra avec une armée formidable; et la mort du traître se présente à leurs yeux comme le dernier moyen de salut. Ils s'en tiennent donc à la première résolution, et l'assassin, déjà désigné, le Capitaine Devéroux, reçoit l'ordre décisif.

Tandis que ces trois hommes fixoient la destinée de Wallenstein au château d'Egra, le Duc s'occupoit avec Séni à la lire dans les astres: « Le péril n'est pas encore passé, dit » l'astrologue, avec un esprit prophétique; il » l'est », repliqua le Duc, qui vouloit voir le ciel même obéir à sa volonté, « mais tu seras » sous peu jeté dans un cachot, continua-t-il » avec un esprit également prophétique; ami » Séni, voilà ce qui est écrit dans les astres. » L'astrologue avoit quitté Wallenstein, et le

Duc étoit couché, lorsque le Capitaine Devéroux parut devant sa demeure avec six hallebardiers. La garde, pour qui rien n'étoit moins extraordinaire que de le voir à toute heure entrer chez le Général, ou en sortir, le laisse passer sans difficulté. Un page qui se trouve sur l'escalier, et veut se faire entendre, est percé sur-le-champ d'un coup de pique. Les assassins rencontrent un valet de chambre qui sort de l'appartement du Duc et a retiré la clef. Le doigt sur la bouche, cet homme effrayé les avertit de ne pas faire de bruit, parce que le Duc vient de s'endormir. « Ami, s'écrie Devéroux, il est temps d'en venir là ! » A ces mots il s'élance contre la porte qui étoit aussi vérouillée en dedans et l'enfonce d'un coup de pied.

Wallenstein, que le bruit d'un coup de fusil avoit tiré en sursaut de son premier sommeil, s'étoit porté vers la fenêtre pour appeler la garde. Dans ce moment même il entend, des fenêtres du bâtiment voisin, les cris et les sanglots des Comtesses Terzky et Kinzky qui venoient d'apprendre la mort violente de leurs époux. Avant qu'il ait le temps de réfléchir sur cet événement terrible, Devéroux est déjà dans l'appartement avec les autres assassins. Wallenstein se trouvoit encore en chemise, tel qu'il étoit sauté de son lit, appuyé contre

une table auprès de la fenêtre : « Es-tu, lui
» crie Devéroux, le scélérat qui veut livrer
» les soldats de l'Empereur à l'ennemi et ar-
» racher la couronne à sa Majesté? tu vas
» mourir! » Devéroux reste quelques instans
comme s'il attendoit une réponse, mais la surprise et la fierté ferment la bouche de Wallenstein. Les bras étendus il reçoit dans la
poitrine le coup mortel, et sans faire entendre un soupir, il tombe baigné dans son sang.

Le jour suivant paroît un exprès du Duc
de Lauenbourg qui annonce la prochaine arrivée de ce Prince. On s'assure de sa personne;
et un autre domestique, vêtu de la livrée de
Friedland, est expédié au Duc pour l'attirer
à Egra. La ruse a tout le succès desiré; et
François-Albert se livre lui-même entre les
mains de l'ennemi. Peu s'en fallut que le Duc
Bernard n'éprouvât le même sort. Heureusement il apprit encore assez-tôt la mort de Wallenstein pour se dérober au danger par une
prompte retraite. Ferdinand répandit quelques
larmes sur la malheureuse destinée de son
Général, mais il n'oublia pas en même-temps
de récompenser les assassins avec des chaînes
d'or, des clefs de Chambellans, des dignités
et des terres.

Ainsi termina Wallenstein dans la cinquan-
tième année de son âge, une carrière aussi

extraordinaire que féconde en événemens. Il fut élevé par l'ambition, perdu par elle, grand et admirable malgré tous ses défauts, aussi grand que possible s'il eût su garder une juste mesure. Les vertus du souverain et du héros, prudence, justice, fermeté, courage, toutes ressortoient dans son caractère sous des formes colossales; mais il manquoit des vertus plus douces de l'homme, des vertus qui parent le héros, et sont pour le souverain les garants de l'amour. La crainte étoit le talisman par lequel il agissoit; exagéré dans les punitions comme dans les récompenses, il savoit entretenir dans une activité continuelle le zèle de ceux qui lui étoient subordonnés, et aucun général du moyen âge, ou de nos jours, ne pourroit se vanter d'avoir été obéi comme Wallenstein. La soumission valoit plus auprès de lui que la bravoure, parce que celle-ci n'est que la vertu du soldat, mais que le Général agit par l'autre. Des ordonnances arbitraires exerçoient à chaque instant la subordination de ses troupes, et il récompensoit avec prodigalité l'empressement à lui obéir jusques dans la moindre chose. Il ordonna un jour les écharpes rouges dans toute l'armée, et défendit sous peine de mort d'en porter d'autres. Un Capitaine de cavalerie n'eut pas plutôt entendu parler de cet ordre, qu'il arracha son écharpe tissue d'or et la foula aux pieds. Wallenstein à qui on en rendit compte, le fit aussitôt Colonel. Son coup d'œil étoit continuellement dirigé sur l'ensemble, et, malgré toutes les apparences de l'arbitraire le plus absolu, il n'agissoit jamais sans motif. Les désordres du soldat dans les pays amis avoient occasionné des ordonnances sévères contre les marodeurs, et il y alloit de la corde pour celui que l'on surprenoit à voler. Un jour Wallenstein rencontre un soldat dans la campagne, et le fait arrêter comme coupable de désobéissance envers la loi ; sans plus de recherches, il le condamne à la potence avec le mot foudroyant et contre lequel il n'y avoit pas de réplique : « qu'on pende la bête » ! Le soldat proteste de son innocence et la prouve ; mais la sentence irrévocable est prononcée : « qu'on te pende » donc innocent, dit le barbare, le coupable » n'en tremblera que plus sûrement ». Déjà on fait les préparatifs, lorsque le soldat qui se voit perdu sans ressource, forme la résolution désespérée de ne pas périr sans vengeance. Furieux, il s'élance contre son juge, mais, arrêté par la supériorité du nombre, il est désarmé avant de pouvoir exécuter son dessein. « Laissez-le, » aller maintenant, dit le Duc, en voilà assez » pour effrayer les autres ». Sa libéralité étoit soutenue par des revenus immenses, estimés annuellement à trois millions, sans compter les sommes incalculables qu'il savoit extorquer sous le nom de contributions. La liberté de son esprit, les lumières de sa raison l'élevèrent au-dessus des préjugés de son siècle, et lui firent des ennemis qui ont peut-être perdu sa réputation aux yeux de la postérité. Car si l'on veut être juste, on est contraint d'avouer que nous ne devons pas à des plumes très-fidelles l'histoire de cet homme extraordinaire, et que la trahison du Duc, ses projets sur la couronne de Bohême, loin d'être appuyés par des faits sévèrement prouvés, ne sont fondés que sur des présomptions. On n'a pas encore trouvé de documens qui nous découvrent les ressorts secrets de sa conduite avec une évidence digne de l'histoire; et de toutes ses actions publiques et universellement attestées, il n'en est aucune qu'on ne puisse attribuer à des motifs innocens. Un grand nombre de ses démarches les plus censurées prouve uniquement son penchant sérieux pour la paix; une juste méfiance envers l'Empereur, et le desir bien pardonnable de soutenir son importance expliquent et justifient la plupart de ses entreprises. Sa conduite envers l'Electeur de Bavière provient, à la vérité, d'un esprit implacable et d'une fureur de vengeance peu généreuse, mais aucune de ses actions ne nous autorise à regarder la trahison comme avérée. Lorsqu'enfin la nécessité et le désespoir le portent à mériter la sentence prononcée contre l'innocent, une pareille conduite ne peut cependant justifier la sentence même. Malheureusement il se fit un ennemi d'un parti victorieux, malheureusement cet ennemi lui survécut et écrivit son histoire.

Gustave-Adolphe et Wallenstein, les héros de ce drame militaire, ont disparu de la scène, et avec eux nous perdons l'unité d'action qui a facilité jusqu'ici l'enchaînement des faits. Dès ce moment cette action se partage entre un grand nombre d'acteurs, et la dernière moitié de cette histoire plus fertile en batailles, en négociations, en hommes d'état et en héros, n'en devient que plus pauvre en intérêt. Cependant pour avoir une idée de l'ensemble, qu'on me permette d'en tracer une esquisse.

La mort de Wallenstein rendoit nécessaire la nomination d'un nouveau Généralissime, et l'Empereur céda enfin aux sollicitations des Espagnols en élevant à cette dignité son fils Ferdinand, Roi de Hongrie. Sous lui commandoit le Comte de Gallas qui exerçoit, comme il arrive en pareil cas, les fonctions de général, tandis que le Prince ne fait que prêter l'éclat de son nom. Bientôt des forces considérables se rassemblent sous les drapeaux de Ferdinand; le Duc de Lorraine arrive en personne avec des troupes auxiliaires, et le Cardinal Infant lui amène d'Italie dix mille hommes de renfort. Pour éloigner les Suédois des bords du Danube, le nouveau Généralissime entreprend ce qu'on n'avoit pu obtenir de son prédécesseur : le siége de Ratisbonne. En vain le Duc Bernard de Weimar pénètre dans l'intérieur de la Bavière pour y attirer l'ennemi ; Ferdinand continue de pousser le siége avec vigueur, et la ville impériale lui ouvre ses portes après la résistance la plus opiniâtre. Donauwerth éprouve bientôt le même sort, et enfin il met le siége devant Nordlingen. La perte de tant de villes impériales devoit paroître d'autant plus sensible au parti suédois, que leur amitié avoit été jusqu'alors décisive pour le bonheur de ses armes. Toute indifférence envers elles étoit donc devenue inexcusable, et les Suédois se couvroient de honte s'ils abandonnoient ces villes alliées à la vengeance du vainqueur. Entraînée par ces motifs, l'armée suédoise marche vers Nordlingen, sous la conduite de Horn et de Bernard, déterminée à délivrer cette place, dût-il en coûter une bataille.

Les impériaux étoient supérieurs en nombre, et la prudence conseilloit d'autant plus de ne pas en venir aux mains, que l'ennemi devoit sous peu de temps diviser ses forces, et que la destination des troupes italiennes les appeloit aux Pays-Bas. On pouvoit sur ces entrefaites choisir une position propre à couvrir Nordlingen, en même-temps qu'elle couperoit les vivres à l'ennemi. Gustave Horn fit valoir tous ces motifs dans le conseil de guerre ; mais ses représentations ne produisirent aucun effet sur des esprits qui, enivrés de leurs longs succès, croyoient ne reconnoître dans les conseils de la prudence que la voix de la timidité. Réduit au silence par l'avis prépondérant du Duc Bernard, Gustave Horn fut forcé de se résoudre à une bataille dont ses pressentimens lui annonçoient déjà l'issue malheureuse.

Il s'agissoit d'occuper une hauteur qui dominoit le camp des Impériaux, et d'où sembloit dépendre en entier le sort du combat. On avoit essayé de s'en emparer pendant la nuit, mais la tentative avoit échoué, parce que le transport pénible de l'artillerie à travers les ravins et les bois retarda la marche des troupes. Lorsqu'on parut vers minuit au pied de la hauteur, les Impériaux qui l'occupoient déjà, l'avoient défendue par de fortes redoutes. On attendit donc le point du jour pour l'escalader. La bravoure et l'impétuosité des Suédois se fraient un chemin à travers tous les obstacles ; les redoutes et les demi-lunes sont heureusement emportées par chacune des deux brigades commandées pour cette expédition ; mais comme elles pénètrent toutes deux à-la-fois dans les retranchemens par des côtés opposés, elles se choquent et se confondent. Il faut encore qu'un baril de poudre éclate dans ce moment malheureux et mette le plus grand désordre parmi les troupes suédoises. La cavalerie impériale pénètre aussitôt dans les rangs qui viennent de se rompre, et la déroute est achevée. Toutes les sollicitations du Général ne peuvent engager les fuyards à renouveler l'attaque.

Il résout donc de mener des troupes fraîches contre ce poste important, afin de s'y maintenir; mais, sur ces entrefaites, quelques régimens espagnols l'ont occupé, et leur valeur héroïque rend inutiles tous les efforts des troupes suédoises. Un régiment envoyé par Bernard attaque sept fois, et sept fois est repoussé. Bientôt on sent tout le désavantage de n'avoir pas occupé un pareil poste. L'artillerie ennemie, placée sur la hauteur, fait un ravage effroyable dans l'aîle de l'armée suédoise commandée par Gustave Horn, et ce Général se voit forcé à la retraite. Au lieu de pouvoir couvrir cette retraite de son collègue et arrêter l'ennemi, le Duc Bernard est lui-même repoussé par les forces supérieures des Impériaux jusque dans la plaine, où sa cavalerie porte le désordre parmi les troupes de Horn, et rend la déroute et la défaite générales. Presque toute l'infanterie est faite prisonnière ou passée au fil de l'épée; plus de douze mille hommes restent sur le champ de bataille; quatre-vingt pièces de canons, environ quatre mille charriots et trois cents drapeaux ou étendards tombent entre les mains des Impériaux. Gustave Horn lui-même et trois autres Généraux sont faits prisonniers. Le Duc Bernard sauve avec peine quelques débris de l'armée, et ce n'est qu'à Francfort que ces troupes dispersées se rassemblent sous ses étendards.

La défaite de Nordlingen causa au Chancelier la deuxième nuit orageuse qu'il passa en Allemagne. La perte qu'elle entraînoit après elle étoit incalculable. On venoit de perdre d'un seul coup la supériorité en campagne, et avec elle la confiance de tous les alliés que l'on devoit uniquement au bonheur, jusqu'alors soutenu, des armes suédoises. Une division dangereuse menace de détruire la confédération protestante; la crainte et l'effroi s'emparent de tout le parti, tandis que les Catholiques sortent en triomphe de leur profond affaissement. La Souabe et les cercles voisins ressentent les premiers effets de la malheureuse bataille de Nordlingen, et le Wurtemberg sur-tout est inondé par l'armée victorieuse. Tous les membres de la convention de Heilbron tremblent devant la vengeance de l'Empereur. Ceux qui peuvent fuir se sauvent à Strasbourg, et les villes impériales livrées à elles-mêmes attendent leur sort dans toutes les horreurs de l'inquiétude. Un peu plus de modération envers les vaincus auroit ramené tous ces foibles états sous la domination de l'Empereur. Mais la dureté avec laquelle on traita ceux même qui se soumirent volontairement, porta les autres au désespoir, et les détermina à la plus vigoureuse résistance.

Dans un état de choses aussi critique, tous cherchent des conseils et de l'appui auprès d'Oxenstiern; Oxenstiern auprès des Etats germaniques. On manquoit de troupes, on manquoit d'argent pour en lever de nouvelles et payer aux anciennes les sommes arriérées qu'elles réclamoient avec humeur. Oxenstiern s'adresse à l'Electeur de Saxe; ce Prince le délaisse honteusement pour traiter à Pirna de la paix avec l'Empereur. Il sollicite l'appui des Etats de Basse-Saxe; ceux-ci, depuis long-temps fatigués des demandes d'argent et des prétentions de la Suède, ne songent plus qu'à leurs intérêts; et le Duc George de Lunebourg, au lieu d'aller au secours de la Haute-Allemagne, met le siége devant Minden qu'il veut garder pour lui-même. Abandonné de ses alliés en Allemagne, le Chancelier a recours aux puissances étrangères. Venise, la Hollande, l'Angleterre sont invitées à fournir des hommes et de l'argent; et, commandé par les circonstances, il se résout enfin à la démarche si pénible et si long-temps évitée : Oxenstiern se jette dans les bras de la France.

Enfin étoit arrivée l'époque que Richelieu avoit vu approcher avec tant d'impatience et tant d'ardeur. L'impossibilité absolue de se sauver par tout autre moyen pouvoit seule déterminer les Etats protestans d'Allemagne à appuyer les prétentions de la France sur l'Alsace. Cette conjoncture pénible existoit alors. La France étoit devenue indispensablement nécessaire, et elle se fit payer bien chèrement la part active qu'elle prit dès ce moment à la guerre d'Allemagne. Alors on la vit paroître sur le théâtre politique avec honneur et avec éclat. Oxenstiern à qui il en coûtoit peu de sacrifier les droits et le territoire germanique, avoit déjà cédé à Richelieu la forteresse impériale de Philipsbourg et d'autres places demandées par lui. Les Protestans de la Haute-Allemagne allèrent encore plus loin. Ils envoyèrent en leur nom une députation particulière pour mettre sous la protection française l'Alsace, la forteresse de Brisach (dont il falloit d'abord s'emparer) et toutes les places sur le Haut-Rhin, que l'on pouvoit regarder comme les clefs de l'Allemagne. La France avoit déjà montré ce que signifie sa protection; depuis des siècles elle protégeoit les évêchés de Metz, Toul et Verdun contre leurs possesseurs légitimes. L'électorat de Trèves avoit des garnisons françaises; la Lorraine étoit comme conquise, puisqu'une armée pouvoit l'envahir à chaque instant, et qu'elle étoit hors d'état de résister par ses propres forces à un voisin aussi redoutable. Dans ce moment, la France avoit l'espoir le mieux fondé de réunir encore l'Alsace à ses possessions déjà si étendues; et, comme on partagea bientôt avec les Hollandois les Pays-Bas espagnols, elle pouvoit espérer de faire du Rhin ses limites naturelles du côté de l'Allemagne. Ainsi des Etats germaniques vendirent honteusement des droits germaniques à cette puissance qui, sous le masque d'une amitié désintéressée, ne visoit qu'à son agrandissement, et prenoit le nom si honorable de protectrice, tandis qu'elle songeoit uniquement à profiter de la confusion générale.

Pour ces concessions importantes, la France s'engagea à faire une diversion à l'avantage des Suédois, en rompant avec l'Espagne; et si les choses en venoient jusqu'à une guerre ouverte avec l'Empereur, elle devoit entretenir en de-çà du Rhin une armée de douze mille hommes, qui agiroit contre l'Autrichien de concert avec les Suédois et les Allemands. Les Espagnols fournirent eux-mêmes un prétexte à la rupture. Ils marchèrent, des Pays-Bas, contre la ville de Trèves, surprirent cette place, passèrent au fil de l'épée la garnison française, se saisirent contre toute espèce de droit des gens de la personne de l'Electeur, qui s'étoit mis sous la protection de la France, et le menèrent prisonnier en Flandre. Le Cardinal Infant, gouverneur des Pays-Bas espagnols, ayant refusé au Roi de France la satisfaction demandée, ainsi que la mise en liberté de l'Electeur, Richelieu lui déclara formellement la guerre à Bruxelles par un hérault d'armes, d'après l'ancien usage, et trois différentes armées commencèrent en même-temps les hostilités dans le Milanois, la Valteline et en Flandre. Le Ministre françois ne parut pas songer aussi sérieusement à la guerre avec l'Empereur, parce qu'il y avoit moins d'avantages à recueillir, et de plus grandes difficultés à vaincre. Cependant une quatrième armée, sous la conduite du Cardinal de la Valette, fut envoyée au-delà du Rhin; et, sans autre déclaration de guerre, elle agit de concert avec le Duc Bernard contre les Impériaux.

Un coup bien plus sensible pour les Suédois que la défaite même de Nordlingen, fut la réconciliation de l'Electeur de Saxe avec l'Empereur. Après qu'on eut réciproquement renouvelé toutes les tentatives imaginables pour
l'accélérer

l'accélérer ou pour y mettre obstacle, elle s'effectua enfin à Pirna en l'année 1634; et, au mois de mai de l'année suivante, on en fit une paix formelle qui fut confirmée à Prague. Jamais l'Electeur de Saxe n'avoit pu pardonner aux Suédois leurs prétentions en Allemagne; et sa répugnance pour une puissance étrangère qui donnoit des loix à l'Empire, avoit augmenté, à chaque nouvelle demande d'Oxenstiern aux Princes allemands. Ces mauvaises dispositions de l'Electeur envers les Suédois furent encore appuyées par la cour d'Espagne, qui prodigua ses efforts pour effectuer la réconciliation de ce Prince avec Ferdinand. Las des calamités d'une guerre longue et désastreuse dont le théâtre sembloit s'établir de préférence sur le territoire saxon, touché des maux effrayans que les amis et les ennemis accumuloient sur ses sujets, gagné par les offres séduisantes de la maison d'Autriche, le foible Electeur abandonna enfin la chose commune. Indifférent à la prospérité de l'Empire, au sort de ses co-Etats, de la religion et de la liberté germanique, il ne songea qu'à servir son intérêt particulier, fût-ce aux dépens du bien général.

En effet, la misère étoit parvenue en Allemagne à un degré si effrayant, que les prières pour la paix retentissoient à toutes les extrémités de l'Empire, et que la plus désavantageuse même eût été regardée comme un bienfait du ciel. Là où des milliers d'hommes jouissoient autrefois du fruit de leurs travaux, où la nature avoit répandu ses dons les plus précieux, où régnoient l'abondance et le bonheur, on ne voyoit plus que déserts. Les champs abandonnés par le cultivateur étoient devenus incultes et sauvages ; dans les plaines où une jeune semence commençoit à germer, dans celles où une riche moisson couvroit encore la campagne, une seule marche de troupes détruisoit le fruit des travaux de toute une année, la dernière espérance d'un peuple languissant de misère. Des châteaux brûlés, des champs ravagés, des villages réduits en cendres présentoient dans une étendue immense l'image de la destruction, tandis que les habitans réduits à la mendicité alloient grossir ces armées d'incendiaires et exercer leur vengeance sur ceux de leurs concitoyens qui avoient été jusqu'alors épargnés. On ne voyoit d'autre ressource contre l'oppression, que de soutenir les oppresseurs. Les villes languissoient sous le fléau de garnisons avides et effrénées qui dévoroient la propriété du citoyen, et faisoient valoir avec une cruauté inouie les libertés de la guerre, la licence de leur état et les privilèges de la nécessité. Si le seul passage d'une armée ravageoit tout un canton, si d'autres étoient appauvris par les quartiers d'hiver ou épuisés par les contributions, ce n'étoient cependant que des maux passagers, et le travail d'une année pouvoit faire oublier les calamités de quelques mois. Mais les habitans qui avoient une garnison dans leurs murs ou dans leur voisinage, n'éprouvoient pas un seul instant de relâche, et l'inconstance même de la fortune ne pouvoit améliorer leur sort, parce que le vainqueur marchoit sur les traces du vaincu et qu'on éprouvoit aussi peu de ménagement des amis que des ennemis. L'abandon de la culture, la destruction des semences et la multiplicité des troupes qui se précipitoient de toutes parts sur des pays épuisés, durent nécessairement entraîner la cherté et la famine; et il fallut encore que, dans la dernière année, une mauvaise récolte mît le comble à la misère. L'entassement des hommes dans les quartiers et dans les camps, la disette d'un côté, la superfluité de l'autre, firent éclorre des maladies pestilentielles qui dépeuplèrent les provinces plus que le fer et le feu. Tous les liens de l'ordre se rompirent dans ce long déchirement; le respect pour les droits du citoyen, la pureté des mœurs se perdirent; la bonne foi tomba entièrement, parce que la force seule faisoit sentir son sceptre de fer; tous les vices naquirent à l'ombre de l'anarchie et de l'impunité, et les hommes devinrent sauvages comme la nature. La licence dans ses excès ne respectoit aucun état, le brigandage aucune propriété. Le soldat (pour exprimer en un seul mot la misère de ces temps), le soldat dominoit; et ce despote fit sentir plus d'une fois sa puissance à ses Généraux mêmes. Le Chef d'une armée étoit un personnage plus important dans le pays où il se montroit, que le Souverain légitime; celui-ci, même, se voyoit souvent réduit à se cacher devant un Général dans ses châteaux forts. L'Allemagne entière fourmilloit de pareils petits tyrans, et ses provinces étoient également maltraitées par les ennemis et par leurs défenseurs. Toutes ces plaies devenoient plus douloureuses encore, lorsqu'on songeoit que des puissances étrangères sacrifioient l'Allemagne à leur avidité, et que c'étoient elles qui prolongeoient les calamités de la guerre, dans l'intention de satisfaire leurs vues intéressées. Pour que la Suède pût s'enrichir et faire des conquêtes, il falloit que l'Allemagne succombât de toutes parts sous le fléau de la guerre; pour que Richelieu restât nécessaire en France, il falloit empêcher le flambeau de la discorde de s'éteindre dans l'Empire.

Mais ce n'étoient pas uniquement des voix intéressées qui se déclaroient contre la paix; et si les Suédois, aussi bien que les Etats de l'Empire, desiroient, par des vues répréhensibles, la continuation de la guerre, la saine politique parloit aussi pour elle. Après la défaite de Nordlingen, pouvoit-on espérer de l'Empereur une paix équitable ? Et si c'étoit la chose impossible, comment ceux qui avoient supporté pendant dix-sept ans toutes les calamités de la guerre, qui avoient prodigué tous leurs moyens, pouvoient-ils se résoudre à n'en retirer aucun avantage, peut-être même à faire des sacrifices ? Pourquoi avoir répandu autant de sang, si tout restoit dans l'état primitif, si l'on n'avoit rien obtenu en faveur de ses droits, de ses prétentions, enfin s'il falloit à la paix restituer tout ce qu'on avoit aussi chèrement acquis ? Ne valoit-il pas mieux porter encore pendant deux ou trois années le fardeau sous lequel on gémissoit depuis si longtemps, et obtenir un dédommagement pour vingt ans de souffrances ? Et il n'y avoit pas à douter d'une paix avantageuse, si les Suédois et les Protestans de l'Empire se tenoient fermement unis dans le cabinet comme dans les camps, s'ils travailloient pour la chose commune avec le même zèle et le même intérêt. Leur division seule pouvoit rendre l'ennemi formidable; elle seule pouvoit éloigner l'espérance d'une paix solide et heureuse. Cependant l'Electeur de Saxe apporta dans le parti protestant cette division, le plus grand de tous les maux, en se réconciliant avec l'Autrichien par un accommodement particulier.

Il avoit déjà ouvert les négociations avant la bataille de Nordlingen; mais l'issue malheureuse de cette journée avança encore l'époque de l'accommodement. La confiance dans l'appui des Suédois étoit tombée, et l'on douta s'ils pourroient jamais se relever d'un pareil coup. La division parmi leurs propres chefs, l'insubordination de l'armée, l'affoiblissement du royaume de Suède ne permettoient plus de rien attendre d'eux; et l'on crut devoir mettre à profit la générosité de l'Empereur, d'autant plus que Ferdinand ne retira pas ses offres après la victoire de Nordlingen. Oxenstiern, qui convoqua les états à Francfort, *demandoit*; l'Empereur, au contraire, *donnoit* : il ne fallut pas réfléchir longtemps pour savoir lequel des deux on devoit écouter.

On voulut cependant sauver les apparences, et ne pas encourir le reproche d'avoir oublié entièrement la chose publique pour ne s'occuper que de ses intérêts. Tous les états germaniques, la Suède même, furent invités à prendre part aux négociations, quoique l'Empereur et la Saxe fussent les seules puissances qui conclussent cette paix, et qu'elles s'érigeassent en législatrices. Les griefs des Etats protestans furent examinés par elles, leurs droits réglés devant ce tribunal arbitraire, et le sort même des religions fut fixé sans l'adhésion des membres qui y étoient si fortement intéressés. Ce devoit être une paix générale, une loi de l'Empire; elle devoit être publiée comme telle, et mise à exécution par des troupes impériales comme un décret formel de la diète. Celui qui s'y opposeroit étoit l'ennemi de l'Empire; il devoit donc, contre tous ses droits constitutionnels, reconnoître une loi qu'il n'avoit pas donnée lui-même. Ainsi la paix de Prague étoit d'abord par les formes un œuvre arbitraire; elle ne l'étoit pas moins par le contenu de ses articles.

L'édit de restitution, sur-tout, avoit occasionné la rupture entre l'Electeur de Saxe et l'Empereur : il falloit donc, du moment où ils se reconcilioient, commencer par prendre cet édit en considération. Sans le révoquer expressément et formellement, on arrêta, par la paix de Prague, que toutes les fondations immédiates, et parmi les médiates, celles qui, après le traité de Passau, avoient été confisquées et possédées par les Protestans, resteroient, encore pendant quarante ans, néanmoins sans le concours de la Diète, dans le même état où l'édit de restitution les avoit trouvées. Avant la fin de ces quarante ans, chacune des deux religions devoit fournir un nombre égal de ses membres pour former une commission qui procéderoit à ce sujet légalement et à l'amiable ; et si l'on n'en venoit à aucun jugement définitif, chaque parti rentreroit en possession de tous les droits qu'il avoit exercés avant l'édit de restitution. Ainsi ce subterfuge, loin d'étouffer toute semence de division, ne fit que suspendre momentanément ses effets pernicieux; et le germe d'une nouvelle guerre étoit déjà renfermé dans cet article de la paix de Prague.

L'archevêché de Magdebourg resta au Prince Auguste de Saxe, et Halberstadt à l'Archiduc Guillaume. Quatre baillages furent démembrés du territoire de Magdebourg et donnés à l'Electeur de Saxe; l'Administrateur de Magdebourg, Christian-Guillaume de Brandebourg, fut appanagé d'une autre manière. Si les Ducs de Mecklenbourg vouloient accéder à cette paix, ils recouvroient leurs pays, qu'heureusement ils occupoient déjà depuis long-temps, graces à la générosité de Gustave-Adolphe. Donauwerht obtint de nouveau sa liberté constitutionnelle. On passa entièrement sous silence la réclamation des héritiers palatins, quelqu'important qu'il fût pour le parti protestant de l'Empire de ne pas perdre cette voix dans le collège des Electeurs ; et cette réclamation fut omise, parce qu'un Prince luthérien ne devoit aucune justice à un réformé. Tout ce que les Etats protestans, la Ligue et l'Empereur avoient conquis les uns sur les autres pendant la guerre, fut restitué; on convint de se réunir pour reprendre aux puissances étrangères, la France et la Suède, tout ce qu'elles s'étoient approprié. Les troupes de toutes les parties contractantes devoient être fondues en une seule armée qui, entretenue et payée par l'Empire, seroit chargée de faire exécuter cette paix les armes à la main.

La paix de Prague devant être regardée comme une loi constitutionnelle, les articles qui n'avoient rien de commun avec l'Empire furent ajoutés dans un traité particulier. Par ce traité, on adjugea à l'Electeur de Saxe la Lusace, comme fief masculin de la couronne de Bohême, et l'on procéda encore séparément sur la liberté de religion pour ce pays ainsi que pour la Silésie.

Tous les Etats évangéliques furent invités à accepter la paix de Prague, s'ils vouloient participer à l'amnistie. On excepta cependant les Princes de Wurtemberg et de Bade, dont les Etats occupés par les Impériaux ne devoient pas être rendus aussi généreusement; on excepta de même les sujets de l'Autriche qui avoient porté les armes contre leur Souverain, et les Etats qui, sous la direction d'Oxenstiern, formoient le Conseil des cercles de la Haute-

Allemagne. Cette conduite fut dictée, moins par le desir de continuer la guerre contr'eux, que par l'intention de leur vendre, d'autant plus cher, la paix qui sembloit leur être devenue indispensablement nécessaire. On retint leurs pays pour gage, jusqu'à ce que la paix fût pleinement acceptée, que toutes les restitutions fussent faites, et les choses remises entièrement dans leur premier état. Une égale justice envers tous auroit peut-être ramené la confiance entre le Chef de l'Empire et les membres, entre les Protestans et les Catholiques, entre les Réformés et les Luthériens; et les Suédois, abandonnés de tous leurs alliés, eussent été forcés à prendre de l'Empire un congé déshonorant. Mais ce traitement inégal envers les Protestans affermit dans leur méfiance et leur opposition les Etats contre lesquels on procéda avec le plus de dureté, et il facilita aux Suédois les moyens d'entretenir le feu de la guerre, et de conserver un parti en Allemagne.

La paix de Prague, comme on pouvoit s'y attendre, fut bien loin d'être également accueillie dans l'Empire. En s'efforçant de rapprocher les deux partis, on s'étoit attiré les reproches de l'un et de l'autre. Les Protestans se plaignoient des restrictions que cette paix mettoit à leurs droits; les Catholiques trouvoient cette secte traitée trop favorablement aux dépens de la véritable Eglise. D'après ceux-ci, on avoit frustré l'Eglise de ses droits imprescriptibles en accordant aux Evangéliques la jouissance des biens ecclésiastiques pendant quarante ans ; les autres crioient à la trahison, parce qu'on n'avoit pas obtenu la liberté de religion pour leurs frères dans les pays autrichiens. Mais personne ne fut censuré plus amèrement que l'Electeur de Saxe. On le représenta dans des écrits publics comme un déserteur sans foi, un traître à la religion, à la liberté germanique, et comme un complice de l'Empereur.

Il triompha cependant, en voyant qu'une grande partie des Etats évangeliques acceptoit la paix faite par lui. L'Electeur de Brandebourg, le Duc Guillaume de Weimar, les Princes d'Anhalt, les Ducs de Mecklenbourg, les Ducs de Brunswick-Lunebourg, les villes anséatiques et la plupart des villes impériales y accédèrent. Le Landgrave Guillaume de Hesse parut irrésolu, ou feignit de l'être, afin de gagner du tems et de se mettre en mesure d'après les circonstances ; d'autant plus qu'il avoit conquis en Westphalie des pays considérables, et que d'après le texte de la paix, il falloit les restituer. Le Duc Bernard de Weimar, dont les Etats n'existoient encore que sur le papier, n'étoit pas considéré comme puissance belligérante, mais bien comme Général en activité ; et sous quelque rapport que ce fut, il ne pouvoit que rejeter avec horreur la paix de Prague. Sa bravoure faisoit toute sa fortune, et son épée toute sa force. La guerre seule le rendoit important, à elle il devoit toute sa grandeur ; la guerre seule pouvoit réaliser les plans hardis qu'il avoit formés.

De tous ceux qui s'élevèrent contre la paix de Prague, les Suédois le firent avec le plus de violence ; et personne aussi n'y étoit autorisé par autant de motifs. Appelés en Allemagne par les Allemands mêmes, sauveurs de l'Eglise protestante et de la liberté germanique qu'ils avoient achetée au prix de tant de sang et de la vie sacrée de leur Roi, ils se voyoient tout-à-coup honteusement abandonnés, trompés à la fois dans tous leurs plans, chassés sans salaire, sans reconnoissance, et livrés aux railleries insultantes de l'ennemi par les mêmes Princes qui leur devoient jusqu'à leurs Etats. Dédommagement, remboursement de leurs frais, équivalent pour les conquêtes qu'ils devoient abandonner, pas un mot de tous ces objets n'avoit été mentionné dans la paix de Prague. Ils alloient alors prendre congé de l'Empire plus pauvres qu'ils n'y étoient venus, et, en cas de refus, être chassés de l'Allemagne par ceux mêmes qui les y avoient appelés.

Enfin, il est vrai, l'Electeur de Saxe parla d'un dédommagement pécuniaire qui devoit se monter à la somme modique de deux millions et demi de florins. Mais les Suédois en avoient fourni beaucoup plus de leurs propres fonds ; une satisfaction aussi honteuse ne pouvoit donc que blesser leur intérêt et soulever leur orgueil. « Les Electeurs de Bavière et de Saxe, » dit Oxenstiern, se font payer avec des » provinces importantes l'appui qu'ils prêtent » à l'Empereur et qu'ils lui doivent comme » vassaux ; et nous Suédois, nous qui avons » sacrifié notre Roi pour l'Allemagne, on veut » nous renvoyer chez nous avec la misérable » somme de deux millions et demi de florins ? » il en coûtoit d'autant plus de se voir déçu dans ses espérances, qu'on avoit compté plus sûrement se dédommager par l'acquisition du duché de Poméranie, dont le souverain avancé en âge se trouvoit sans postérité ; mais l'expectative de ce duché fut assurée dans la paix de Prague à l'Electeur de Brandebourg ; et toutes les puissances voisines s'élevèrent contre l'établissement des Suédois sur cette frontière de l'Empire.

Jamais, pendant toute cette guerre, la situation des Suédois n'avoit été plus critique qu'en cette année 1635, immédiatement après la publication de la paix de Prague. Beaucoup de leurs alliés, parmi les villes impériales sur-tout, abandonnèrent leur parti pour jouir des bienfaits de la paix; d'autres y furent forcés par les armes victorieuses de l'Empereur. Augsbourg, vaincu par la famine, se rendit aux conditions les plus onéreuses; Wurzbourg et Cobourg tombèrent au pouvoir des Autrichiens. La convention de Heilbron fut formellement rompue. Presque toute la Haute-Allemagne, le siége principal des forces suédoises, reconnut la domination de l'Empereur. La Saxe s'appuyant de la paix de Prague, demandoit l'évacuation de la Thuringe, d'Halberstadt et de Magdebourg. Philipsbourg, place d'armes des François, avoit été surpris par les Autrichiens avec ses immenses provisions, et cette perte importante avoit rallenti l'activité de la France. Pour achever la détresse des Suédois, il fallut encore que l'armistice avec la Pologne approchât de sa fin. Faire en même-temps la guerre à la Pologne et à l'Empire, étoit une entreprise qui surpassoit de beaucoup les forces de la Suède; et il falloit choisir entre ces deux ennemis. La fierté et l'ambition se déclarèrent pour la guerre d'Allemagne, quelque sacrifice que l'on dût faire du côté de la Pologne. Et cependant il en coûtoit toujours une armée, si l'on vouloit se faire respecter des Polonois, et ne pas perdre entièrement sa liberté pendant les négociations pour la paix ou pour une suspension d'armes.

Le génie vigoureux et inépuisable d'Oxenstiern se roidit contre tous ces obstacles, et sa pénétration lui montra l'art de tourner à son avantage jusqu'aux contrariétés mêmes. La défection d'un nombre aussi considérable d'Etats de l'Empire le privoit à la vérité d'une grande partie de ses alliés, mais elle le dispensoit de tout ménagement envers eux; et plus le nombre de ses ennemis augmentoit, plus il avoit de pays pour étendre ses armées, plus il s'ouvroit de magasins pour les entretenir. L'ingratitude criante des Etats, la fierté de l'Empereur (qui ne daigna pas même négocier immédiatement avec lui pour la paix), allumèrent en lui le courage du désespoir, et lui inspirèrent la résolution généreuse de braver tous les obstacles jusqu'à la dernière extrémité. Quelque malheureuse que fût la guerre à l'avenir, elle ne pouvoit pas rendre plus critique la situation des Suédois : et si l'on devoit évacuer l'Empire germanique, il étoit au moins plus décent et plus glorieux de le faire l'épée à la main : on pouvoit céder à la force, mais jamais à la crainte.

Dans la détresse où les Suédois se trouvoient réduits par la désertion de leurs alliés, ils jettèrent d'abord leurs regards sur la France, qui vint au devant d'eux avec les offres les plus consolantes. Les intérêts des deux couronnes étoient liés de la manière la plus étroite, et la France agissoit contre elle-même, si elle laissoit entièrement tomber la puissance des Suédois dans l'Empire. Leur situation désespérée étoit au contraire un motif pour elle de s'unir plus fermement avec eux, et de prendre une part plus active à la guerre d'Allemagne. Déjà, après la conclusion du traité d'alliance à Beervalde en 1632, la France avoit combattu l'Empereur avec les armes de Gustave-Adolphe, mais sans rupture ouverte et formelle, uniquement par les secours pécuniaires qu'elle fournissoit aux puissances en guerre avec l'Autrichien, et par son empressement à augmenter le nombre de ses ennemis. Alarmée cependant du bonheur si inattendu, si rapide et si extraordinaire des armes suédoises, elle sembla perdre de vue son premier plan, afin de rétablir l'équilibre des forces que la supériorité de Gustave-Adolphe avoit altéré. Elle chercha, par des traités de neutralité, à protéger les Princes catholiques de l'Empire contre le conquérant suédois, et ces tentatives ayant manqué leur but, elle alloit s'armer contre lui. Mais la mort de ce Prince, la détresse des Suédois n'eurent pas plutôt dissipé ses craintes, qu'elle retourna avec un nouveau zèle à son premier plan, et accorda sans réserve aux malheureux

malheureux l'appui qu'elle leur avoit retiré dans leur prospérité. Délivrée de l'opposition que la vigilance et l'ambition de Gustave-Adolphe mettoient à ses projets d'agrandissement, elle saisit le moment favorable que lui offre la journée de Nordlingen, pour s'attribuer la conduite de la guerre et dicter la loi à ceux qui réclament son secours. Les conjonctures favorisent ses entreprises les plus hardies, et des projets qui, jusqu'à cette époque, n'avoient été que de brillantes chimères, sont suivis dès-lors comme un plan réfléchi et justifié par les circonstances. Elle consacre donc toute son attention à la guerre germanique, et aussitôt que ses projets favoris se trouvent garantis par son traité avec les Allemands, elle paroît comme puissance prépondérante sur le théâtre politique. Tandis que les autres états s'étoient épuisés dans une lutte aussi opiniâtre, elle avoit ménagé ses forces et fait la guerre pendant dix années avec son argent. Alors que les conjonctures lui commandent l'activité, elle prend les armes et se porte à des entreprises qui étonnent l'Europe entière. Deux flottes en même-temps mettent à la voile; six armées entrent en campagne, tandis qu'elle paie de ses deniers un Roi et plusieurs princes de l'Empire. Ranimés par l'espoir d'un soutien aussi puissant, les Suédois et les Allemands recueillent toutes leurs

Tome II. S

forces et hasardent d'obtenir l'épée à la main une paix plus glorieuse que celle de Prague. Abandonnés de leurs co-Etats qui se réconcilient avec l'Autrichien, ils s'unissent d'autant plus étroitement avec la France. Celle-ci double ses secours en raison de la nécessité, prend à la guerre d'Allemagne une part plus importante, quoique toujours secrète, jusqu'à ce qu'enfin elle jette le masque et combat l'Empereur en son propre nom.

Pour donner aux Suédois pleine liberté d'agir contre l'Autrichien, la France commença par les délivrer de la guerre de Pologne; et le Comte d'Avaux, son ambassadeur, détermina les deux parties à prolonger de vingt-six ans la suspension d'armes. Ce nouvel armistice fut conclu à Stummsdorf en Prusse, quoiqu'au grand désavantage des Suédois qui perdirent d'un trait de plume toute la Prusse polonaise, cette conquête achetée si chèrement par Gustave-Adolphe. On fit au traité de Beervald quelques changemens que les circonstances rendoient nécessaires, et il fut renouvelé d'abord à Compiègne, puis à Vismar et à Hambourg. On avoit déjà rompu avec l'Espagne au mois de mai 1635, et la vigueur de l'attaque avoit enlevé à l'Empereur les secours si importans qu'il auroit pu tirer des Pays-Bas. Dans ce moment on assura aux armes suédoises, sur l'Elbe et le Danube, une plus grande liberté par l'appui du Landgrave Guillaume de Cassel et du Duc Bernard de Weimar; et une diversion sur le Rhin obligea l'Empereur à diviser ses forces.

La guerre s'alluma donc avec plus de violence que jamais; et l'Empereur avoit, par la paix de Prague, diminué, il est vrai, le nombre de ses ennemis dans l'Empire, mais augmenté le zèle et l'activité de ceux du dehors. Il s'étoit acquis en Allemagne une influence sans bornes et, à l'exception de quelques Etats, il disposoit à son gré de tout le corps germanique, de toutes ses ressources, et pouvoit enfin agir de nouveau comme Empereur et maître. Le premier effet de ce changement fut l'élection de son fils, Ferdinand III, à la dignité de Roi des Romains, élection qui, malgré l'Electeur de Trèves et les héritiers Palatins, s'effectua à une majorité décisive. Mais il avoit porté les Suédois à une résistance désespérée, il avoit armé contre lui toutes les forces de la France, et attiré cette couronne dans les affaires intérieures de l'Empire. La France et la Suède forment dès ce moment, avec leurs alliés d'Allemagne, une puissance particulière et étroitement unie; l'Empereur, avec les Etats germaniques de son parti, forme l'autre puissance. Dès-lors les Suédois ne gardent plus aucun ménagement, parce qu'ils ne combattent plus pour l'Allemagne, mais pour leur propre existence. Ils agissent avec plus de promptitude, de liberté et de hardiesse, parce qu'ils sont dispensés de demander conseil à leurs alliés d'Allemagne, et de rendre compte de leurs projets. Les batailles deviennent plus opiniâtres, plus sanglantes, mais moins décisives. La bravoure et l'art militaire produisent de plus grandes choses, mais ce sont des actions isolées qui ne sont plus le résultat d'un plan calculé sur l'ensemble ; aucun génie n'imprimant le mouvement général et ne profitant des événemens, les succès ou les revers deviennent dès-lors d'une foible conséquence pour tout le parti, et n'apportent que de légers changemens dans le cours des opérations.

La Saxe qui s'étoit engagée par le traité de Prague à chasser les Suédois de l'Allemagne, réunit ses étendards à ceux de l'Empereur, tandis que deux alliés sont devenus ennemis implacables. L'archevêché de Magdebourg, que la paix de Prague donnoit au Prince saxon, se trouvoit encore occupé par les Suédois, et toutes les tentatives faites pour en obtenir la possession par des voies amicales, étoient restées sans effet. On commence donc les hostilités, et l'Electeur de Saxe les ouvre par la publication de lettres, dites avocatoires, qui rappeloient tous les sujets saxons de l'armée de Banner, alors campée sur l'Elbe. Les Officiers, dégoûtés depuis long-temps par la négligence avec laquelle on acquittoit leur solde, prêtent l'oreille à cette invitation et évacuent successivement tous les quartiers. Comme les Saxons firent en même-temps un mouvement vers le Mecklenbourg, pour s'emparer de Dœmitz et couper à l'ennemi sa communication avec la Poméranie et la mer Baltique, Banner y marcha aussitôt, délivra Dœmitz et défit totalement le général saxon Baudissin qui, à la tête de sept mille hommes, en laissa mille sur le champ de bataille et perdit un nombre égal de prisonniers. Renforcé par les troupes et l'artillerie qui étoient restées jusqu'alors dans la Prusse polonoise, mais que le traité de Stummsdorf y rendoit inutiles, ce brave et ardent guerrier fondit, l'année suivante 1636, sur l'électorat de Saxe où il satisfit à loisir sa haine contre les Saxons. Irrités par les insultes qu'ils avoient endurées de leurs troupes pendant l'ancienne réunion, furieux en ce moment de la défection de l'Electeur, les Suédois assouvirent sur le malheureux sujet leur vengeance et leur acharnement. Ils avoient combattu par devoir contre les Bavarois et les Autrichiens; contre les Saxons ils combattoient par haine particulière et avec une fureur personnelle, parce qu'ils les détestoient comme déserteurs et traîtres, parce que la haine entre des amis divisés est ordinairement la plus cruelle et la plus implacable La forte diversion que le Duc de Weimar et le Landgrave de Hesse firent à cette époque sur le Rhin et en Westphalie, empêcha l'Empereur de prêter aux Saxons des secours suffisans, et l'électorat entier éprouva de la part des hordes ambulantes de Banner un traitement effroyable. Enfin l'Electeur se fit joindre par le général de Hatzfeld, et parut devant Magdebourg que Banner s'efforça aussitôt de délivrer, mais inutilement. L'armée réunie des Impériaux et des Saxons se répandit alors sur la marche de Brandebourg et enleva un grand nombre de places aux Suédois, qu'elle menaçoit déjà de repousser jusqu'à la Baltique. Mais, contre toute attente, Banner, regardé comme perdu, attaqua l'armée alliée près de Wittstock, le 24 septembre 1636. L'attaque fut terrible; toutes les forces de l'ennemi tombèrent sur l'aîle droite des Suédois, que Banner commandoit en personne; long-temps on combattit des deux côtés avec une égale opiniâtreté, un égal acharnement, et parmi les Suédois il n'y avoit pas un escadron qui n'eût attaqué dix fois et n'eût été dix fois repoussé. Enfin Banner, avec l'aîle droite, fut forcé de céder à la supériorité du nombre; mais son aîle gauche continua de combattre jusqu'à l'entrée de la nuit, et le corps de réserve, qui n'avoit pas encore donné, étoit prêt à renouveler la bataille le jour suivant. L'Electeur de Saxe ne voulut pas attendre cette seconde attaque. Son armée étoit épuisée par le combat de la veille, et les valets s'étant enfuis avec tous les chevaux, l'artillerie devenoit inutile. Il se retira donc en désordre avec le Comte de Hatzfeld, dans la nuit même, et abandonna le champ de bataille aux Suédois. Environ cinq mille hommes des alliés étoient restés sur la place, sans compter ceux qui furent sabrés pendant la déroute, ou qui tombèrent entre les mains de l'habitant des campagnes. Cent cinquante drapeaux et étendards, vingt-trois canons, tout le bagage, y compris la vaisselle de l'Electeur, furent enlevés à l'ennemi, et l'on fit plus de deux mille prisonniers. Cette victoire éclatante, remportée sur un ennemi supérieur en nombre et avantageusement posté, fit revivre tout-à-coup la réputation des armes suédoises. Les ennemis tremblèrent, les amis commencèrent à reprendre courage. Banner, profitant de la fortune qui s'étoit déclarée pour lui d'une manière si décisive, passa l'Elbe et poussa les Impériaux par la Hesse et la Thuringe jusqu'en Westphalie; alors il revint sur ses pas pour prendre ses quartiers d'hiver sur le territoire Saxon.

Cependant sans l'activité du Duc Bernard et des François sur le Rhin, il lui eût été difficile de se signaler d'une manière aussi brillante. Après la bataille de Nordlingen, le Duc Bernard avoit rassemblé en Wéteravie les débris de l'armée; mais, abandonné de la convention de Heilbron que la paix de Prague acheva bientôt de dissoudre, et peu soutenu par les Suédois, il se vit hors d'état d'entretenir ses troupes et de rien exécuter d'important. La défaite de Nordlingen avoit anéanti d'un seul coup son duché de Franconie, et l'impuissance de la Suède lui ôtoit tout espoir de faire sa fortune au service de cette couronne. Fatigué en même-temps de la gêne que lui imposoit le ton impérieux du Chancelier, il jeta les yeux sur la France qui pouvoit lui fournir de l'argent, seule chose dont il eût besoin; et cette puissance se montra empressée de seconder ses vues. Richelieu ne desiroit rien tant que de diminuer l'influence des Suédois dans la guerre d'Allemagne, et de s'attribuer sous un nom étranger la conduite de cette guerre. Pour y réussir, il ne pouvoit choisir de meilleur moyen que d'enlever aux Suédois leur plus brave général, de l'attacher étroitement aux intérêts de la France, et de s'assurer de son bras pour l'exécution des plans qu'il mûrissoit alors. La France n'avoit rien à craindre d'un Prince tel que Bernard. Hors d'état de se soutenir sans les secours d'une puissance étrangère, il ne pouvoit, même avec les succès les plus heureux, se rendre indépendant de cette couronne. Bernard vint lui-même en France, et, en l'année 1635, à Saint-Germain en Laye, il conclut avec elle, non plus comme Général suédois, mais en son propre nom, un traité par lequel on lui accorda une pension annuelle d'un million et demi de livres pour sa personne, et quatre millions pour l'entretien d'une armée qu'il devoit commander sous la direction du Ministère françois. Afin de donner un nouvel aiguillon à son zèle et de hâter par lui la conquête de l'Alsace, on ne fit pas difficulté de lui offrir dans un article secret cette province pour récompense : abandon généreux dont on étoit fort éloigné et que le Duc sut apprécier à sa juste valeur. Mais Bernard, se fiant à sa fortune et à son bras, opposa la dissimulation à la dissimulation. S'il se voyoit un jour assez fort pour enlever l'Alsace à l'ennemi, il ne désespéroit pas de s'y maintenir également contre un allié. Bernard créa donc avec l'argent de la France une armée qu'il commanda, à la vérité, sous la souveraineté de cette couronne, mais néanmoins comme s'il en eût été le maître absolu, et sans renoncer entièrement à sa liaison avec les Suédois. Bientôt il ouvrit les opérations sur le Rhin, où une autre armée sous le Cardinal la Vallette avoit déjà, en 1635, commencé les hostilités contre l'Empereur.

Les Autrichiens qui avoient gagné la bataille de Nordlingen, s'étoient portés sous la conduite de Gallas contre cette armée française, après avoir soumis la Souabe et la Franconie; ils l'avoient chassée jusqu'à Metz, avoient affranchi le cours du Rhin et pris les villes de Mayence et de Frankenthal, occupées par les Suédois. Mais la vigoureuse résistance des François fit manquer à Gallas son principal but, celui de prendre ses quartiers d'hiver en France; et il se vit contraint de ramener ses troupes dans les provinces déjà si épuisées d'Alsace et de Souabe. L'année suivante, à l'ouverture de la campagne, il passa, il est vrai, le Rhin près de Brisach, tomba sur le Comté de Bourgogne, tandis que les Espagnols, venus des Pays-Bas, pénétroient en Picardie, et que Jean de Werth, fameux partisan, un des Généraux de la Ligue le plus redouté, faisoit des courses jusqu'au cœur de la Champagne, et menaçoit Paris même. Mais la bravoure des Impériaux échoua devant une seule forteresse insignifiante de Franche-Comté, et ils furent forcés d'abandonner leurs projets pour la seconde fois.

L'esprit entreprenant du Duc Bernard avoit été entravé jusqu'alors par la dépendance où il se trouvoit d'un Général qui faisoit plus d'honneur à sa soutanne qu'à son bâton de commandement ; et quoiqu'il se fut emparé d'Elsas-Zabern de concert avec lui, il n'avoit cependant pu se maintenir sur le Rhin dans les campagnes de 1636 et 1637. Les revers éprouvés par les armées françoises dans les Pays-Bas avoient suspendu l'activité des opérations en Alsace et dans le Brisgau ; mais en 1638 les succès dans ces contrées ne furent que plus brillants. Débarrassé de ses entraves, et maître absolu de ses troupes, le Duc Bernard renonça, dès le commencement de février, au repos des quartiers d'hiver qu'il avoit pris dans l'évêché de Bâle, et, malgré la rigueur de la saison, ce Général parut sur le Rhin où l'on ne s'attendoit à rien moins qu'à une attaque. Les villes forestières de Laufenbourg, Waldshut et Scekingen sont surprises et emportées, et l'on met le siége devant Rheinfeld. Le Duc de Savelli, Général de l'Empereur, commandant dans le pays, accourt à marches forcées pour secourir cette place importante, la délivre effectivement, et repousse le Duc Bernard avec une perte considérable. Mais celui-ci reparoît le troisième jour (21 février 1638), tandis que les Impériaux se livroient avec confiance au repos de la victoire ; il les attaque et les défait dans une bataille mémorable où quatre Généraux de l'Empereur, Savelli, Jean de Werth, Enkeford et Sperreuter sont faits prisonniers avec deux mille hommes. Richelieu dans la suite fit conduire en France deux de ces Généraux, Jean de Werth et Enkeford, pour flatter le peuple français par la vue de ces prisonniers illustres, et tromper la misère publique par l'éclat des triomphes. Ce fut ainsi que les drapeaux et les étendards pris sur les Impériaux, furent portés dans une procession solemnelle à l'église de Notre-Dame et suspendus aux voûtes du Sanctuaire.

La prise de Rheinfeld, Rœteln et Fribourg fut la suite immédiate de la victoire remportée par Bernard. Son armée se renforça considérablement, et ses projets s'étendirent avec ses espérances. La forteresse de Brisac sur le Haut-Rhin commandoit ce fleuve et étoit regardée comme la clef de l'Alsace. Place plus importante qu'aucune autre pour l'Empereur dans ce pays, pour aucune autre on n'avoit employé autant de soins. Le salut de Brisac avoit été le but principal de l'armée d'Italie sous Féria ; la bonté de ses ouvrages, les avantages de sa position ne permettoient pas de l'emporter de vive force, et les Généraux de l'Empereur qui commandoient dans le pays, avoient ordre de tout hasarder pour son salut. Mais Bernard se fiant au bonheur de ses armes, résolut de s'en emparer. Imprénable par la force, elle ne devoit céder qu'à la famine; et la négligence du commandant qui, dans sa sécurité, avoit converti en argent la quantité immense de ses provisions, accéléra la reddition de la place. Hors d'état de soutenir, dans un pareil dénuement, un siége de longue durée, il falloit qu'on se hâtât de l'approvisionner ou d'en faire lever le blocus. Le Général impérial, de Gœtz, accourut donc à la tête de douze mille hommes, suivi de trois mille chariots chargés de vivres qu'il vouloit y jeter. Mais attaqué par le Duc Bernard près de Witteweyer, il perdit tout son corps excepté trois mille hommes; et le convoi entier tomba au pouvoir de l'ennemi. Le Duc de Lorraine, qui arrivoit à la tête de cinq à six mille hommes au secours de la forteresse, éprouva le même sort sur l'Ochsenfeld près de Tann. Une troisième tentative, faite par le Général de Gœtz pour le salut de Brisac, ayant également échouée, cette forteresse, après un siége de quatre mois, pressée par toutes les horreurs de la famine, se rendit, le 7 décembre 1638, à un vainqueur aussi humain qu'il étoit inébranlable.

La conquête de Brisac ouvrit un champ immense à l'ambition du Duc de Weimar, et le roman de ses espérances commença dès-lors à s'approcher de la réalité. Bien loin de céder à la France le fruit de sa bravoure, il songe dès ce moment à s'assurer la propriété de Brisac, et annonce cette résolution dans le serment qu'il exige des vaincus en son propre nom, sans faire mention d'aucune autre puissance. Ivre de ses brillants succès, cédant à tous les projets de son orgueil, il croit alors pouvoir se suffire à lui seul et défendre ses conquêtes même contre la France. Dans un temps où tout s'achetoit avec de la bravoure, où les moyens personnels valoient encore quelque chose, où l'on estimoit les armées et les Généraux plus que les états, il étoit permis à un héros, tel que Bernard, d'attendre tout de lui-même, et de ne désespérer d'aucune entreprise, à la tête d'une armée excellente qui se croyoit invincible sous ses ordres. Pour s'étayer d'un ami qui pût le soutenir au milieu de la foule d'adversaires contre laquelle il marchoit alors, Bernard jeta les yeux sur la Landgrave Amélie de Hesse, veuve du Landgrave Guillaume, mort depuis peu, femme d'esprit et de résolution qui avoit une armée aguerrie, une belle principauté et des conquêtes considérables à donner avec sa main. S'il réunissoit en un seul état les conquêtes des Hessois avec ses conquêtes sur le Rhin, s'il ne faisoit qu'une force militaire des deux armées, il pouvoit former une puissance importante, et peut-être même un troisième parti en Allemagne qui auroit dans ses mains le coup décisif. Mais une mort prématurée anéantit un aussi beau plan.

La prise de Brisac fut regardée par le Cardinal de Richelieu comme un événement de la plus haute importance. « Courage, père Joseph, Brisac est à nous ! » dit-il à l'oreille du religieux qui se préparoit à la mort; tant cette grande nouvelle avoit enivré le Cardinal. Il se voyoit déjà maître de l'Alsace, du Brisgau et de toute l'Autriche antérieure. La promesse qu'il avoit faite au Duc Bernard étoit effacée de sa mémoire; mais la résolution sérieuse du Duc, de conserver la possession de Brisac, résolution qu'il fit connoître d'une manière rien moins qu'équivoque, causa au Cardinal les plus vives inquiétudes, et il tenta tous les moyens de conserver Bernard dans les intérêts de la France. On l'invita à la cour, pour le rendre témoin de la magnificence avec laquelle on y fêtoit le souvenir de ses triomphes. Bernard reconnut l'artifice et se déroba à la séduction. On lui fit l'honneur de lui offrir pour épouse une nièce du Cardinal; le fier Prince la refusa pour ne pas déshonorer le sang saxon par une mésalliance.

Dès-lors on commença à le regarder comme un ennemi dangereux et à le traiter comme tel. On lui retira les subsides, on corrompit le Gouverneur de Brisac et ses principaux Officiers. Bernard en fut instruit, et fit dans les places conquises des dispositions qui prouvoient évidemment combien il se méfioit de la France. Mais ses brouilleries avec cette couronne eurent l'influence la plus désavantageuse sur ses opérations. Les mesures qu'il fallut prendre pour protéger ses conquêtes contre une attaque des François le contraignirent à diviser ses forces, et l'absence des subsides retarda son apparition en campagne. Il avoit projeté de passer le Rhin, de faire jour aux Suédois et d'agir sur les bords du Danube contre l'Empereur et la Bavière. Déjà il avoit découvert son plan à Banner qui étoit sur le point de porter la guerre dans les pays autrichiens, et il se disposoit à le remplacer, lorsqu'à Neubourg sur le Rhin (au mois de juillet 1639), la mort surprit le héros au milieu de sa carrière dans la trente-sixième année de son âge.

Il mourut d'une maladie pestilentielle qui, en deux jours, avoit enlevé plus de quatre cents hommes dans le camp. Les taches noires qui parurent sur son cadavre, les propres paroles du mourant et les avantages que Richelieu recueilloit de sa mort, firent soupçonner

çonner qu'il avoit péri victime du poison de la France ; mais l'espèce de sa maladie prouve suffisamment la fausseté de cette présomption. La Suède perdit en lui le plus grand Général qu'elle eût possédé depuis la mort de Gustave-Adolphe, la France un rival redoutable pour la souveraineté de l'Alsace, l'Empereur son plus dangereux ennemi. Héros et Général, formé à l'école de Gustave-Adolphe, il imita ce sublime modèle, et il ne lui manqua qu'une plus longue vie pour l'atteindre, peut-être pour le surpasser. A la bravoure du soldat il joignoit le coup-d'œil froid et tranquille du Général ; au courage réfléchi de l'âge mûr, l'ardente intrépidité de la jeunesse ; au feu trop farouche du guerrier, la dignité du Prince, la modération du sage, la délicatesse de l'homme d'honneur. Jamais abattu par l'infortune, il se relevoit du coup le plus terrible avec autant d'énergie que de célérité ; aucun obstacle ne pouvoit arrêter son audace, aucun revers triompher de son courage indomptable. Il aspiroit à un but élevé, à un but qu'il n'eût peut-être jamais atteint ; mais la sagesse a pour les hommes de cette trempe d'autres règles que celles d'après lesquelles nous avons coutume de mesurer la multitude : plus capable que tout autre d'exécuter, il pouvoit aussi enfanter des plans plus hardis. Bernard se présente à nos yeux,

Tome II. T

dans l'histoire moderne, comme un beau modèle de ces temps vigoureux où la grandeur personnelle pouvoit encore quelque chose, où la bravoure obtenoit des états, et où les vertus du héros élevoient un Chevalier allemand sur le trône impérial même.

Dans la succession du Duc rien n'étoit plus précieux que son armée, et il la légua, ainsi que l'Alsace, à son frère Guillaume. Mais la Suède et la France croyoient avoir sur cette armée des droits également légitimes; l'une parce qu'elle avoit été levée en son nom et qu'elle lui avoit prêté serment, l'autre parce qu'elle avoit été entretenue de ses deniers. Le Prince électoral palatin voulut aussi l'employer à la conquête de ses états; et après avoir travaillé par son argent, il essaya enfin, en personne, de l'attirer dans ses intérêts. L'Empereur même fit une tentative pour la gagner. Et ceci ne doit pas nous surprendre, dans un temps où le prix des services, et non la justice de la cause, étoit pris en considération, où la valeur, comme toute autre marchandise, se vendoit au plus offrant. Mais la France, avec plus de moyens et de résolution, éloigna tous les concurrens. Elle acheta le Général d'Erlach, Commandant de Brisac, et les autres chefs qui lui livrèrent Brisac et toute l'armée. Le jeune Comte palatin, Charles-Louis, qui, déjà l'année précédente, avoit fait une campagne malheureuse contre l'Empereur, se vit encore ici déçu dans son plan. Occupé d'un projet aussi nuisible aux intérêts de la France, il passa inconsidérément par ce royaume, et eut l'imprudence de cacher son nom. Le Cardinal qui redoutoit la justice de sa cause, et ne cherchoit qu'un prétexte de déjouer son entreprise, le fit arrêter à Moulins, contre toute espèce de droit des gens, pour ne lui rendre sa liberté que lorsque l'achat de l'armée du Duc de Weimar fut entièrement conclu. La France se vit alors maîtresse d'une force militaire respectable en Allemagne, et ce fut proprement à cette époque qu'elle commença à combatre l'Empereur en son nom.

Mais ce n'étoit plus Ferdinand second contre lequel elle se présentoit alors ; dès le mois de février 1637 la mort l'avoit enlevé, dans la cinquante-neuvième année de son âge. Sa fureur de dominer alluma dans l'Europe une guerre qui lui survécut. Pendant les dix-huit années de son règne, il eut constamment l'épée à la main ; tant qu'il porta le sceptre impérial, il ne goûta pas un seul instant les bienfaits de la paix. Né avec les qualités d'un bon maître, paré d'un grand nombre des vertus qui font le bonheur des peuples, doux et humain par nature, nous le voyons, par une fausse idée des devoirs du monarque, instrument et victime de passions étrangères, manquer sa destination bienfaisante, et l'ami de la justice, devenir l'oppresseur de l'humanité, l'ennemi de la paix, le fléau de ses peuples. Aimable dans la vie privée, respectable comme souverain, mais mal dirigé dans sa politique, il réunit sur sa tête les bénédictions de ses sujets catholiques, et les imprécations du monde protestant. L'histoire nous offre de plus grands despotes que Ferdinand second, et cependant un seul a allumé une guerre de trente ans. Mais il falloit que l'ambition de ce seul homme se rencontrât malheureusement avec un pareil siècle, de pareilles dispositions, un pareil germe de discorde, pour qu'elle fut accompagnée de suites aussi funestes. A une époque plus paisible, cette étincelle n'eût trouvé aucun aliment, et la tranquillité du siècle auroit étouffé l'ambition du monarque : l'étincelle tomba sur un amas de matières combustibles depuis long-temps entassées, et l'Europe s'embrâsa.

Son fils, Ferdinand III, élevé à la dignité de Roi des Romains quelques mois avant la mort de son père, hérita de son trône, de sa guerre et de ses principes. Mais Ferdinand III avoit vu de près la misère des peuples et la dévastation des provinces, il avoit senti de plus près et plus vivement, le besoin de la paix. Moins dépendant des Jésuites et des Espagnols, plus équitable envers les religions qui n'étoient pas la sienne, il pouvoit écouter plus facilement que son père la voix de la modération. Il l'écouta et donna la paix à l'Europe ; mais ce ne fut qu'après avoir lutté pendant onze ans avec la plume et l'épée, lorsque toute résistance devint inutile et que la nécessité lui dicta la loi.

Le bonheur signala le commencement de son règne, et il combattit les Suédois avec avantage. Après la victoire de Wittstock, ceux-ci, sous la conduite de Banner, avoient pris leurs quartiers d'hiver en Saxe, et ouvert la campagne de 1637 par le siége de Leipzig. La vigoureuse résistance de la garnison et l'approche des troupes Saxo-Impériales sauvèrent cette place ; et Banner, pour ne pas être coupé dans sa communication avec l'Elbe, fut forcé de se retirer vers Torgau. Mais les Impériaux supérieurs en nombre le chassèrent aussi de cette position. Entouré de troupes ennemies, retenu par des torrens et poursuivi par la famine, il fallut qu'il se sauvât vers la Poméranie, en exécutant une retraite dont l'audace et l'heureux succès paroissent incroyables. Toute l'armée passa l'Oder à guet près de Furstemberg, et le soldat, qui avoit de l'eau jusqu'au col, traîna lui-même les canons, parce que les chevaux, rebutés, refusoient le service. Banner avoit hasardé cette manœuvre, comptant trouver, au-delà de l'Oder, le Général Wrangel, qui commandoit sous ses ordres en Poméranie ; et soutenu de ce renfort, il vouloit alors faire tête aux Impériaux. Wrangel ne parut pas, et une armée ennemie s'étoit postée à sa place près de Landsberg pour couper la retraite aux Suédois. Banner vit en ce moment qu'il étoit tombé dans un piége affreux. Derrière lui un pays affamé, les Impériaux et l'Oder ; à gauche l'Oder qui, gardé par le Général impérial Bucheim, n'offroit aucun passage ; en avant Landsberg, Kustrin, la Warte et une armée ennemie ; à droite la Pologne, à laquelle on ne pouvoit guères se fier malgré la suspension d'armes : sans un prodige il se voyoit perdu, et les Impériaux triomphoient déjà de cette catastrophe inévitable. Banner, dans son juste ressentiment, rejeta sur les François tous ces revers. Ils n'avoient pas fait la diversion promise sur le Rhin, et leur inaction permit à l'Empereur de tourner toutes ses forces contre les Suédois. « Si nous » marchions, dit Banner au Résident françois » qui suivoit son quartier-général, si nous mar- » chions un jour avec les Allemands contre la » France, nous ne ferions pas tant de façons » pour passer le Rhin. » Mais c'étoit inutilement prodiguer les reproches ; les circonstances exigeoient des faits et de la résolution. Pour faire, par une fausse marche, abandonner l'Oder à l'ennemi, Banner envoya la plus grande partie de ses bagages sur le chemin de la Pologne, et fit suivre cette marche-route à son épouse et aux autres femmes d'Officiers. Les Impériaux se portent aussi-tôt vers les frontières de ce royaume pour lui couper le passage; Bucheim abandonne aussi son poste, et l'Oder est libre. Tout-à-coup Banner revient sur ses pas dans l'obscurité de la nuit, se porte vers le fleuve et le passe avec ses troupes, son bagage et son artillerie, un mille au-dessus de Custrin, sans ponts, sans bâteaux, comme auparavant, auprès de Furstenberg. Enfin, sans éprouver la moindre perte, il atteignit la Poméranie qu'il entreprit alors de défendre, de concert avec Hermann Wrangel.

Mais les Impériaux, commandés par Gallas, pénètrent dans ce Duché auprès de Ribses, et, supérieurs en nombre, ils l'inondent de leurs troupes. Usedom et Wolgast sont emportés, Demmin se rend par capitulation, et les Suédois sont repoussés jusqu'aux extrémités de la Poméranie citérieure. C'étoit cependant, ou jamais, le moment de s'y maintenir, parce que le Duc Bogislas XIV étant mort cette année même, la Suède devoit songer sérieusement à faire valoir ses prétentions sur la Poméranie.

Pour empêcher l'Electeur de Brandebourg de profiter des droits qu'un traité de succession et la paix de Prague lui donnoient sur ce Duché, la Suède fait les derniers efforts et envoie à ses Généraux des secours considérables en hommes et en argent. Dans d'autres contrées de l'Empire, les affaires des Suédois prennent aussi une tournure plus favorable ; et ils commencent à se relever du profond affaissement où les avoient reduits l'inaction de la France et la défection de leurs alliés. En effet, après leur retraite précipitée en Poméranie, ils avoient perdu successivement toutes leurs places dans la Haute-Saxe; les Princes de Mecklenbourg, pressés par les Impériaux, commencèrent à pencher pour l'Autrichien, et le Duc George de Lunebourg même se déclara contre les Suédois. La forteresse d'Ehrenbreitstein, vaincue par la famine, ouvrit ses portes au Général bavarois de Werth, et les Autrichiens s'emparèrent de tous les retranchemens élevés sur le Rhin. La France avoit éprouvé des pertes dans la guerre avec l'Espagne, et les suites ne répondirent pas aux préparatifs pompeux avec lesquels elle avoit ouvert les hostilités contre cette couronne. Tout ce que les Suédois possédoient dans l'intérieur de l'Allemagne étoit perdu, et les seules places importantes de la Poméranie, se soutenoient encore. Une campagne suffit pour les relever de cet affaissement, et par la puissante diversion que le victorieux Bernard fait sur le Rhin, la guerre reçoit tout-à-coup une nouvelle direction dans son cours.

Les brouilleries entre la France et la Suède étoient enfin appaisées, et l'ancien traité entre les deux couronnes avoit été confirmé à Hambourg, avec de nouveaux avantages pour les Suédois. Dans le pays de Hesse, après la mort de Guillaume, la Landgrave Amélie, son épouse, Princesse d'une politique profonde, prit, du consentement des états, les rênes du gouvernement, et soutint ses droits avec beaucoup de résolution contre l'Empereur et la Ligne de Darmstadt. Déjà dévouée par principe de conscience au parti protestant ou suédois, elle n'attendoit que l'occasion de se déclarer hautement et avec force en sa faveur. Sur ces entrefaites elle réussit, par une sage retenue, et des négociations adroitement conduites, à maintenir l'Empereur dans l'inaction jusqu'à l'époque où son alliance secrète avec la France fut conclue, et où les victoires de Bernard donnèrent aux affaires des Protestans une tournure plus favorable. Alors elle jeta le masque et renouvela ses anciennes liaisons avec la couronne de Suède. Les triomphes du Duc Bernard encouragèrent aussi le Prince électoral palatin à tenter sa fortune contre l'ennemi commun. Il leva des troupes en Hollande avec l'argent de l'Angleterre, forma un magasin à Meppen et se réunit en Westphalie aux troupes suédoises. Son magasin, à la vérité, fut perdu, le Comte de Hatsfeld battit son armée près de Flotha; mais son entreprise avoit cependant occupé l'ennemi pendant un certain temps, et facilité aux Suédois leurs opérations sur d'autres points. Plusieurs de leurs anciens amis reparurent encore, aussitôt que la fortune se déclara en leur faveur; et ce fut déjà pour eux une circonstance assez favorable, que les états de Basse-Saxe prissent le parti de la neutralité.

Favorisé de ces avantages, et renforcé de quatorze mille hommes arrivés de Suède et de Livonie, Banner ouvrit la campagne de 1638 avec les plus belles espérances. Les Impériaux qui occupoient la Poméranie antérieure et le Mecklenbourg, abandonnèrent en grande partie leurs postes, ou accoururent par bandes sous les drapeaux suédois, pour échapper à la famine, leur ennemi le plus cruel dans ces contrées ravagées et appauvries. Les marches et les quartiers avoient épuisé d'une manière si effrayante tout le pays entre l'Elbe et l'Oder, que, pour pénétrer en Saxe et en Bohême, et ne pas périr de faim pendant la marche avec toute son armée, Banner fit un détour, de la Poméranie citérieure vers la Basse-Saxe, et entra dans l'électorat par le territoire d'Halberstadt. Les états de Basse-Saxe, impatiens de congédier un hôte aussi exigeant, le pourvurent des vivres nécessaires, au point qu'il eut du pain pour son armée à Magdebourg, pays où la faim avoit déjà surmonté le dégoût qu'inspire la chair humaine. Son arrivée répandit l'effroi dans toute la Saxe, mais c'étoit sur les états héréditaires de l'Empereur et non sur ce pays épuisé, qu'il avoit dirigé ses vues. Les triomphes de Bernard élevoient encore son courage, et les provinces opulentes de la maison d'Autriche présentoient un appât à son avidité. Après avoir battu le général Salis près d'Elsterbug, détruit l'armée saxonne près de Schemnitz et s'être emparé de Pirna, il pénètre en Bohême, passe l'Elbe, menace Prague, prend Brandeis et Leutmeritz, bat le général Hofkirchen qui commandoit dix régimens, et répand l'effroi et la désolation dans le royaume entier. Tout ce qu'on peut traîner avec soi devient la proie du soldat, on ravage tout ce qui ne peut être ni pillé ni dévoré. Pour emporter d'autant plus de grains, on coupe les épis et l'on détruit le reste. Plus de mille châteaux, bourgs et villages sont réduits en cendres : plusieurs fois on en vit cent dans la même nuit livrés aux flammes. De Bohême, il fait des courses en Silésie; et la Moravie, l'Autriche même vont être victimes de son avidité. Pour l'arrêter dans sa course, le Comte de Hatzfeld est obligé d'accourir de la Westphalie, Piccolomini des Pays-Bas. L'Archiduc Léopold, frère de l'Empereur, obtient le bâton de commandement pour réparer les fautes nombreuses de Gallas son prédécesseur, et tirer l'armée impériale de l'état misérable où elle étoit tombée.

Le succès justifia ce changement, et la campagne de 1640 parut s'annoncer pour les Suédois d'une manière désavantageuse. En Bohême ils sont chassés successivement de tous leurs quartiers; et, occupés, sur-tout, de sauver leur butin, il se retirent à la hâte par les montagnes de la Misnie. Mais poursuivis en Saxe et battus près de Plauen, ils sont contraints de chercher un asile dans la Thuringe. Devenus dans un seul été maîtres de la campagne, ils retombent aussi promptement, pour se relever de nouveau et passer ainsi d'une extrémité à l'autre avec une variété de fortune aussi rapide que soutenue. La foible armée de Banner, menacée dans son camp près d'Erfurt d'une ruine totale, reçoit tout-à-coup de nouvelles forces. Les Ducs de Lunebourg renoncent à la paix de Prague et amènent au général suédois les mêmes troupes qu'ils avoient fait combattre contre lui quelques années auparavant. La Hesse envoie des secours, et le Duc de Longueville se joint à ses drapeaux avec l'armée du Duc Bernard. Encore une fois supérieur en nombre, Banner offre la bataille aux Impériaux près de Saalfeld ; mais Piccolomini, leur chef, l'évite avec sagesse, et il a choisi une position trop avantageuse pour y être forcé. Lorsqu'enfin les Bavarois se séparent des Impériaux et dirigent leur marche vers la Franconie, Banner tente une attaque sur ce corps isolé, mais la prudence du Général bavarois Merci, et l'approche subite de l'armée impériale le font échouer dans son entreprise. Les deux armées se retirent alors vers le pays de Hesse où elles se renferment l'une et l'autre dans un camp retranché, jusqu'à ce que la disette et la rigueur de la saison les chassent de cette province. Piccolomini choisit pour ses quartiers les bords fertiles du Wéser; mais, tourné par le Général suédois, il est forcé de les lui abandonner, et se retire dans les évêchés de Franconie.

On tenoit alors à Ratisbonne une diète où il étoit question de prendre un arrêté sur la guerre et la paix, d'entendre les plaintes des Etats, et de travailler à la tranquillité de l'Empire. La présence de Ferdinand qui présidoit le collège des Princes, la majorité des voix catholiques dans le conseil des Electeurs, le nombre supérieur des Evêques et la diminution de plusieurs voix évangéliques, toutes ces circonstances dirigèrent les opérations à l'avantage de l'Empereur, et il s'en falloit beaucoup que l'Empire eût été représenté à cette diète. Les Protestans la regardoient avec quelques raisons comme une conspiration de l'Autrichien et de ses créatures contre leur parti, et ce pouvoit être un mérite à leurs yeux de la troubler ou d'en disperser les membres.

Banner conçut ce projet audacieux. Sa dernière retraite de Bohême avoit en quelque sorte terni la gloire de ses armes, et il lui falloit une action marquante pour rétablir leur ancien éclat. Sans confier son plan à qui que ce soit, il abandonne ses quartiers dans le froid le plus rigoureux, en l'année 1641. Accompagné du Maréchal de Guébriant, qui commandoit l'armée française et celle de Weimar, il dirige sa marche vers le Danube par la Thuringe et la Waidovie, et se montre à la vue de Ratisbonne avant que la diète ait pu être avertie d'une apparition aussi terrible pour elle. La consternation des membres qui la composent est à son comble : dans leur premier effroi tous les Ambassadeurs se disposent à prendre la fuite. L'Empereur seul déclare qu'il n'abandonnera pas la place, et rassure les autres par son exemple. Malheureusement pour les Suédois, le temps se radoucit, et le Danube qui dégèle ne peut se passer ni à pieds secs, ni en bateaux, à cause des glaçons énormes qu'il charie. Il fallut donc renoncer à son entreprise ; cependant, pour avoir fait quelque chose, et pour humilier la fierté de l'Empereur germanique, Banner commit l'impolitesse de saluer la ville de cinq cents coups de canons. Déçu dans son projet, il résout alors de pénétrer plus avant en Bavière et en Moravie, provinces qui offroient à ses troupes des quartiers plus commodes ; mais rien ne peut déterminer le Général françois à le suivre jusque-là. Guébriant craignit que le dessein des Suédois ne fût d'éloigner de plus en plus l'armée de Weimar, et de couper à cette armée toute communication avec la France, jusqu'à ce qu'ils l'eussent entièrement gagnée, ou du moins mise hors d'état de rien entreprendre par elle-même. Il se sépare donc de Banner pour retourner vers le Mein ; et le Général suédois se voit en un moment prêt à être attaqué seul par toutes les forces impériales. Rassemblées en silence entre Ratisbonne et Ingolstadt, elles s'avancent contre lui et le forcent bientôt de songer à la retraite. Mais, sans un prodige, elle paroît presqu'impossible à la vue d'une cavalerie plus nombreuse que la sienne, à travers des fleuves et des forêts, et dans un pays où il ne voit qu'ennemis de toutes parts. Il se retire précipitamment vers le Vald pour se sauver en Saxe par la Bohême, mais il est obligé d'abandonner trois régimens près de Neubourg. Ceux-ci, postés derrière un mauvais mur, font une résistance digne des Spartiates, et arrêtent les forces ennemies pendant quatre jours entiers, ce qui donne à Banner le temps de gagner les devants. Il s'échappe par Egra vers Annaberg ; Piccolomini le poursuit en prenant un chemin plus court par Schlackenvald, et il s'en faut d'une petite demi-heure que le général de l'Empereur n'occupe avant lui le pas de Prisnitz et ne détruise toutes les forces suédoises. Guébriant se réunit encore à Zvickau avec l'armée de Banner, et ces deux généraux dirigent leur marche vers Halberstadt, après avoir tenté inutilement de défendre la Saal contre les Impériaux.

Banner trouva enfin à Halberstadt, (dans le mois de mai 1641) le terme de ses exploits ; et aucun autre poison que celui de l'intempérance et du chagrin ne termina ses jours. Ce général soutint avec gloire, malgré la vicissitude de sa fortune, la réputation des armes suédoises en Allemagne, et se montra par une suite de triomphes digne de son grand maître. Fécond en projets qu'il ne confioit qu'à lui-même,

même, il les exécutoit avec la vivacité de l'éclair. Froid dans le péril, plus grand dans les revers que dans les triomphes, jamais plus redoutable que lorsqu'on le croyoit à la veille de succomber, il alloit néanmoins aux vertus du héros tous les défauts et tous les vices qu'enfante le métier des armes, ou que du moins il favorise. Aussi impérieux dans la société, qu'à la tête de ses troupes, rude comme son métier, fier comme un conquérant, il outragea les Princes allemands par son arrogance et opprima leurs pays par ses exactions. Il se dédommageoit des fatigues de la guerre, en se livrant aux plaisirs de la table et aux excès de la volupté, qui finirent par abréger ses jours. Mais, débauché comme Alexandre et Mahomet II, il passoit, comme eux, du sein des plaisirs, aux travaux les plus pénibles de la guerre, et le Général se montroit déjà dans toute sa grandeur, tandis que l'armée murmuroit encore de ses foiblesses. Environ quatre-vingt mille hommes périrent dans les nombreuses batailles qu'il livra, et six cents drapeaux ou étendards ennemis envoyés par lui à Stockolm, attestoient ses triomphes. La perte de ce grand Général fut bientôt sentie par les Suédois, qui craignirent même un instant de ne pouvoir la réparer. L'esprit de révolte et de licence, retenu par l'empire de cet

Tome II. V

homme redouté, se réveille aussitôt qu'il n'est plus. Les Officiers exigent avec une unanimité effrayante les arriérés de leur solde, et aucun des quatre Généraux qui partagent le commandement après Banner, n'a assez d'autorité pour satisfaire ces demandeurs importuns, ou leur imposer silence. La discipline se relâche, les progrès de la disette et les lettres de rappel publiées par l'Empereur, diminuent les troupes à vue d'œil; l'armée de Weimar témoigne peu de zèle, les troupes de Lunebourg abandonnent les drapeaux de la Suède, parce que les Princes de la maison de Brunswick ont fait leur accommodement avec l'Empereur, après la mort du Duc George; et les Hessois se séparent également pour chercher en Westphalie de meilleurs quartiers. L'ennemi profite de ces circonstances malheureuses, et, quoique battu totalement dans deux actions, il réussit à faire en Basse-Saxe des progrès considérables.

Enfin, paroît avec de l'argent et des troupes fraîches, le nouveau Généralissime suédois. C'étoit Bernard Torstensohn, élève de Gustave-Adolphe, et le plus heureux successeur de ce héros, qu'il servoit déjà en qualité de page dans la guerre de Pologne. Perclus de goutte, cloué, pour ainsi dire, à sa litière, il l'emportoit sur tous ses adversaires en célérité, et l'exécution de ses ordres sembloit voler avec eux. Le théâtre de la guerre change tout-à-coup sous ce Général. On voit bientôt dominer de nouvelles maximes que la nécessité commande et le succès justifie. Tous les pays pour lesquels on s'est battu jusqu'alors sont épuisés ; et, tranquille dans ceux de ses états les plus reculés, la maison d'Autriche a à peine senti le fléau de la guerre dont l'Allemagne, de toutes parts, subit encore les ravages. Torstensohn la soumet à cette épreuve douloureuse, et enrichit ses Suédois des dépouilles de l'Autrichien.

L'ennemi avoit remporté en Silésie de grands avantages sur le Général suédois Stalhantsch, et l'avoit chassé de la nouvelle Marche Torstensohn qui s'étoit réuni dans le pays de Lunebourg avec le gros de l'armée suédoise, se fit joindre par ce Général, et en 1642, il tomba sur la Silésie par le Brandebourg qui, sous le grand Electeur, s'étoit déterminé pour une neutralité armée. Glogau est emporté, l'épée à la main, sans approches et sans brèche ; le Duc François Albert de Lauenbourg est battu et tué près de Schveidnitz, et cette ville est prise ainsi que la plus grande partie de la Silésie en deçà de l'Oder. Alors il pénètre jusque dans l'intérieur de la Moravie, où n'a encore paru aucun ennemi de l'Autrichien ; il s'empare d'Olmütz et fait trembler la ville impériale même. Cependant Piccolomini et l'Archiduc Léopold, qui, sur ces entrefaites, ont rassemblé des forces supérieures, chassent le conquérant suédois de la Moravie, et bientôt de la Silésie, après une tentative inutile sur Brieg. Renforcé par Wrangel, Torstensohn hasarde de marcher encore une fois contre l'ennemi supérieur en nombre, et délivre Grosglogau; mais il ne peut ni forcer les Impériaux d'en venir aux mains, ni exécuter ses projets sur la Bohême. Alors il envahit la Lusace où il enlève Zittau à la vue de l'ennemi, et après s'être arrêté pendant quelques instans, il dirige sa marche, par la Misnie, vers l'Elbe qu'il passe près de Torgau. De là, Torstensohn va mettre le siége devant Leipzig, espérant y trouver une ample provision de vivres et lever de fortes contributions sur cette ville opulente qui, depuis dix ans, avoit été garantie des malheurs de la guerre.

Aussitôt les Impériaux, sous la conduite de Léopold et de Piccolomini, accourent par Dresde pour faire lever le siége; et Torstensohn, craignant de se voir investi entre l'armée et la place, s'avance hardiment au devant d'eux en ordre de bataille. Par une révolution singulière des choses, on se rencontre alors sur le même terrein, qu'onze ans auparavant, la victoire décisive de Gustave-Adolphe avoit rendu si fameux. Les Généraux Stalhantsch et Villenberg se jettent sur l'aîle gauche des Autrichiens, avant qu'elle ait achevé de se former, et l'attaquent avec une telle impétuosité, que la cavalerie destinée à la couvrir est culbutée totalement et mise hors d'état de combattre. Mais le même sort menace déjà l'aîle gauche des Suédois, lorsque la droite victorieuse arrive à son secours, prend l'ennemi à dos et en flanc, et finit par rompre ses lignes. L'infanterie de part et d'autre ne perd pas un pouce de terrein, et après avoir consommé toute sa poudre, elle se bat dans son acharnement avec la crosse des mousquets, jusqu'à ce qu'enfin les Impériaux, enveloppés de toutes parts, sont forcés d'abandonner le champ de bataille, après un combat de trois heures. Les Chefs des deux armées avoient fait les mêmes efforts pour retenir leurs fuyards; et l'Archiduc Léopold, à la tête de son régiment, fut le premier à l'attaque et le dernier à la retraite. Cette victoire sanglante coûta aux Suédois plus de trois mille hommes et deux de leurs meilleurs Généraux, Schlangen et Lilienhœck. Il resta cinq mille Impériaux sur la place, et ils perdirent un nombre à-peu-près égal de prisonniers. Toute leur artillerie, composée de quarante-six pièces de canons, la vaisselle et la chancellerie de l'Archiduc, tout le bagage de l'armée tombèrent entre les mains du vainqueur. Torstensohn, trop affoibli par sa victoire, ne pouvant poursuivre l'ennemi, se porta devant Leipzig; l'armée battue marcha vers la Bohême où les régimens en déroute se formèrent de nouveau. L'Archiduc Léopold, furieux d'une pareille défaite, fit éprouver tous les effets de son ressentiment au régiment de cavalerie qui avoit occasionné le désordre en prenant la fuite. A Rackonitz en Bohême, il le déclara infâme en présence des autres troupes, lui ôta ses chevaux et ses armes, fit déchirer ses étendards, condamner plusieurs Officiers à mort et décimer les soldats.

La prise la plus importante pour le vainqueur fut celle de Leipzig qui se rendit trois semaines après la bataille. Il fallut que la ville habillât à neuf toute l'armée suédoise, et se rachetât du pillage avec trois tonnes d'or, sans compter les taxes imposées sur les maisons de commerce qui y avoient leurs magasins. Dans l'hiver de la même année, Torstensohn marcha contre Freiberg, et brava pendant plusieurs semaines la rigueur de la saison devant les murs de cette place, espérant lasser le courage des assiégés à force de persévérance. Mais il ne fit que sacrifier inutilement un grand nombre de ses troupes; et l'approche de Piccolomini le décida enfin à la retraite. Néanmoins il se félicita d'avoir forcé les ennemis à renoncer au repos dont il se privoit volontairement lui-même, et eut l'avantage de leur faire perdre plus de trois mille chevaux dans cette campagne d'hiver. Bientôt il se porta vers l'Oder pour se renforcer des garnisons de Poméranie et de Silésie; mais tout-à-coup il reparoît aux frontières de Bohême, traverse ce royaume et délivre Olmutz en Moravie, qui étoit vivement inquiété par les Impériaux. De son camp près Dobitschau, à deux milles d'Olmutz, Torstensohn dominoit toute la Moravie qu'il épuisa par ses exactions, et plusieurs de ses partis s'avancèrent, même, jusqu'aux ponts de Vienne. Envain l'Empereur s'efforça d'armer la noblesse hongroise pour la défense de l'Autriche ; les Hongrois en appelèrent à leurs priviléges et ne voulurent pas servir hors de leur patrie. Pendant cette négociation on perdit le temps destiné à une résistance plus utile, et la province entière de Moravie resta en proie aux troupes suédoises.

Tandis que Bernard Torstensohn étonnoit les amis et les ennemis par ses marches et ses triomphes, les alliés n'étoient pas restés inactifs dans les autres parties de l'Empire. Les Hessois et l'armée de Weimar, sous le Comte d'Eberstein et le Maréchal de Guébriant étoient entrés dans l'Electorat de Cologne pour y prendre leurs quartiers d'hiver. L'Electeur qui voulut les chasser de ses états, appela le Général de Hatzfeld, et rassembla ses propres troupes sous le Général Lamboy. Celui-ci fut attaqué par les alliés près de Kempen (en janvier 1642) et défait dans une bataille où il perdit deux mille hommes restés sur la place, et quatre mille prisonniers. Cette victoire importante ouvrit aux alliés tout l'Electorat ainsi que les pays circonvoisins, et non-seulement ils y maintinrent leurs quartiers d'hiver, mais ils en tirèrent aussi, en hommes et en chevaux, des renforts considérables.

Guébriant chargea les Hessois de défendre, contre le Comte de Hatzfeld, les conquêtes faites sur le Bas-Rhin, et s'approcha de la Thuringe, pour appuyer les entreprises de Torstensohn en Saxe. Mais, au lieu de réunir ses forces à celles des Suédois, il retourne tout-à-coup vers le Rhin, dont il s'étoit déjà trop éloigné pour la sûreté de sa retraite. Les Bavarois, sous Merci et Jean de Werth, l'ayant dévancé dans le Margraviat de Bade, il erra plusieurs semaines, exposé à toutes les intempéries de la saison, campant le plus souvent sur la neige, jusqu'au moment où il trouva enfin dans le Brisgau un asile trop chèrement acheté. L'été suivant, Guébriant parut, il est vrai, en campagne et occupa l'armée bavaroise qui ne put aller au secours de Thionville assiégé par le

Prince de Condé. Mais l'ennemi supérieur en nombre le repoussa bientôt jusqu'en Alsace où il attendit des renforts.

La mort du Cardinal de Richelieu arrivée au mois de novembre 1642, et le changement de Roi et de Ministre qu'entraîna après elle la mort de Louis XIII, au mois de mai 1643, avoient détourné l'attention de la France des affaires d'Allemagne, et cette inactivité se fit sentir en campagne. Mais Mazarin, héritier de la puissance de Richelieu, de ses principes et de ses projets, suivit, avec un nouveau zèle, le plan de son prédécesseur. Si Richelieu employa contre l'Espagne la masse des armées, Mazarin la tourna contre l'Empereur ; et, par les soins qu'il consacra à cette guerre germanique, il vérifia sa sentence, que l'armée d'Allemagne étoit le bras droit de son Roi, et le boulevard de ses états. Aussi-tot après la prise de Thionville, il envoya au Maréchal de Guébriant des renforts considérables en Alsace ; et afin que les troupes se soumissent d'autant plus volontairement aux fatigues de cette guerre, il fallut que le fameux vainqueur de Rocroi, le Duc d'Enguien, depuis Prince de Condé, les y conduisît en personne. Alors Guébriant se sentit assez fort pour reparoître avec honneur en Allemagne. Il repassa le Rhin dans l'intention de chercher en Souabe de meilleurs quartiers d'hiver, et s'empara effectivement de Rothweil, où un magasin bavarois tomba entre ses mains. Mais cette place fut payée plus cher qu'elle ne valoit, et perdue plus promptement qu'elle n'avoit été prise. Guébriant reçut au bras une blessure que la maladresse de son Chirurgien rendit mortelle, et la grandeur de sa perte fut sentie le jour même de sa mort.

L'armée française, sensiblement diminuée par cette expédition d'hiver, s'étoit, après la prise de Rothweil, retirée vers Duttlingen où elle séjournoit dans la plus profonde sécurité. Sur ces entrefaites l'ennemi rassemble des forces considérables pour s'opposer à l'établissement des François au-delà du Rhin, les éloigner de la Bavière et affranchir ces pays de leurs exactions. Les Impériaux, sous les ordres de Hatzfeld, se joignent aux forces bavaroises commandées par Merci; et le Duc de Lorraine, que l'on trouve par-tout dans cette guerre, excepté dans ses états, se réunit à leurs drapeaux. Alors on convient de surprendre les quartiers des François à Duttlingen et dans les villages circonvoisins : genre d'expédition très-goûté dans cette guerre, et qui, entraînant beaucoup de confusion, coûtoit ordinairement plus de sang que les batailles rangées. Ici il étoit d'autant plus convenable que le soldat françois, peu familiarisé avec de pareilles attaques, se croyoit suffisamment rassuré contre toute surprise par la rigueur de la saison. Jean de Werth, fameux dans cette manière de faire la guerre, avoit été échangé depuis quelque temps contre Gustave Horn : ce fut lui qui conduisit l'entreprise, et il l'exécuta avec un bonheur au-dessus de toute attente.

On arriva, à travers les défilés et les forêts, du côté où les François se croyoient le mieux garantis; et une forte neige qui tomba le même jour (24 novembre 1643) cacha l'approche de l'avant-garde, jusqu'à ce qu'elle fit halte à la vue de Duttlingen. Toute l'artillerie, abandonnée en dehors de cet endroit, est prise sans résistance, ainsi que le château de Hembourg situé dans les environs. Duttlingen est entièrement investi par l'armée qui arrive peu-à-peu, et la communication des quartiers ennemis dispersés dans les villages, est interceptée sur-le-champ sans le moindre bruit. Les François étoient donc vaincus avant que l'on eût tiré un seul coup de canon. La cavalerie dut son salut à la vîtesse de ses chevaux et à quelques minutes d'avance qu'elle avoit sur l'ennemi. L'infanterie fut hachée, ou mit bas les armes. Environ deux mille hommes restèrent sur la place, sept mille se rendirent prisonniers avec vingt-cinq officiers de l'état-major et quatre-vingt-dix capitaines. Le souvenir de cette malheureuse journée qui se renouvella à Rosbach un siècle après, fut, il est vrai, effacé dans la suite par les exploits d'un Turenne et d'un Condé; mais les Allemands étoient bien excusables, s'ils se dédommagèrent par un vaudeville sur la bravoure française de la misère que la politique française accumuloit sur eux.

Cette défaite des François auroit cependant pu devenir très-funeste à l'armée Suédoise, toutes les forces de l'Empereur s'étant portées contr'elle, et un nouvel ennemi ayant encore, à cette époque, augmenté le nombre des siens. Torstensohn avoit subitement abandonné la Moravie au mois de septembre 1643 et s'étoit retiré en Silésie. Personne ne savoit la raison de ce mouvement, et les différentes directions qu'il donna successivement à sa marche, contribuèrent encore à augmenter l'incertitude. De la Silésie il s'approcha de l'Elbe par des détours multipliés, et les Impériaux le suivirent jusqu'en Lusace. Il jeta, près de Torgau, un pont sur l'Elbe, et laisssa croire à dessein, qu'il alloit pénétrer par la Misnie dans le Haut-Palatinat et en Bavière. Effectivement il feignit de vouloir passer le fleuve près de Barby, mais il continua de le descendre jusqu'à Hazelberg où il annonça à son armée qu'il la menoit en Holstein contre les Danois.

La partialité que le Roi Christian IV laissoit

appercevoir contre la Suède dans la médiation qu'il exerçoit, la jalousie avec laquelle il travailloit contre le succès de ses armes, les obstacles qu'il mettoit à sa navigation dans le Sund, et les droits onéreux dont il surchargeoit son commerce naissant, tous ces motifs avoient excité depuis long-temps le mécontentement de cette couronne ; et enfin, comme ces humiliations augmentoient chaque jour, elles armèrent sa vengeance. Quelque hasardeux qu'il parût être de se précipiter dans une nouvelle guerre, tandis qu'au milieu des triomphes, on succomboit, pour ainsi dire, sous le poids de l'ancienne, la vengeance, la haine nationale élevèrent cependant le courage des Suédois au-dessus de ces difficultés, et les embarras dans lesquels on se voyoit jeté par la guerre d'Allemagne étoient un motif de plus de tenter la fortune contre les Danois. Enfin, on en étoit venu à ce point, que l'on continuoit la guerre pour fournir aux troupes de l'occupation et du pain ; que l'on se battoit uniquement pour les quartiers d'hiver, et qu'on prisoit plus l'avantage d'avoir établi heureusement son armée, que celui d'avoir gagné une grande bataille. Mais presque toutes les provinces de l'Empire germanique étoient épuisées, elles manquoient de vivres, de chevaux et d'hommes, tandis que le Holstein avoit de tout en abondance. Ne gagna-t-on que de recruter l'armée dans cette province, de raffraîchir le soldat et de mieux monter la cavalerie, un pareil résultat méritoit cependant les fatigues et les dangers de la tentative. D'ailleurs à cette époque, où se faisoit l'ouverture des négociations pour la paix, il s'agissoit sur-tout d'arrêter l'influence pernicieuse du Danemarck, d'apporter la confusion dans les différens intérêts, afin de retarder autant que possible la paix même, pour laquelle la couronne de Suède sembloit annoncer peu de dispositions; et comme le point essentiel étoit de fixer un dédommagement, il falloit augmenter le nombre de ses conquêtes pour obtenir d'autant plus sûrement la seule que l'on desirât conserver. Le mauvais état de défense où se trouvoit le Danemarck, pouvoit faire naître encore de plus hautes espérances si l'on agissoit avec mystère et célérité. Ce but fut rempli. On garda si soigneusement le secret à Stockholm que les Ministres Danois n'en eurent aucuns soupçons; et ni la France ni la Hollande n'en furent prévenues. La guerre même fut la déclaration de guerre, et Torstensohn étoit en Holstein avant que l'on se doutât des hostilités. Les troupes suédoises se répandent aussitôt sur cette province, s'emparent de toutes les places fortes, excepté Rensbourg et Gluckstadt; une autre armée entre dans la Scandinavie, qui fait aussi peu de résistance, et la saison orageuse seule empêche les chefs de passer le petit Belt, et de porter la guerre en Finlande. La flotte danoise échoue près de Femern, où Christian perd l'œil droit d'un éclat de navire. Trop éloigné des forces de l'Empereur, son allié, le roi de Danemarck est sur le point de voir son royaume entier envahi par les Suédois, et tout s'annonçoit sérieusement de manière à vérifier la prédiction que l'on se racontoit du fameux Tycho-brahé : il avoit prédit qu'en 1644 Christian seroit obligé de sortir de son royaume le bâton à la main.

Mais l'Empereur ne pouvoit ni sacrifier le Danemarck, ni voir avec indifférence que les Suédois y puisassent de nouvelles forces. Malgré toutes les difficultés d'une marche aussi longue à travers des pays ravagés, il envoya sur-le-champ une armée dans le Holstein, sous les ordres du Comte de Gallas, à qui on avoit encore une fois confié le commandement général depuis la retraite de Piccolomini. Gallas parut effectivement dans ce Duché, prit Kiel, et ne douta pas un instant qu'après sa jonction avec les Danois, il n'enfermât l'armée suédoise dans le Jutland. D'un autre côté, les Hessois et le Général suédois Kœnigsmarck furent occupés par Hatzfeld et l'Archevêque de Brême, fils de Christian IV ; et une attaque sur la Misnie attira Kœnigsmarck même vers les frontières de Saxe. Mais le défilé entre Schleswig et Stapelholm étant resté libre, Torstensohn profita aussitôt de ce passage pour marcher contre Gallas, et le poussa, en remontant le cours de l'Elbe, jusqu'à Bernbourg, où les Impériaux se retranchèrent. Le Général suédois passa la Saale et choisit, en arrière de l'ennemi, une position qui coupoit à celui-ci toute communication avec la Saxe et la Bohême. Ce fut alors que la famine exerça ses ravages dans le camp des Impériaux et détruisit la plus grande partie de leurs troupes. La retraite sur Magdebourg n'améliora en rien cette situation désespérée. La cavalerie qui chercha à échapper du côté de la Silésie, fut atteinte par Torstensohn près de Juterbock et dispersée; le reste de l'armée, après avoir tenté inutilement de se faire jour, l'épée à la main, fut presqu'entièrement détruit près de Magdebourg. De toutes ses troupes, Gallas ne ramena que quelques milliers de soldats; et cette campagne lui mérita la réputation d'être le premier général du monde pour perdre une armée. Après cette malheureuse tentative en faveur de Christian, ce Monarque demanda la paix et l'obtint à Bremseboor aux conditions les plus onéreuses.

Torstensohn poursuivit sa victoire. Tandis qu'un de ses Généraux, Axel Lilienstern, inquiétoit

quiétoit les pays saxons, et que Kœnigsmarck soumettoit tout le territoire de Brême, il tomba sur la Bohême à la tête de seize mille hommes avec quatre-vingt pièces de canons, et chercha encore une fois à porter la guerre dans les pays héréditaires de l'Empereur. A cette nouvelle, Ferdinand accourut en personne à Prague, pour enflammer le courage de ses troupes par sa présence. Comme l'armée manquoit d'un Général habile, et que les chefs particuliers n'avoient aucune harmonie entr'eux, il voulut se tenir près du théâtre de la guerre, afin d'agir avec d'autant plus de vigueur et de célérité. D'après les ordres de Ferdinand, Hatzfeld rassembla toutes les forces autrichiennes et bavaroises, dernière armée de l'Empereur, dernier rempart de ses états, et, contre son conseil et sa propre volonté, il les opposa à l'ennemi près de Jankau ou Jankowitz, le 24 février 1645. Ferdinand se fioit sur sa cavalerie qui étoit de trois mille chevaux plus forte que la cavalerie suédoise ; mais la supériorité des Impériaux n'effraya pas Torstensohn : jamais il n'avoit compté ses ennemis. Dès la première charge, les Suédois mirent totalement en désordre l'aîle gauche que Gœtz, Général de la Ligue avoit engagée dans une mauvaise position, entre des marais et des bois ; le chef y périt avec la plus grande partie de ses troupes ; et presque toutes

Tome II.

les munitions de l'armée tombèrent au pouvoir de l'ennemi. Ce début malheureux décida le sort de la bataille. Les Suédois, marchant toujours en avant, s'emparèrent des hauteurs les plus importantes, et après un combat sanglant qui dura huit heures, après une charge furieuse de la cavalerie impériale et la plus brave résistance de la part de l'infanterie, ils restèrent enfin maîtres du champ de bataille. Deux mille Autrichiens périrent sur la place, et Hatzfeld fut fait prisonnier avec trois mille hommes. Ainsi le même jour vit perdre le meilleur Général et la dernière armée de l'Empereur.

Cette victoire décisive ouvroit à l'ennemi tous les pays autrichiens. Ferdinand courut à Vienne pour veiller à la défense de cette place, et se mettre lui-même en sureté avec ses trésors et sa famille. Bientôt les Suédois victorieux inondent la Moravie et l'Autriche. Après avoir conquis presque toute la Moravie, cerné Brunn, s'être rendus maîtres de tous les châteaux et des places fortes jusqu'au Danube, après avoir emporté la redoute élevée au pont du Loup, non loin de Vienne, ils se montrent à la vue de cette capitale, et le soin avec lequel ils fortifient les places conquises, semble annoncer le projet de s'y maintenir. Enfin après un détour aussi long à travers toutes les provinces de l'Empire germanique, après tant de désastres, le feu de la guerre retourne aux lieux où il prit naissance, et l'artillerie suédoise rappelle aux habitans de Vienne que les rébelles de Bohême osèrent lancer leurs boulets 27 ans auparavant, jusque dans le palais impérial. Le même théâtre voit renouveler les mêmes scènes. Bethlen Gabor avoit été appelé par les rébelles de Bohême ; son successeur, Ragotzy, est appelé par Torstensohn. Déjà la Haute-Hongrie est inondée de ses troupes, et l'on craint à chaque instant qu'il n'opère sa jonction avec l'armée suédoise. Jean-George de Saxe abandonné sans secours par l'Empereur, ne pouvant plus suffire à la multitude de cantonnemens, dont les Suédois surchargent ses états, prend le dernier et le seul moyen de salut qui lui reste ; il conclut avec la Suède une suspension d'armes qui, d'année en année, est prolongée jusqu'à la paix générale. L'Empereur perd un ami au moment où un nouvel adversaire se montre aux portes de son empire, où ses armées diminuent chaque jour, où ses alliés sont battus aux autres extrémités de l'Allemagne. En effet, l'armée françoise avoit aussi, par une campagne brillante, effacé la honte de Duttlingen, et occupé toutes les forces de la Bavière en Souabe et sur le Rhin. Renforcée des nouvelles troupes que le grand Turenne, déjà illustré par ses triomphes en Italie, amena de France au

Duc d'Enguien, l'armée parut le 3 août 1644 devant Fribourg, dont Merci s'étoit emparé peu auparavant, et qu'il défendoit avec toutes ses troupes, couvert par des retranchemens formidables. L'impétuosité françoise échoua, à la vérité, contre la fermeté des Bavarois, et le Duc d'Enguien fut forcé à la retraite, après avoir sacrifié inutilement six mille des siens. Mazarin versa des larmes sur cette perte importante ; mais Condé qui n'écoutoit que la gloire, en fit peu de cas. « Une seule nuit de » Paris, dit-il, produit plus de monde que » cette action n'en a couté ». Néanmoins cette bataille sanglante avoit tellement affoibli les Bavarois que, loin de pouvoir délivrer l'Autriche, ils ne furent même pas en état de défendre les bords du Rhin. Spire, Worms, Manheim ouvrent leurs portes, la forteresse de Philipsbourg est forcée faute de vivres, et Mayence même se hâte, par une prompte soumission, de désarmer le vainqueur.

Les mêmes circonstances qui, au commencement de la guerre, avoient sauvé l'Autriche et la Moravie contre les Bohémiens, la sauvèrent aussi contre Torstensohn. Ragotzy, à la tête de vingt-cinq mille hommes, avoit pénétré jusqu'au Danube, à la proxémité du camp suédois ; mais ces bandes barbares et indisciplinées ne firent que ravager le pays et augmenter la disette dans l'armée suédoise, au lieu de servir par des opérations combinées les entreprises de Torstensohn. Arracher un tribut à l'Empereur, au sujet son argent et son bien, tel étoit le mobile qui mettoit en campagne Ragotzy comme Bethlen Gabor, et l'un et l'autre retournoient chez eux aussitôt qu'ils avoient atteint leur but. Ferdinand, pour se débarrasser du barbare, lui accorda ce qu'il demandoit, et, par un léger sacrifice, il purgea ses états de cet ennemi redoutable.

Cependant le gros de l'armée suédoise s'étoit extrêmement affoibli dans le camp devant Brunn. Torstensohn, qui y commandoit lui-même, épuisa inutilement pendant quatre mois tout son talent dans l'art des siéges; la résistance répondoit à l'attaque, et le désespoir élevoit encore le courage du Commandant, de Souches, transfuge suédois, qui n'avoit aucun pardon à attendre. Les maladies que la disette, la malpropreté, les mauvais fruits, l'air empesté engendrèrent dans son camp, et la retraite précipitée des Transilvains forcèrent enfin le Général suédois à lever le siége. Comme tous les passages sur le Danube se trouvoient occupés, que son armée étoit déjà sensiblement diminuée par la famine et les maladies, il renonça à son entreprise sur la Moravie et l'Autriche, se contenta de s'assurer la clef de ces provinces en laissant des garnisons suédoises dans les châteaux conquis, et dirigea sa marche vers la Bohême, où il fut suivi par les Impériaux sous l'Archiduc Léopold. Celles des places perdues qui n'avoient pas encore été reprises par l'Archiduc, furent forcées par le Général impérial Bucheim. Les succès furent si rapides, que l'année suivante l'Autrichien ne vit plus d'ennemis sur ses frontières; et la capitale en fut quitte pour l'effroi qu'elle avoit eu. Les Suédois ne remportèrent également en Bohême et en Silésie que des avantages peu soutenus, et parcoururent ces états sans pouvoir s'y maintenir. Mais si l'entreprise de Torstensohn ne fut pas couronnée du succès que son brillant début sembloit promettre, elle eut cependant pour le parti suédois les conséquences les plus décisives. Par elle le Danemarck fut forcé à la paix, l'Electeur de Saxe à un armistice; l'Empereur devint plus accomodant, la France plus traitable, et la Suède plus confiante et plus hardie envers les autres puissances. Après avoir rempli son devoir d'une manière aussi grande et aussi éclatante, le héros de tant de victoires se retira couvert de lauriers dans le silence d'une vie plus tranquille, pour chercher du soulagement aux supplices continuels de sa maladie.

Après la retraite de Torstensohn, l'Empereur

se vit, il est vrai, rassuré contre toute invasion ennemie du côté de la Bohême, mais un nouveau danger menaça les frontières de l'Autriche. Turenne, qui s'étoit détaché de l'armée du Prince de Condé et dirigé vers la Souabe, avoit été battu, en 1645, par Merci, non loin de Mergentheim ; et les Bavarois victorieux pénétrèrent alors dans le pays de Hesse sous la conduite de leur brave Général. Le Duc d'Enguien accourut bientôt d'Alsace, à la tête d'un secours considérable. Les Suédois sous Kœnigsmarck, vinrent de Moravie, les Hessois du Rhin, pour renforcer l'armée battue, et les Bavarois, après avoir été repoussés jusqu'aux extrémités de la Souabe, tinrent enfin près du village d'Allersheim, non loin de Nœrdlingen, pour couvrir l'entrée de la Bavière. La bravoure impétueuse du Duc d'Enguien ne se laissa effrayer par aucun obstacle. Il conduisit ses troupes contre les retranchemens ennemis, et livra une bataille mémorable, que la résistance héroïque des Bavarois rendît des plus acharnées et des plus meurtrières. Enfin, la mort de l'excellent Général Merci, le sang froid de Turenne et la fermeté inébranlable des Hessois, la décidèrent à l'avantage des alliés. Mais ce second sacrifice de sang humain eut peu d'influence sur la marche des opérations militaires et sur les négociations du congrès. La retraite des Hessois diminua considérablement l'armée française, déjà affoiblie par cette sanglante victoire ; et sur ces entrefaites, l'Archiduc Léopold étant venu avec des troupes impériales au secours des Bavarois, Turenne fut forcé de rejoindre précipitamment les bords du Rhin.

La retraite des François permettoit à l'ennemi de tourner toutes ses forces contre les Suédois en Bohême. Gustave Wrangel, digne successeur de Banner et de Torstensohn, avoit obtenu, en 1646, le commandement général de toutes les troupes suédoises. Elles consistoient en huit mille chevaux environ, et quinze mille hommes d'infanterie, outre le corps léger de Kœnigsmarck et les nombreuses garnisons semées dans l'Empire. L'archiduc Léopold, après avoir renforcé ses vingt-quatre mille hommes de douze régimens de cavalerie et de dix-huit d'infanterie Bavaroise, marcha contre Wrangel, espérant l'écraser de ses forces, avant que Kœnigsmarck eût le temps de le joindre, ou que les Francois pussent faire une diversion. Wrangel n'attendit pas cette attaque et se porta précipitamment vers la Haute-Saxe où il prit Hœrter et Paderborn. De là il tourna vers la Hesse pour se réunir à Turenne, et se fit joindre dans son camp de Wetzlar, par le corps léger de Kœnigsmarck. Mais Turenne étoit soumis aux ordres de Mazarin qui voyoit, sans déplaisir, mettre des bornes à la prospérité de la Suède et aux progrès de son orgueil : il s'excusa donc sur le besoin plus pressant de défendre les frontières de la France du côté des Pays-Bas, parce que les Hollandois n'avoient pas opéré la diversion promise pour cette année. Cependant Wrangel insistant avec force sur la réunion, une plus longue opposition pouvant éveiller chez les Suédois les soupçons les plus facheux, pouvant même les porter à une paix particulière avec l'Empereur, Turenne obtint la permission si désirée de renforcer l'armée suédoise.

La jonction s'opéra près de Giessen, et alors on se sentit en état de faire tête à l'ennemi. Celui-ci avoit suivi les Suédois jusqu'en Hesse où il vouloit leur couper les vivres et empêcher leur jonction avec Turenne. Rien ne lui réussit : les impériaux se virent eux-mêmes coupés dans leur communication avec le Mein, et éprouvèrent après la perte de leurs magasins, toutes les horreurs de la plus affreuse disette. Wrangel profita de leur foiblesse pour exécuter un plan qui devoit totalement changer la face des choses. Il avoit adopté la maxime de son prédécesseur, et cherchoit à porter la guerre dans les pays autrichiens. Mais effrayé du mauvais succès de

Tortensohn, il espéra atteindre plus sûrement et plus solidement son but par un autre chemin. Wrangel se décida donc à suivre le cours du Danube et à pénétrer à travers la Bavière, vers les frontières de l'Autriche. Gustave-Adolphe avoit formé le même plan sans pouvoir l'exécuter, parce que les forces de Wallenstein et le danger de la Saxe avoient suspendu tout-à-coup ses triomphes. Le Duc Bernard avoit suivi ses traces, et, plus heureux que Gustave-Adolphe, il déployoit déjà entre l'Inn et l'Iser ses drapeaux victorieux, lorsque le nombre et la proximité des armées ennemies arrêtèrent aussi le héros dans sa course et le forcèrent à la retraite. Ces deux généraux avoient échoué, Wrangel espéra réussir; il l'espéra avec d'autant plus de fondement que les troupes Bavaro-Impériales se trouvoient loin derrière lui sur la Lahn, et ne pouvoient arriver en Bavière qu'après une longue marche à travers la Franconie et le Haut-Palatinat. Il se porte à grands pas vers le Danube, bat un corps Bavarois près Donauwerth, et passe ce fleuve ainsi que le Lech sans résistance. Mais par le siège infructueux d'Augsbourg, il donne aux Impériaux le temps d'arriver et de le repousser lui-même jusqu'à Lauingen. Cependant ceux-ci ayant tourné de nouveau vers la Souabe pour éloigner le théâtre de la guerre des frontières

Bavaroises, il passe le Lech qu'on verroit d'abandonner, et défend lui-même cette rivière contre les Impériaux. Alors les Suédois et les François inondent la Bavière avec la fureur d'un torrent, et la soldatesque se dédommage par des violences effroyables, par le pillage et les concussions, de tous les périls qu'elle avoit surmontés. L'arrivée des troupes Bavaro-Impériales qui exécutent enfin près de Thierhaupten le passage du Lech, ne fait qu'augmenter la misère de ce pays malheureux, et il est pillé sans distinction par les amis et les ennemis.

Alors enfin, pour la première fois dans le cours de cette guerre, s'ébranla la fermeté de Maximilien qui, pendant vingt-huit ans, avoit constamment résisté aux plus cruelles épreuves. Ferdinand II, son compagnon d'études, l'ami de sa jeunesse, n'étoit plus. La mort de cet ami et de ce bienfaiteur avoit rompu un des liens les plus forts qui eussent enchaîné l'électeur aux intérêts de l'Autriche. L'habitude, l'inclination et la reconnoissance l'avoient attaché au père, le fils étoit étranger à son cœur, et la seule raison d'état pouvoit le maintenir dans sa fidélité envers l'Autrichien.

Ce fut cet intérêt même que la finesse Française sçut faire agir pour le détacher de son alliance avec l'Empereur, et le déterminer à poser les armes. Sans un projet de cette importance, Mazarin n'eût jamais fait taire sa jalousie contre les progrès de la Suède, jamais il n'eût permis aux troupes françoises de suivre les Suédois en Bavière. Mais ce malheureux pays devoit éprouver toutes les horreurs de la guerre pour que la nécessité et le désespoir triomphassent de la fermeté de Maximilien, pour que l'Empereur perdît le premier et le dernier de ses alliés. Brandebourg, sous son grand électeur, avoit choisi la neutralité; les circonstances y avoient forcé la Saxe; la guerre de France défendoit aux Espagnols de prendre aucune part à celle d'Allemagne. La paix avec la Suède avoit rappelé les Danois du théâtre de la guerre; un long armistice désarmoit la Pologne. Si l'on pouvoit arracher l'électeur de Bavière à l'alliance de l'Autriche, l'Empereur n'avoit plus dans toute l'Allemagne un seul défenseur, il étoit livré sans appui à la discrétion des deux couronnes.

Ferdinand III reconnut toute la grandeur du péril et ne négligea rien pour le détourner. Mais on avoit malheureusement persuadé à l'Electeur que les Espagnols seuls s'opposoient à la paix, et que leur influence seule déterminoit l'Empereur à se déclarer contre la suspension d'armes. Maximilien qui haïssoit les Espagnols, ne leur avoit jamais pardonné de s'être opposé dans le temps à ses vues sur l'Electorat Palatin. Et c'étoit néanmoins pour cette puissance odieuse qu'il falloit voir son peuple sacrifié, son pays ravagé, se voir perdu soi-même, tandis que, par une suspension d'armes, on laissoit respirer ce malheureux peuple, et l'on avançoit peut-être la paix générale? Toute objection disparut donc aux yeux de l'Electeur : et, convaincu de la nécessité de cette opération, il crut satisfaire à ses devoirs envers l'Empereur, s'il le faisoit participer aux bienfaits de l'armistice.

Les députés des trois couronnes et de la Bavière s'assemblèrent à Ulm pour en arrêter les conditions. Mais, aux instructions des Ambassadeurs Autrichiens, on reconnut bientôt que l'Empereur, en députant au congrès, n'avoit d'autre but que d'en retarder la marche. Il s'agissoit de faire adopter l'armistice par les Suédois qui, favorisés de leurs avantages, avoient plus à espérer qu'à craindre de la continuation de la guerre : toutes conditions difficiles devoient donc leur être épargnées. Ils étoient vainqueurs, et l'Empereur, néanmoins, crut devoir dicter la loi. Aussi, peu s'en fallut que dans le premier moment leurs ambassadeurs ne quittassent le congrès ; et les François furent forcés d'avoir recours aux menaces pour les retenir.

Maximilien avoit voulu comprendre l'Empereur dans la suspension d'armes, et sa bonne volonté avoit manqué son but. Alors il se crut autorisé à travailler pour lui-même. Quelque dures que fussent les conditions de l'armistice, il n'hésita pas long-temps à les accepter. Ce prince permit aux Suédois d'étendre leurs quartiers en Souabe et en Franconie, et borna les siens à la Bavière et au Palatinat. Maximilien céda aux alliés ses conquêtes en Souabe, et ceux-ci, de leur côté, lui remirent ce qu'ils occupoient en Bavière. Cologne et Hesse-Cassel furent également compris dans l'armistice. Après la conclusion de ce traité, le 14 mars 1647, les François et les Suédois abandonnèrent la Bavière, et choisirent des quartiers différens, pour ne pas se gêner entr'eux; ceux-là dans le Duché de Würtemberg, ceux-ci dans la Haute-Souabe aux environs du lac de Constance. A l'extrémité septentrionale de ce lac et à la pointe méridionale de la Souabe, la ville autrichienne de Bregenz, défendue par un défilé étroit et escarpé, sembloit défier toute attaque. De tout le pays environnant, les habitans avoient sauvé dans cette forteresse leurs personnes et leurs biens, et le butin que promettoit un pareil amas de richesses, l'avantage de posséder cette communication avec le Tirol, l'Italie et la Suisse, engagèrent le général suédois à tenter une entreprise sur le défilé regardé comme un poste inexpugnable et sur la ville même. Tout lui réussit, malgré la résistance paysans qui voulurent défendre le passage au nombre de six mille. Sur ces entrefaites, Turenne avoit marché vers le Würtemberg, d'où il contraignit par la force de ses armes le Landgrave de Darmstadt et l'Electeur de Mayence d'offrir leur neutralité à l'exemple de la Bavière.

Alors enfin la politique françoise sembla avoir atteint son but : elle qui avoit travaillé sans relâche à priver l'Empereur des secours de la ligue et de ses alliés protestans, à l'exposer sans défense aux armes réunies des deux couronnes et à lui dicter la paix l'épée à la main. Une armée de douze mille hommes, au plus, composoit les foibles restes de la puissance formidable de l'Autrichien, et la guerre lui ayant enlevé ses meilleurs Généraux, il fallut encore qu'il confiât le commandement de ses troupes à un Calviniste, le transfuge hessois Mélandre. Mais comme cette guerre offrit à plusieurs reprises les changemens de fortune les plus extraordinaires, comme un incident imprévu rompit plus d'une fois tous les calculs de la politique, les suites trompèrent encore ici l'attente générale ; et, après une légère crise, la puissance de l'Autrichien se releva bientôt pour parvenir à une supériorité menaçante. La jalousie que le ministère françois entretenoit contre la Suède, ne lui permettoit pas de perdre entièrement le parti de l'Empereur, et d'élever, par une pareille catastrophe, la puissance suédoise en Allemagne, à un degré qui pouvoit enfin devenir fatal à la France. Aussi le Ministre, au lieu de profiter de la foiblesse des Impériaux, détacha l'armée de Turenne de celle de Wrangel, et l'envoya vers les frontières des Pays-Bas. Wrangel, il est vrai, après avoir marché de la Souabe vers la Franconie, pris Schweinfurt, incorporé dans son armée la garnison impériale de cette place, chercha à pénetrer seul en Bohême, et mit le siége devant Egra, la clef de ce royaume. Pour délivrer cette forteresse, l'Empereur fit avancer sa dernière armée et s'y montra en personne; mais un long détour que l'on fut obligé de prendre pour épargner les terres du président du conseil de la guerre, Schlick, retarda la marche des troupes, et, avant qu'on arrivât, Egra étoit perdu. Les deux armées s'approchèrent alors, et l'on s'attendit plus d'une fois à une bataille décisive, parce que la disette se faisoit sentir également des deux côtés, parce que les Impériaux avoient l'avantage du nombre, et que les deux camps ne furent souvent séparés que par les ouvrages élevés entre eux. Mais les Impériaux se contentèrent d'observer l'ennemi, de le harceler par des attaques réitérées ou de l'épuiser par la la famine et la fatigue des marches, jusqu'au moment où les négociations ouvertes avec Maximilien atteignirent enfin le but desiré.

La neutralité de la Bavière avoit porté à la cour impériale un coup qu'elle pouvoit difficilement oublier; et comme elle avoit tenté inutilement de le prévenir, il fut résolu d'en tirer au moins le seul avantage possible dans les circonstances. Plusieurs Officiers de l'armée bavaroise étoient outrés de cette conduite de leur maître, parce qu'elle les mettoit dans l'inaction et enchaînoit leur penchant à la licence. Le brave Jean de Werth lui-même se trouvoit à la tête des mécontens, et, encouragé par Ferdinand, il forma le complot de corrompre toute l'armée de Maximilien et de passer avec elle dans le parti de l'Empereur. Ferdinand ne rougit pas de favoriser sourdement une trahison dirigée contre le plus fidèle allié de son père. Heureusement Maximilien découvrit le complot, et, par des mesures aussi sages que promptes, il sut en prévenir l'exécution.

Cette honteuse démarche de l'Empereur auroit autorisé l'Electeur à user de représailles; mais Maximilien étoit un homme d'état trop consommé, pour écouter la passion, lorsque la prudence seule devoit se faire entendre. Il n'avoit pas recueilli de la suspension d'armes tous les avantages qu'il s'en étoit promis. Loin de contri-

Tome II. Y

buer à l'accélération de la paix générale; cet armistice particulier avoit donné aux négociations de Munster et d'Osnabruck une tournure défavorable, et les alliés n'en étoient devenus que plus hardis dans leurs prétentions. Les François et les Suédois avoient, à la vérité, abandonné la Bavière, mais par la perte des cantonnemens en Souabe, l'Electeur se voyoit forcé d'épuiser lui-même son propre pays, ou de licencier ses troupes et de poser imprudemment les armes à une époque où l'on ne connoissoit que le droit du plus fort. Plutôt que de choisir un de ces deux partis décidément pernicieux, il s'arrêta à un troisième dont le désavantage étoit au moins incertain : Maximilien rompit l'armistice et reparut en campagne.

Sa résolution, les prompts secours qu'il envoya à l'Empereur changèrent bientôt le sort des armes, et Wrangel fut contraint d'abandonner précipitamment la Bohême. Après cette retraite il marcha par la Thuringe vers la Westphalie, pour se joindre à l'armée de Turenne, et fut suivi jusqu'au Véser par les troupes bavaro impériales sous Mélandre et Gronsfeld. Sa perte étoit inévitable, si l'ennemi l'atteignoit avant sa jonction avec Turenne; mais, au milieu de la fureur de la lutte, une prudence calculée dirigeoit le cours des armes, et la vigilance des cours augmentoit à mesure que la paix approchoit davantage. L'Electeur de Bavière ne devoit pas souffrir que la balance des forces penchât aussi évidemment du côté de l'Empereur, et que la paix fût retardée par cette révolution inattendue. Dans cet instant où tout annonçoit la conclusion des traités, chaque événement devenoit de la plus haute importance; et la destruction de l'équilibre entre les couronnes pouvoit anéantir l'ouvrage de tant d'années, le fruit des négociations les plus difficiles, et retarder le repos de l'Europe entière. Si la France savoit mettre des bornes salutaires à l'ambition de la Suède, si elle ne lui accordoit des secours qu'en proportion de ses avantages ou de ses pertes, l'Electeur de Bavière crut pouvoir se prescrire en silence le même plan de conduite avec son allié, et chercher, en pesant sagement la mesure de son appui, à rester maître de la grandeur de l'Autrichien. Alors que la puissance de l'Empereur va s'élever à un degré menaçant, Maximilien cesse tout-à-coup de poursuivre l'armée suédoise. Un autre motif le détermina encore à ce plan de conduite : il craignoit les représailles de la France qui l'avoit déjà menacé d'envoyer contre lui toutes les forces de Turenne, s'il permettoit à ses troupes de passer le Véser.

Mélandre, retenu ainsi par les Bavarois,

perdit de vue l'armée de Wrangel, marcha par Jena et Erfurt, vers le pays de Hesse, et parut en ennemi dans cette même province dont il avoit été autrefois le défenseur. Si ce fut effectivement un desir de vengeance contre son ancienne Souveraine, qui le détermina à choisir le pays de Hesse pour le théâtre de ses ravages, il assouvit cette passion de la manière la plus effroyable : fléau de son pays, il l'ensanglanta de toutes parts. Mais Mélandre se repentit bientôt d'avoir écouté le ressentiment plutôt que la prudence dans le choix de ses quartiers d'hiver. Son armée éprouva une disette absolue en occupant cette province épuisée et appauvrie, tandis que Wrangel raffraîchissoit ses troupes dans le pays de Lunebourg, et remontoit ses régimens. Beaucoup trop foible pour défendre ses mauvais quartiers, lorsque, dans l'hiver de 1648, Wrangel ouvrit la campagne en marchant vers la Hesse, Mélandre fut contraint de faire une retraite honteuse et de chercher son salut sur les bords du Danube.

La France avoit encore une fois trompé la Suède dans son attente, et l'armée de Turenne, malgré toutes les représentations de Wrangel, étoit restée sur le Rhin. Le Général suédois se vengea, à la vérité, en attirant à lui la cavalerie de Weimar qui renonça au service de

France; mais il fournit par là un nouvel aliment à la jalousie de cette couronne. Enfin Turenne obtint la permission de se joindre aux Suédois, et les deux armées réunies ouvrirent la dernière campagne de cette guerre. Elles chassèrent devant elles Mélandre jusqu'au Danube, jettèrent des vivres dans Egra qui étoit assiégé par les Impériaux, et battirent au-delà du fleuve l'armée bavaro-impériale qui leur fit tête près de Susmarshausen. Mélandre reçut dans cette action une blessure mortelle, et le général bavarois Gronsfeld se posta, avec le reste de l'armée, au-delà du Lech, pour défendre la Bavière contre une invasion ennemie.

Mais Gronsfeld ne fut pas plus heureux que Tilly qui occupoit la même position, lorsqu'il sacrifia ses jours pour le salut de la Bavière. Wrangel et Turenne choisirent pour leur passage la même place que Gustave-Adolphe avoit déjà signalée par sa victoire, et l'exécutèrent en profitant du même avantage qui avoit favorisé le Roi de Suède. Alors la Bavière fut inondée de nouveau. Maximilien se sauva à Salzbourg, tandis que les Suédois passoient l'Iser et pénétroient jusqu'à l'Inn. Une pluie continuelle qui, en peu de jours, fit un torrent de cette rivière peu considérable, sauva encore une fois l'Autriche. Dix fois l'ennemi tenta de jeter un pont sur l'Inn, et dix fois le torrent détruisit son ouvrage. Jamais de toute cette guerre l'effroi des Catholiques n'avoit été à un pareil degré ; l'ennemi occupoit le centre de la Bavière, et il n'existoit pas un seul Général qu'on pût opposer à un Turenne, un Wrangel, un Kœnigsmarck. Enfin parut le brave Piccolomini qui vint, des Pays-Bas, commander les foibles restes de l'armée impériale. Mais les alliés, par leurs ravages en Bavière, s'étoient ôté eux-mêmes la possibilité d'y rester plus long-temps ; la disette les força à se retirer vers le Haut-Palatinat, et la nouvelle de la paix mit fin à leurs opérations.

Kœnigsmarck avoit marché vers la Bohême où Ernest-Odowalski, capitaine de cavalerie licencié, mutilé de blessures, congédié sans retraite par la cour impériale, proposa au Général suédois un plan pour surprendre le petit côté de Prague. Kœnigsmarck l'exécuta heureusement et acquit la gloire d'avoir terminé la guerre de trente ans par la dernière action d'éclat. Il n'en coûta qu'un homme aux Suédois pour ce coup décisif qui triompha enfin de l'irrésolution de l'Empereur. Mais la vieille ville, séparée du reste par la Moldau, résista au Comte palatin Charles-Gustave, successeur de Christine, qui étoit arrivé de Suède avec des troupes fraîches, et qui rassembla pour son entreprise toutes les forces suédoises de

Bohême et de Silésie. Les approches de l'hiver forcèrent enfin les assiégeans à se retirer dans les quartiers, et ce fut là qu'ils reçurent la nouvelle de la paix conclue le vingt-quatre octobre 1648 à Munster et Osnabrück.

Cette guerre désastreuse fut terminée par le fameux traité de Westphalie qui sembloit devoir fixer à jamais le sort des états européens. Mais ces chefs-d'œuvres apparens de la sagesse humaine, créés, pour ainsi dire, à force de destruction, périssent bientôt par le principe qui les a produits. Le traité de Westphalie fut le fruit de trente années de guerre et de dix ans de négociations : il n'existe déjà plus.

F I N.

www.ingramcontent.com/pod-product-compliance
Lightning Source LLC
Chambersburg PA
CBHW072005150426
43194CB00008B/997